読みなおす日本史

中世の東海道をゆく

京から鎌倉へ、旅路の風景

榎原雅治

吉川弘文館

はじめに

本州の西と東を結ぶ東海道。江戸時代、この交通の大動脈に五十三の宿場が置かれていたことは歌《うた》川広重《がわひろしげ》の浮世絵や十返舎一九《じっぺんしゃいっく》の『東海道中膝栗毛《とうかいどうちゅうひざくりげ》』でよく知られているし、現在でも旧街道沿いのあちこちに往時のたたずまいを残した町並みや杉並木が残されている。それらをたどって歩く人々も少なくないと聞く。

しかし東海道が東西交通の大動脈であったのは、江戸時代よりずっと以前からである。本書で取り上げるのは、鎌倉・南北朝・室町の中世と呼ばれる時代を中心に、平安時代の末近くから江戸時代の初めまでの東海道である。中学校や高校の歴史の教科書で取り上げられることは少ないが、『更級日《さらしなにっ》記《き》』や『十六夜日記《いざよいにっき》』の作者が歩いた道、といえば思い当たる読者も多いだろう。

現在の東海道新幹線は中世の東海道と並行して走っている部分が長い。その車窓に流れる沿線の風景は、大都市や工場もあれば、広々とした田園、山、川、湖、海もあり、変化に富んでいる。山陽、上越などの後輩の新幹線に比べればトンネルも少なく、旅する者の目を楽しませてくれる。本書は、何千万もの人が目にしたことがあるだろう、この東海道沿線の風景がいつ生まれたのか、五十三次以前の時代にはどのような風景が展開していたのかを考えてみようというものである。

風景とは自然の営み、人の営みが総合され、結実したものである。都市や農村のたたずまい、人の住まいや耕作地のありようはいうまでもなく、川、湖、浜のような地形でさえ、太古の昔から同じ姿であったわけではない。自然の日々の営みや人の営々たる努力によって、それらは刻々と変化してきたし、おそらくこれからも変化していくだろう。千年前、あるいは五百年前の人々は、東海道を歩きながら、どのような風景を目にしたのだろうか。またそれらはいつ、どのようにして変化してきたのだろうか。

本書では、中世の旅人が記した文字資料に忠実に地図を描いていくとどうなるか、あるいは江戸時代以後につくられたことがはっきりしている風景や地形を取り去っていくと、それ以前の姿がどのように現れてくるかを考えてみたい。きわめて素朴な問いと試みであるが、あるいは歴史学、文学、地理学、地質学のはざまで、これまで意外と軽視されてきた問題ではないかと思う。そしてまた、そこで明らかになる東海の風景は、ひとり東海のみならず、かつての日本列島の随所で見られた風景でもあるかもしれない。

本書の構成を簡単に紹介しておこう。序章から第五章までは、鎌倉時代のある貴族の旅日記を軸に、東海道沿道の中世景観を、いくつかのポイントごとに復元していく。そして第六章では観点を変え、明らかになった風景＝環境による制約をうけるなかで、中世の人々はどのような旅を行なっていたのか、少しでも円滑な旅のために、どのような工夫がなされていたのかを考えることとしたい。中世という時代の陸上交通の特徴を考えること、これが景観復元とならぶ、もう一つの本書のテーマである。

なお、本書のなかでは鎌倉時代の旅日記をはじめ、多くの史料を引用することになる。引用にあたってはなるべく現代語に翻訳するようにしたが、原文の表現や解釈方法が意味をもつ場合もあるので、そうした箇所については原文のまま、あるいは文語調書き下しとしている。また現代語に訳す場合、内容をわかりやすくするために必要なことばを補ったり、思い切って意訳したりした箇所もあることをお断りしておきたい。

目　次

〔カバー〕**大津波で消えた浜名湖岸の景観復原CG**
明応七年（一四九八）、東海沖で発生した地震によって沿岸部は津波に襲われ、浜名湖は姿をかえた。これは津波以前、浜名湖岸に存在していた橋本宿と浜名橋の景観を東海道紀行文から推定したものである。（ABCテレビ提供）

序章　干潟をゆく——鳴海

萱津にて

弘安三年（一二八〇）十一月、ひとりの貴族が馬に乗り、わずかな随伴者とともに東海道を鎌倉へと向かっていた。都を出て四日目にあたる十七日、一行は木曾川を渡り、尾張国に入った。玉ノ井（現・愛知県一宮市）、黒田（同）、下津《おりづ》（現・愛知県稲沢市）の宿を経てゆく道は濃尾平野のまっただなかである。平坦な道が続いたために、この日は快調に進み、予定より早く、日の入り前に萱津《かやづ》（現・愛知県海部《あま》郡甚目寺《じもくじ》町）に到着することができた。

萱津。中世東海道を旅した者ならだれもがその名を知っていただろう。ここは現在の名古屋市の西北を流れる庄内川の東西両岸に展開していた、宿場と市場の複合した東海道筋随一の都市である。

旅人一行はこの萱津にこの夜の宿をとった。一行の主人の名は飛鳥井雅有《あすかいまさあり》という。雅有が萱津に宿をとったのにはわけがあった。尾張にいる異母弟の定有《さだあり》とここで落ち合う約束になっていたのである。宿で宴《うたげ》の用意などもしてくれていた弟が語るには、雅有が以前萱津に泊まったときに出会った、まだ半人前だった遊女が今でもここにいるという。懐かしさのあまり、そのもとに足を運ぶ雅有。歳月を経て、もはや互いに昔の面影は失われていたが、それでも遊女屋である。酒飯、歌舞などは当然楽しんだのであろう。明朝の出発のことも忘れて、夜は更けゆく。

翌十八日朝、遊び疲れた一行が目を覚ましたのは明け方近く、出発は日の出のころになっていた。現代人からみればずいぶんと早起きであるが、当時の旅といえば、だいたい日の出はるか前の暗いうちに出発するのが普通だった。日の出のころの出発を、雅有ははっきり「あそびて」「ねすぎ」と表現している。

宿を発った雅有たちは数刻ののち熱田宮《あつたぐう》の前に到着した。ここで一行は不思議な噂《うわさ》を耳にしている。この夏の夜、神宮のうちでは謎の音が鳴り響き、四、五千もの松明《たいまつ》が神宮から渥美《あつみ》半島の伊良湖岬《いらごみさき》まで続いてともるという現象が起きたという。文永年間（一二六四〜七五）の初めころにも同じような現象が起きたという。この年は弘安三年、いわゆる弘安の役の前年にあたる。そして熱田宮は日本武尊《やまとたけるのみこと》が東国征討のおりに使ったとされる草薙《くさなぎ》の剣《つるぎ》を神体とする神社である。外国からの攻撃を受けるかもしれないという緊張と不安をかかえた社会状況のなかで、こんな風説が生まれたのだろう。雅有も参拝しなければ、という気持ちはおこすものの、昨夜の騒ぎを思うととても精進などできていない。心のうちでだけ参拝し、行き過ぎたのである。

鳴海潟、弘安三年十一月十八日

現在の光景からはちょっと想像しにくいが、熱田はもともとは伊勢湾に面した湊町であった。古代には熱田宮は海に突き出した岬の上に鎮座していたという。伊勢湾は干満の差が大きく、中世のころ、干潮になると熱田の南東には広い干潟《ひがた》が現れていた。数々の歌にも歌われた鳴海《なるみ》潟である。雅有たちはここでしばし歩みを止める。雅有の旅の日記『春の深山路《みやまじ》』には次のようなことが書かれている。

丹後前司（弟の定有）が、「浜辺の蜑《あま》（海に働く者）の家に入って、潮が引くまでのあいだ浦隠《うらがく》れでもしていよう」というので、酒を取り寄せ、弟との名残《なごり》をおしんで酒を酌《く》み交わした。三百杯というほどではないが、それぞれ手に杯をとってくつろいでいると、「潮が引きました」といってくる者があるので、定有と別れて出発することとした。鳴海潟は今、潮が引き始めたところなので、馬の蹄《ひづめ》が浸《つ》かるほどの水がなみなみと沖へと流れていて、なかなかに見物《みもの》である。

鳴海潟　思はぬ方に　引く波の　早く都に　いかで帰らん

「みしよの松」という松がある。満ち潮のときには上の方の葉だけが残るのだろうか。干潟の距離は五十町ほどだが、道がよく、馬も速く歩くので、大した時間を要することなく、鳴海宿に到着した。

ここには雅有一行が熱田を出たころは満潮のために干潟は消えていたこと、そのため雅有たちは浜辺で「浦隠れ」と称して、酒を飲みながら干潮を待ったこと、やがて現れた干潟を横切って鳴海宿まで進んだことが述べられている。常時、陸地となっている岸辺をたどるのではなく、干潟を進んでいることも自体もおもしろいが、なお驚かされるのは、陸路の旅の進行が潮の満ち引きによって左右され

図０－１　鳴海潟

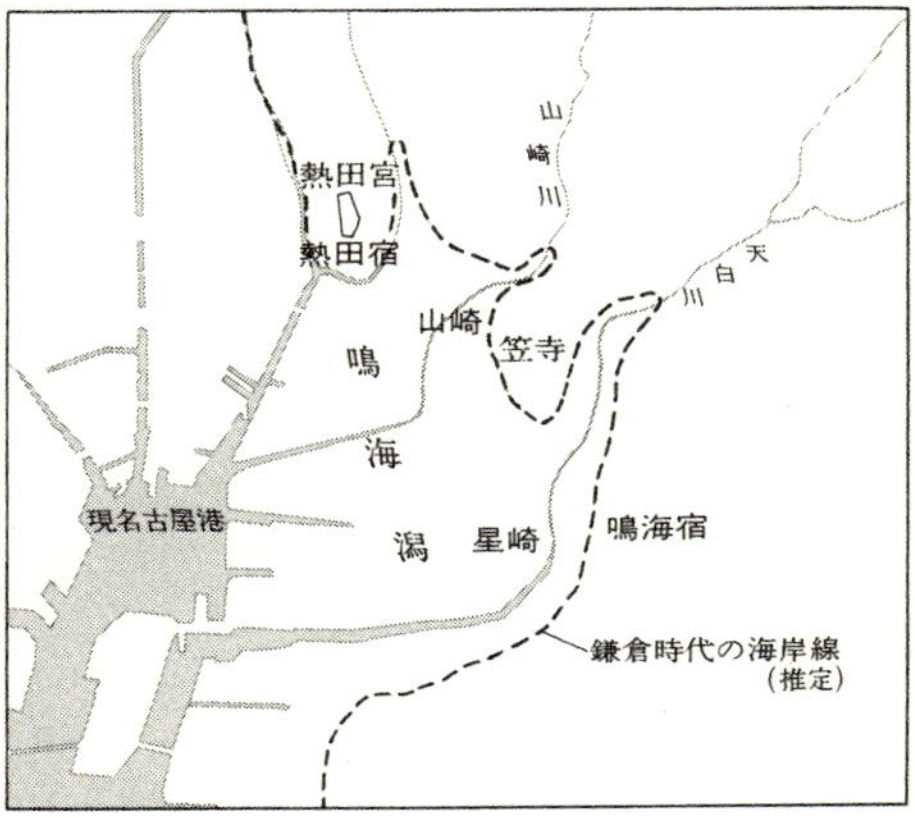

ていることである。いったいこれは何時ごろのことであるのか、そして何時間くらい待ったのか、こうしたことは中世の旅では一般的であったのか。そうしたことも知りたいが、『春の深山路』に記された文章は右に紹介したものがすべてである。しかし若干の工夫をこらせば、雅有の過ごした場と時の状況はもう少し詳しく知ることができる。

　干潟の場所は図０－１のように推定されるが、雅有がここを通過した弘安三年十一月十八日の何時ごろに潮が満ち、どの時間帯に干潟が現れたのか、探ってみよう。潮汐《ちょうせき》は地球と月の位置関係、地球と太陽の位置関係のほか、その海岸の地形や海の形などの複合した要因で決まってくる。したがって予測値を出すためには、その地点での長期にわたる潮位観測が必要であるが、そこから割り出された年間の潮位変化のパターンが判明すれば、それをあてはめることによって過去、あるいは未来の特定の時間における潮位を計算することができる。現在では、潮位の予測値は複数の機関から公開されており、インターネットによって容易に得ることができる。ここでは、その一つである海上保安庁海上情報部作成のソフトウェア「潮汐推算」によって、雅有の旅の記事と、計算上の潮位変化の関係がどのようになるか見てみたい。

まず雅有が鳴海潟を通過した日時を特定しておこう。「潮汐推算」は一五八二年十月四日以前については当時のキリスト教圏にならってユリウス暦を使用しているので、弘安三年十一月十八日という日をユリウス暦に換算しなければならないが、換算すると一二八〇年十二月十一日となる。次は雅有が熱田に至った時刻である。この日、雅有が萱津を出発したのは「日いづる程」とされる。日の出時刻は場所とグレゴリオ暦の月日が同じであれば、毎年ほぼ一定であるから容易に知ることができる。この日はグレゴリオ暦では十二月十八日、名古屋付近でのこの日の出時刻は午前六時五十一分（日本標準時）である。

萱津から熱田までは直線距離でほぼ九キロである。一時間に三キロ半進むとして計算すると、所要時間は二時間半強であるから、熱田に到着したのは午前九時半ごろであったと思われる。

ではこの日のこの時刻、鳴海の海はどのような状態であったのだろうか。「潮汐推算」を使ってみよう。

名古屋港でのこの日の潮汐曲線は図０－２のとおりである。ユリウス暦一二八〇年十二月十一日午前九時半、このあたりの海は満潮のピークは過ぎている

図０－２　名古屋港、弘安３年11月18日の潮位

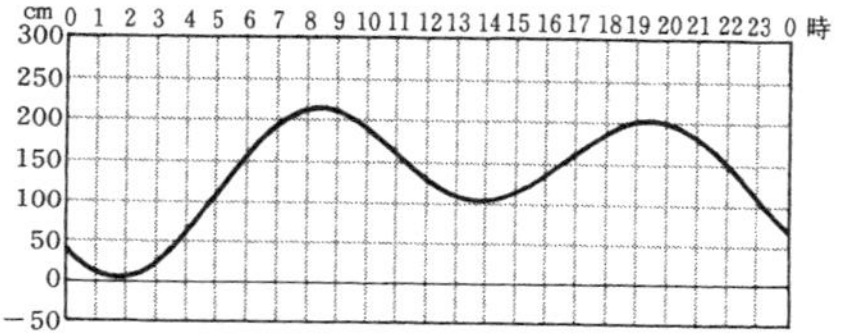

ものの、潮位はまだ二メートルに達している。熱田を過ぎ、いざ鳴海宿に向かおうとした雅有一行の目の前にあったのは、確かにほぼ満水状態の入江だったのである。

雅有は弟に勧められるままに浜辺の家に入り、潮干《しおひ》を待つのであるが、この苫屋《とまや》でどのくらいの時間を過ごしたのだろうか。酒を取り寄せ、かなりの量を飲み、「あざれゐたり」というのであるから、そう慌ただしい滞在であったようには読めない。潮汐曲線によって推定してみたいが、そのまえに図の読み方を説明しておこう。潮位とは、調査地点での基準水準面（年間での最低潮位）との差のことである。雅有が鳴海潟を通過した日の午後の最低潮位は一〇五センチとなっているが、これは深さ一〇五センチの水があったという意味ではない。あくまでも現在の名古屋港における基準水準面との差のことである。したがって、この日の午後に雅有一行が鳴海潟を歩いて、あるいは馬で渉《わた》っているということは、潮位が一〇五センチ程度の数値であれば、当時の鳴海の浦では干潟が現れ、通行できる状態となっていた、ということを意味している。けれども、潮位が何センチメートル程度まで下がれば通行可能となるのか、この日の何時ごろから歩けるような干潟が現れたのかは、まだわからない。雅有の潮干待ちの時間を推定するためには、ほかの史料の力を借りる必要がある。

潮干を求めて待つ、急ぐ

干満の差の大きさゆえに広大な干潟の現れる鳴海潟は、中世の有名な歌枕《うたまくら》でもあった。そのため、雅有に限らず、鎌倉〜室町時代にここを通過した旅人による記録には、しばしば鳴海潟の様子が記述されている。どのくらいの潮位であれば鳴海潟を歩くことができたのか。それを探るためにほかの旅人の記録を見てみよう。

作者不詳ながら、流麗な文体によって記された中世紀行文として名高い『東関紀行《とうかんきこう》』の仁治三年（一二四二）八月十七日の部分には次のような記述がある。

熱田宮を発って浜の道にさしかかると、有明の月影は更けて、仲間とはぐれた千鳥が時々やってくる。旅空の下の景色が心に寂しさを催し、感傷的な思いが深くなる。

ふるさとは　日をへて遠く　なるみ潟　急ぐ塩干《しおひ》の　道ぞ少なき

まだ夜明け前の暗いうちに二村山《ふたむらやま》にさしかかり、山中の道を過ぎていると、東の空がようやく白み始め、海の面《おもて》がはるかかなたに見渡せるようになった。

ここには前夜の宿泊地熱田から鳴海を経て、二村山（現・豊明《とよあけ》市沓掛《くつかけ》町）までの道程が記されている。「急ぐ塩干の道ぞ少なき」という歌は、明らかに潮が満ちてきて、通行が不可能になりつつある様子を歌っているが、これは何時ごろの様子だろうか。手がかりは、暗いうちに二村山にさしかかり、これを過ぎるころにようやく夜が明けてきたという記述である。この日、仁治三年八月十七日はグレゴリオ暦一二四二年九月二十日にあたる。名古屋付近での日の出は午前五時三十八分である。「東の空がようやく白み始め……」というのは午前四時半〜五時ごろの情景であろう。二村山というのは鳴海宿の南東にある山で、標高は七二メートルほどにすぎないが、東海道の歌枕として有名な山である。

図0－3　名古屋港、仁治3年8月17日の潮位

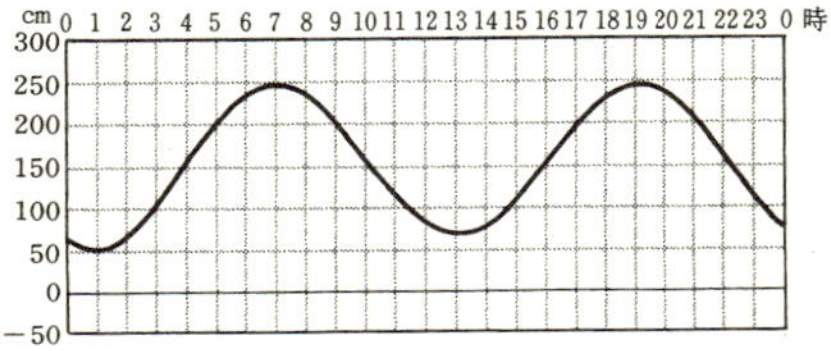

熱田から干潟を越えて鳴海宿までの距離は約五キロ、鳴海宿から二村山の頂までも約五キロ、計一〇キロほどであるから、所要時間は三時間近くになったものと思われる。二村山の頂に到着したときに五時ごろになっていたとすれば、熱田出発は未明二時ごろということになる。早出が常の中世人の旅立ちとしても異常に早い出発である。これ自体も新たな疑問点である。

では、この日、ユリウス暦九月十三日の鳴海潟の潮位はどうだろうか。「潮位推算」の結果は図0－3のとおりである。これによれば、この日午前二時は干潮のピークを過ぎた直後にあたり、潮位は七〇センチに満たない。しかし五キロに及ぶ干潟を渉り終えるには一時間半近くを要する。午前三時には一〇〇センチ、三時半には一三〇センチを超え、しかも七時の満潮に向けてどんどん潮位は増していたはずである。「急ぐ塩干の道ぞ少なき」という歌は、まさにこうした状況を詠んだものであろう。潮位一三〇センチ。これが鳴海潟を通行できるぎりぎりの線だったのではないだろうか。

そう考えれば『東関紀行』の作者が午前二時という異常な早立ちをしているのもうなずけよう。潮待ちとは逆に、出発を早めることによって、満潮による干潟水没を避けようという努力だったのである。

この『東関紀行』との比較をふまえて、弘安三年十一月十八日の雅有の潮干待ちを見直してみよう。熱田に着いた同日午前九時半、潮位は二メートルを超える満潮に近い状態である。十一時でもまだ潮位は一六〇センチ程度あり、通行できるほどの干潟は現れていなかっただろう。正午過ぎになってようやく一三〇センチを下回る。雅有が干潟を進み始めたのは、このころになってからのことであったと考えられよう。したがって浜辺の苫屋で潮干を待った時間は二時間半かそれ以上の計算になる。『春の深山路』の記述からゆったりとくつろいだ様子がうかがえるのも当然であろう。

実は、雅有が鳴海潟を通過したのは、弘安三年が初めてのことではない。五年前の建治元年（一二七五）にも京都から鎌倉に向かう旅をしており、八月四日に萱津に泊まり、翌五日、鳴海潟を通過している。そのときの旅を記録した『都の別れ』のこの日の条には次のように記されている。

朝潮にあたってしまうというので急いで進んだが、すでに潮は満ちてしまい、行き交う人たちは山の方の道にまわっているということだ。急いだかいもないことである。

潮みてば　よそになるみの　浦別《うらわかれ》　白雲かかる　山路をぞ行く

熱田の宮で馬からおりていたところ、潮はまだ引かないということであるので、潮待ちの間に食事などをしてのんびりと過ごすこととした。旅の安全を祈って季有という篳篥《ひちりき》吹きを呼んで、庭火《び》、韓神《からかみ》、朝倉《あさくら》などの曲を吹かせて熱田の神に奉納した。やがて潮がすでに引いたという話が入った。先を急ぐ旅であるので、まだ引ききってはいないが、波をかき分けながら進んだ。なかなかに興があった。

建治元年八月五日はユリウス暦一二七五年八月二十七日、グレゴリオ暦九月三日にあたる。日の出は午前五時二十五分。雅有が萱津を出発した時刻は不明であるが、当時の通常の旅であれば、午前四時くらいには出発していたはずである。二時間半後の六時半には熱田に到着していたとして、鳴海潟の「潮汐推算」を行なってみると図０－４のようになる。

午前六時半、鳴海潟付近の潮位はまだ最高潮には達していないが、潮位一八〇センチに達し、さらに潮が満ちてきている最中である。おそらくすでに「潮満つ」と呼ばれる状態となっており、干潟は水没して通行不可能となっていたであろう。正午になってようやく潮位は一五〇センチまで下がっている。このころようやく干潟が顔を見せ始めたのであろう。潮が満ちている間、先を急いで山の方を通る迂回路《うかいろ》を使って旅を続けた旅人もあったようであるが、雅有たちはこのときも熱田で潮の引くのを待っている。干潟は平坦であり、しかも直線の最短距離の道をとることができるから、出現さえすれば、通行そのものは楽なのである。そのことは先に紹介した『春の深山路』の文章にも示されている。ただし運が悪ければ、干潟出現を待つ時間は長時間に及ぶこともある。建治元年の旅で雅有が待った時間は六時間近くに及んだものと思われる。食事のほかに、篳篥の演奏まで楽しんでいるが、そうしたこと

図０－４　名古屋港、建治元年８月５日の潮位

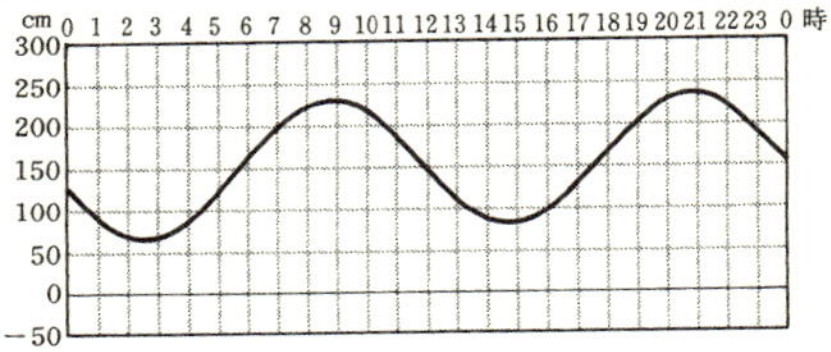

でもせねば時間をもてあましたことであろう。
鎌倉時代の紀行文として名高い阿仏尼《あぶつに》の『十六夜日記《いざよいにっき》』を見ても、鳴海潟の場面には潮干を祈って熱田宮に歌を奉納したことが記されているから、鳴海潟においては潮干を待ってでも干潟を通行するという方法が一般的であったと考えられよう。

本書のねらい

紀行文によって、鎌倉時代の鳴海潟の通過の様子を見てきたが、当時の東海道の主要コースが干潟をそのまま利用したものであったことがわかった。当然、そこでは潮待ちという行為が必要であった。熱田もその対岸の鳴海も潮待ちの場としての性格をもった宿だったのであろう。また文字で書かれた史料の記述からだけではよくわからない海の状況や時間的な推移も、潮汐についての計算表を用いることによって、より具体的に理解することができるようになったと思う。

中世の旅のありようには、干潟をそのまま道として用いるというような、近代はもちろん、江戸時代の旅と比べてみてもかけ離れた点が多いが、一方で、史料に登場する人々は、潮を待つ間の時間のつぶし方など、現代人にも理解できるような行動も見せてくれる。また街道沿いの景色には、現代に続くものももちろんあるが、鳴海潟のようにまったく姿を変えたものも多い。

旅人の眼に映るものは景色だけではない。そこには住む人々の暮らしもあった。若き日に鳴海潟を通過した阿仏尼は、初めて見る潟を次のように表現している。

鳴海の浦の潮干潟は、話に聞いていたよりもおもしろい。浜千鳥が群れながら飛び渡り、蟹の動きや、古びた塩竈《しおがま》が思い思いの形にゆがんで立っている姿などは、見慣れず珍しい気のする眺めである。(『うたたね』)

鳴海潟には塩を焼く竈が点在しており、そこは浜子たちの働く場でもあったのである。

本書では、鎌倉~室町時代の文献史料を主たる題材としつつ、文献以外の情報も利用して、中世における東海道の旅の様子や、旅路の周囲の中世景観や人々の営みの様子を、なるべく具体的に描いてみたい。そうすることによって日本にかつて存在した風景や、そこに生きた人々の暮らしをよみがえらせてみたいと思う。

第一章　旅立ち――京・近江

飛鳥井家と飛鳥井雅有

飛鳥井家

本章より第五章までは飛鳥井雅有の旅を追うことを軸に、中世における東海道の交通の様子やその周辺の景観の復元を試みたいが、それに先立ち、いわば旅の案内役となる雅有という人物について、紹介しておきたい。

飛鳥井雅有は仁治二年（一二四一）の生まれ。この年は『東関紀行』の作者が東海道を東へと旅した年の一年前にあたる。すでに見た弘安三年（一二八〇）の東海道旅行は数え四十歳のときのことである。生家の飛鳥井家は藤原北家《ふじわらほっけ》に属し、関白師実《もろざね》（道長《みちなが》の孫）の子忠教《ただのり》より分かれた流れである。忠教の子頼輔《よりすけ》は刑部卿《ぎょうぶきょう》、蹴鞠《けまり》に長じ、「本朝蹴鞠一」と謳《うた》われた。その子頼経《よりつね》も刑部卿であったが、平家滅亡後、源義経に同心したことを罪に問われて官を解かれ、文治五年（一一八九）に伊豆に配流

図１－１　飛鳥井雅有関係系図

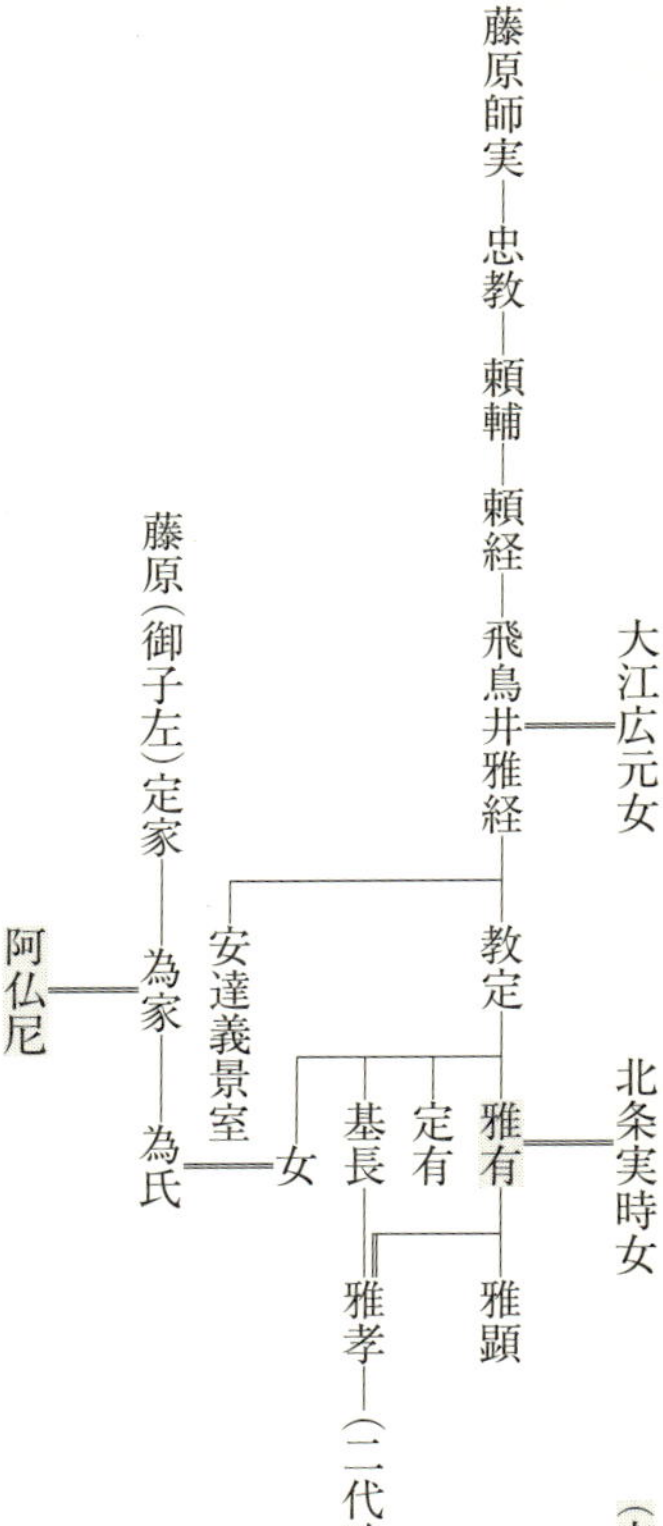

（人名）は東国への旅行記を残した人

となった。

一家は不運に沈むわけであるが、結果的にはこれが子孫たちのその後の繁栄の契機となった。飛鳥井家の祖とされる雅経《まさつね》は頼経の次子、いつ関東に赴いたのかははっきりしないが、和歌と蹴鞠に長《た》け、鎌倉において将軍源頼家の厚遇を受けた。その妻は幕府開創以来の重臣大江広元の女《むすめ》である。建久八年（一一九七）、後鳥羽天皇の命によって京都に呼び返され、和歌所《わかどころ》の寄人《よりうど》となって藤原定家《さだいえ》らとともに『新古今和歌集』の撰進に携わったが、のちに再び鎌倉に下り、将軍源実朝の歌と蹴鞠の師匠として遇されている。雅経と大江広元の女の間に生まれた教定《のりさだ》もまた歌と蹴鞠をもって、実朝なきあとの藤原頼経《よりつね》、頼嗣《よりつぐ》、宗尊《むねたか》親王（後嵯峨天皇の子）の三代の将軍に仕え、その妹は幕府重臣安達義景の

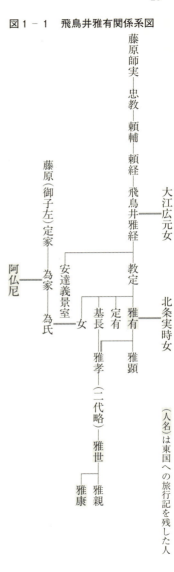

妻となっている（図1―1）。

雅有は教定の子として鎌倉で生まれた。その妻は好学の士として知られる北条（金沢）実時《さねとき》の女である。雅有はまぎれもない廷臣でありながら、大江広元の血を受け、北条氏、安達氏とも縁戚になるという、幕府中枢ときわめて深い関係にある人物なのである。飛鳥井家は室町時代においても公家社会における歌鞠《かきく》の匠として幕府から厚遇され、その地位はさらに近世末まで続いたが、こうした武家との結びつきによる隆盛の基礎は、雅経から雅有にかけての時代に形成されたのである。

雅有の旅人生

このような出生からして、雅有の半生は、当時の公家としては類がないほどに鎌倉と京都の間を行き来するものであった。その生涯については松原正子「飛鳥井雅有の研究――歌人・日記作者・古典学者としての生涯」、水川喜夫『飛鳥井雅有日記全釈』、渡辺静子『中世日記文学序説』に詳しい。それらの先行研究に導かれて、雅有の旅人生を紹介しておこう（以下、雅有の著作の名称は水川氏著書に従う）。

雅有本人の記述によれば、雅有が蹴鞠を始めたのは五歳のときで、七歳ですでに将軍家での鞠会に加わったという（『内外三時抄《ないげさんじしょう》』）。十二歳のころ、後嵯峨上皇に呼ばれて、おそらく初めての上洛を果たし、上皇御所での鞠会に加わっている（『嵯峨の通ひ』）。このときはほどなく鎌倉にもどったものと思われる。そして将軍として鎌倉に迎えられた宗尊親王に近侍するところとなり、父とともにしばしば親王主宰の鞠会に参加し、またその諸寺参詣にも随行している。

そうした生活は、短期の上洛をはさんで十年以上続いた。その間『源氏物語』を読み、これに傾倒していったが、文永三年（一二六六）、二十六歳のときに転機が訪れる。父教定が死去、そのうえ長く仕えていた宗尊親王が北条氏から疎《うと》まれ、将軍職を廃されたのである。鎌倉での生活に嫌気がさしたこともあるのであろう、また須磨・明石への訪問の情をおさえがたく、文永五年（一二六八）上洛して一、二年を京都で過ごしたらしい。『仏道の記』（『無名の記』）と呼ばれる断片的に残る紀行文は、このときの上洛の旅中の記、そして京都滞在ののち鎌倉に下向したときの紀行文の断片が『最上《もがみ》の河路』であると考えられている。なお、在京中は縁戚につながる藤原（御子左《みこひだり》）為家《ためいえ》・阿仏尼夫妻のもとをしばしば訪れて『源氏物語』のほか『伊勢物語』『古今和歌集』などについての教えを請うている。

鎌倉にもどってからは、宗尊親王の子で新将軍の惟康《これやす》親王に仕えていたが、文永十一年（一二七四）、三十四歳の年の八月、宗尊親王が没すると、まもなく雅有は上洛してしまう。翌年三月の石清水八幡宮臨時祭では、朝廷の奉幣使を勤めているから、京都宮廷の廷臣としての歩みを始めたことになる。建治元年（一二七五）八月、鎌倉に下向。これは鶴岡《つるがおか》八幡宮の放生会《ほうじようえ》に参列するためのものであった。このときの旅を記したのが『都の別れ』である。明確な目的をもった下向であったが、そのましばらく鎌倉に滞在し、翌々年春ごろには上洛、こののちは基本的に京都で過ごしている。

建治四年（一二七八）正月、三十八歳のとき、従三位《じゆさんみ》に叙せられて公卿《くぎよう》となったが、同じ年、長男雅顕《まさあき》を失っている。失意の日々を送ったものと思われるが、弘安三年（一二八〇）正月、東宮熙仁《ひろひと》、のちの伏見天皇の蹴鞠の師として東宮御所冷泉富小路殿《れいぜいとみのこうじどの》への出仕を始め、『古今和歌集』や『源氏物語』などの古典も進講することとなった。長年の研鑽の成果が報われるような日々を迎えたわけである。そのような一年間、弘安三年の活動を詳しく記した日記が『春の深山路』である。熙仁の皇位継承にかける期待は大きく、もう鎌倉のことは忘れたかのような日々であったが、六月二十一日、鎌倉より下向の要請を受けた。それでも熙仁の父、後深草上皇のひきとめもあってずるずると下向は延期になっていたが、十一月十四日、ようやく鎌倉に向けて出発することとなった。これより同月二十六日までは鎌倉への旅を記した部分となる。本書の旅の導きとするのはこの部分である。ただし、残念なことに十八日条の途中から二十三日条の途中までの欠落があるので、その部分は『都の別れ』などで補ってゆきたい。

旅のはじまり

都を発ち近江路へ

旅立ちは十一月十四日の明け方であった。永の別れというわけでもないのに、すっかり都での生活になじんだ雅有は、人々と涙の別れをかわしつつ洛中の自邸を出立した。法勝寺《ほっしょうじ》の門前で乗ってきた牛車を降り、馬に乗り換えている。法勝寺は十一世紀末に白河天皇の発願によって造営された大伽藍で、二条大路を東山にぶつかる手前、つまり都の東のはしにあった。とりわけその九重塔は洛東のランドマークとして人々に親しまれた。鎌倉初期に落雷による焼失に見舞われたものの、まもなく再建され、南北朝時代初めまでは存在していたので、雅有も目にしたはずである。法勝寺の南東から東山を越える峠道が京都七口の一つ、粟田口《あわたぐち》である。京都と近江を結ぶ最も主要な口であり、さらには東海道・東山道諸国へと続く道の始点でもある。道の勾配《こうばい》はにわかにきつくなり、牛車でやってこれるのはこのあたりまでだったのであろう、『十六夜日記』の作者阿仏尼もここで車を返し、歩き始めている。

東山を越えると、四宮河原《しのみやがわら》（現・京都市山科区）、逢坂山《おうさかやま》を越えて、近江に入る。雅有は、琵琶湖岸の粟津《あわづ》（現・滋賀県大津市）で見送りの知己と別れの杯をかわしている。やがて琵琶湖の南端から流れ出る瀬田川《せたがわ》を歩いて渉り、野路《のじ》（現・滋賀県草津市）で昼食、日暮れに鏡の宿《かがみしゅく》（現・滋賀県蒲生郡《がもう》竜王町《りゅうおう》）に到着し、この夜はここで宿泊している。法勝寺門前からここまでの距離は約三五キロである。

翌朝は夜明けとともに出発。数刻ののちには山前《やまのまえ》（現・滋賀県東近江市）を通過することになるが、このあたりの道の状況について、雅有は次のように書き記している。

馬の蹄が隠れるほどの水が流れている中を、流れのままに十余町ほど行った。馬に踏み上げられる水の騒ぎに、すっかり袖《そで》は濡《ぬ》れてしまった。

場所は愛知川《えちがわ》をわたる直前付近であるが、現在の地形図を見ると、街道と一キロ半ほどにわたって並行している愛知川の支流がある。雅有たちの時代、人々はなんとこの川そのものを道として利用したというのである。

『春の深山路』の同じ日の条には、当時の道の路面の状況について詳しく記した箇所がある。場所は現在の彦根あたりでのことである。

河瀬《かわせ》というあたりの道は時雨《しぐれ》でもあったのか、たとえようもなく悪く、人も馬も足を踏みとどめる所がない。（中略）道の片方だけが高くなっている所は特に滑りやすく、乗っていた馬はたまらず、四つの足を一つにして倒れてしまった。自分は腹の突き出た「太り翁《おきな》」であるが、それでも若いころには多少は馬にも乗った心得もあるので、慌てながらも馬から下りたのであるが、足を踏みこたえることができず、転んでしまった。

ユーモラスな記述であり、このあたりが雅有の文章の一つの魅力でもあるが、道の実情はそんな悠長なものではなかったらしい。路面は平衡でなく、雨が降るとぬかるんで馬すら転ぶような状態だったのである。

冬の近江路は天候が頻々《ひんぴん》と変わる。雨は再び降り始め、ずぶぬれになったまま日暮れにようやく番場《ばんば》の宿（現・滋賀県米原市）に到着した。疲れ果てた雅有はそのまま眠りについたのである。この日の歩行距離は約三二キロである。

中世の東海道ルート

先に見たように雅有は少なくとも六度の上洛と、五度の鎌倉下向、計十一度の東海道旅行を行なっている。そして断片的にしか残っていないものも含めれば、このうちの一度の上洛と三度の鎌倉下向についての紀行文を書き残しており、それらはいずれも佐々木信綱『飛鳥井雅有日記』、水川氏前掲書のほか、巻末の参考文献に掲げた諸書に収録されている。詳しい記事のある『都の別れ』と『春の深山路』から日程と宿泊地を書き出して、旅行の行程の大要を見てみよう。

『都の別れ』

八月一日・京都出発、近江鏡に泊、二日・近江番場に泊、三日・美濃墨俣《すのまた》に泊、四日・尾張萱津に泊、五日・三河矢作《やはぎ》に泊、六日・遠江橋本《はしもと》に泊、七日・遠江引馬《ひくま》（引間）に泊、八日・遠江菊川《きくがわ》に泊、九日・不明、十日・駿河神原《かんばら》（蒲原）に泊、十一日・伊豆三島《みしま》に泊、十二日・相模酒匂《さかわ》に泊、十三日・鎌倉着

『春の深山路』

十一月十四日・京都出発、近江鏡に泊、十五日・近江番場に泊、十六日・美濃墨俣に泊、十七日・尾張萱津に泊、十八日・不明（三河八橋《やつはし》までは到達）、十九日から二十二日は欠、二十三日・駿河神原に泊、二十四日・伊豆国府（三島）に泊、二十五日・相模酒匂に泊、二十六日・鎌倉着

後者には脱落箇所があるが、行程はほとんど同じであると見てよかろう。『仏道の記』と『最上の河路』は記述が簡略で、日程は復元しえないが、前者には墨俣河に大出水との記事があり、後者には雪中の美濃赤坂《あかさか》に宿泊したとの記事があるので、基本的なコースとしてはだいたい同じであったと思われる。

われわれはすでに番場までの行程と萱津前後の様子を見てきたのであるが、ここで不思議に思われる読者もいるかもしれない。東海道とは近江草津より東に折れて鈴鹿峠《すずか》（現・三重県亀山市）を越え、伊勢を通って尾張に入っていく道ではないか。近江路をそのまま北上し、今須峠《います》（現・岐阜県不破郡《ふわ》関ヶ原町）の不破関《ふわのせき》を越えて美濃に入っていく道は東山道（中山道）ではないか、と。確かに近世の東海道五十三次はそのとおりのコースのものとして知られているし、もともとの古代の五畿七道の制においても、近江・美濃は東山道、伊勢は東海道とされている。

畿内と濃尾平野の間は鈴鹿・伊吹《いぶき》の、さほど高くはないが急峻な山脈によって隔てられており、主要な通過可能地点は今須峠か鈴鹿峠に限定される。この美濃廻り、伊勢廻りのいずれのコースをとるかは、古代以来、政治上、軍事上の重大問題であり、前者には不破関、後者には鈴鹿関が置かれた。近時にも東海道新幹線の敷設時に二つのコースの間での綱引きがあったという。

鎌倉～室町時代における東海道の旅を記録した史料は数多くあるが、どのコースをとり、どこに宿泊したかまで判明する史料はそう多くはない。宿泊地のみを記すと表1（三四～三五ページ）のよう

		a	b	c	d	e	f	g	h	i	j	k	l	m	n
三河	㉙豊川		◎		◎	○	◎	—			—		—	—	—
	㉚渡津		—		—	—	—	○			◎		◎	—	
	㉛今橋		—		—	—	—							—	◎
遠江	㉜橋本	◎	◎	◎	◎	◎	◎	◎		◎			◎	—	◎
	㉝引間							○		◎	◎			—	○
	㉞池田	◎	◎	◎	◎		◎	◎					◎	—	
	㉟山口		○											—	
	㊱見付（今之浦）					◎					◎			—	◎
	㊲袋井													—	
	㊳掛川	◎			◎		◎	○					◎	—	○
	㊴菊川	◎	◎	◎		○		◎		◎	◎			—	○
	㊵播豆蔵	—	○		—									—	
駿河	㊶島田	◎	—		◎		◎							—	
	㊷前島		○			◎			◎					—	
	㊸藤枝		○										◎	—	◎
	㊹岡部	◎	○			○		○	○					—	
	㊺丸子								○					—	
	㊻手越		◎	◎	◎		◎	◎	◎		◎			—	
	㊼駿河国府	◎	—										◎	—	◎
	㊽瀬名河		—						○					—	
	㊾宇渡浜	—	○						—				—	—	—
	㊿興津	◎	○			◎					○			—	—
	(51)由比		○									○		—	—
	(52)浪の上										◎			—	—
	(53)蒲原	◎	◎	◎	◎	○	◎	○	◎	◎		◎	◎	—	—
	(54)田子											○		—	—
	(55)原中								◎			○			
	(56)車返		○	○	◎	◎						○		—	—
伊豆	(57)伊豆国府（三島）	—	—		—	○	—	—	○	◎	◎	◎	◎	—	—
相模	(58)箱根	—	—		—		—	—	◎		○	○	◎	—	—
	(59)湯本	—	—		—	◎	—	—	○					—	—
駿河	(60)黄瀬川〈足柄路〉	◎	◎			—	◎	◎		—	—	—	—	—	—
	(61)竹之下〈足柄路〉	◎			◎	—				—	—	—	—	—	—
	(62)藍沢〈足柄路〉		○		◎	—	◎	○		—	—	—	—	—	—
相模	(63)関下〈足柄路〉	◎	○			—		◎		—	—	—	—	—	—
	(64)酒匂	◎	◎		◎				○	◎	◎	◎		—	—
	(65)国府津								◎					—	—
	(66)懐島		○						○					—	—

a『吾妻鏡』源頼朝鎌倉京都往復記事、b『海道記』、c『信生法師日記』、d『吾妻鏡』藤原頼経鎌倉京都往復記事、e『東関紀行』、f『吾妻鏡』頼経帰京記事、g『吾妻鏡』宗尊親王鎌倉下向記事、h『叡尊関東往還記』、i『都の別れ』、j『十六夜日記』、k『春の深山路』、l『足利尊氏関東下向宿次日記』、m『なぐさめ草』、n足利義教富士見物（『富士紀行』『覧富士記』『九条満家引付』）

表1　中世東海道の宿一覧

◎宿泊地　○休憩地　－経由せず

	史料上の宿	a 1190	b 1223	c 1225	d 1238	e 1242	f 1246	g 1252	h 1262	i 1275	j 1279	k 1280	l 1335	m 1418	n 1432
近江	① 野路	◎	—		◎	○	○	◎			○	○	◎		
	② 草津		—												○
	③ 守山		—						○		◎			○	
	④ 鏡		—			○	◎		◎	◎		◎		◎	
	⑤ 武佐		—			◎								○	◎
	⑥ 愛知川		—						○	○		○			
	⑦ 四十九院		—					○					◎		○
	⑧ 小野		—	◎					◎		◎			○	○
	⑨ 箕浦・番場	◎	—		◎		◎	◎		◎		◎		○	
	⑩ 醒ヶ井		—			○			○		○	○		○	
	⑪ 柏原	◎	—			◎			○						
美濃	⑫ 垂井		—		◎		◎		◎	○			◎		◎
	⑬ 青墓	◎	—												
	⑭ 赤坂		—									○			○
	⑮ 笠縫・杭瀬川		—			◎			○		◎				○
	⑯ 墨俣	◎	—				◎		○	◎	○	◎		○	○
尾張	⑰ 小熊	◎	—		◎										
	⑱ 足近		—											○	
	⑲ 玉ノ井											○			
	⑳ 黒田	◎	—					○	◎			○		◎	
	㉑ 下津		—						◎		◎ ?	○	◎	—	◎
	㉒ 萱津		◎		◎	○	◎	◎		◎		◎			○
	㉓ 熱田宮	◎				◎				○	○			—	○
	㉔ 鳴海		○					○			○	○		—	○
三河	㉕ 八橋		○	○		○					◎	○	◎	—	○
	㉖ 矢作		◎		◎	◎	◎	◎		◎				—	◎
	㉗ 山中	◎												—	○
	㉘ 赤坂		○			○								—	

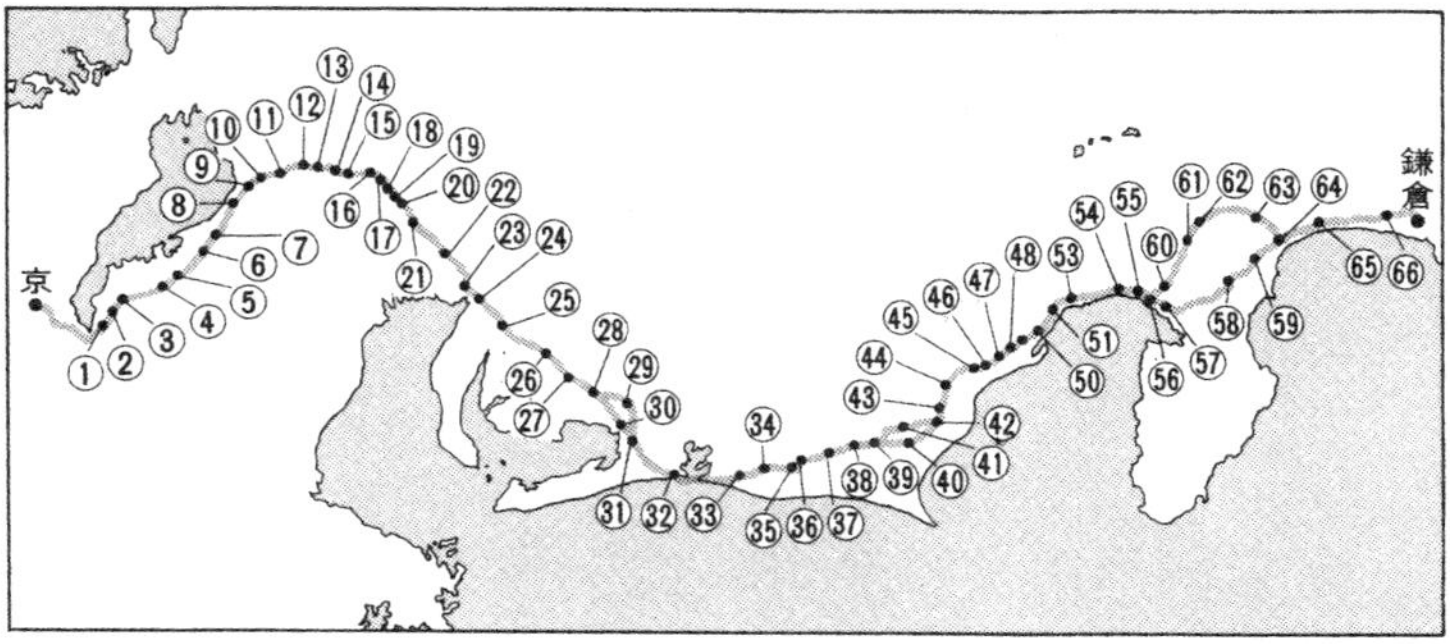

になる。

一見して明瞭であるが、中世の東海道の旅は、『海道記』を唯一の例外として、すべて美濃廻りである。しかも宿泊地を見ると、若干の異同や時代的な変遷は認められるものの、各種史料にたびたび登場する場所が多く、宿場のような固定した交通集落が十三世紀にはあらかた成立していたことがわかる。将軍の上洛、軍勢の移動、個人の旅を問わず、鎌倉〜室町時代には美濃廻りのコースが京都と鎌倉を結ぶ道として安定的な機能を果たしていたのである。

東海道は「東海道」か

残る問題もある。近江草津より北上し、今須峠を越え、美濃を経て尾張に入る道が、はたして中世に「東海道」と呼ばれていたのかという点である。もっともこの箇所に限らず、道路としての東海道をさして「東海道」と呼んでいる例は、実はそう多くはない。「東海道」という表現は五畿七道のうちの東海道諸国の意味で用いられることの方が多く、道路としての東海道は単に「海道」と呼ばれていることの方がはるかに多い。それを前提に、草津―今須峠―美濃―尾張の道が中世にどう呼ばれていたか、史料を見てみよう。

参考となる事例はいくつかある。一つ目は『源平盛衰記《げんぺいじょうすいき》』のなかの記述である。場面は平治の乱（一一五九年）で平清盛らに敗れた源義朝が息子の義平、頼朝らとともに近江路を東国へと落ち延びていくところである。比叡山麓の東坂本より琵琶湖南端の瀬田へのがれ、守山《もりやま》、野洲《やす》、鏡と湖東の道を

図1－2　東海道小野－柏原－小関付近

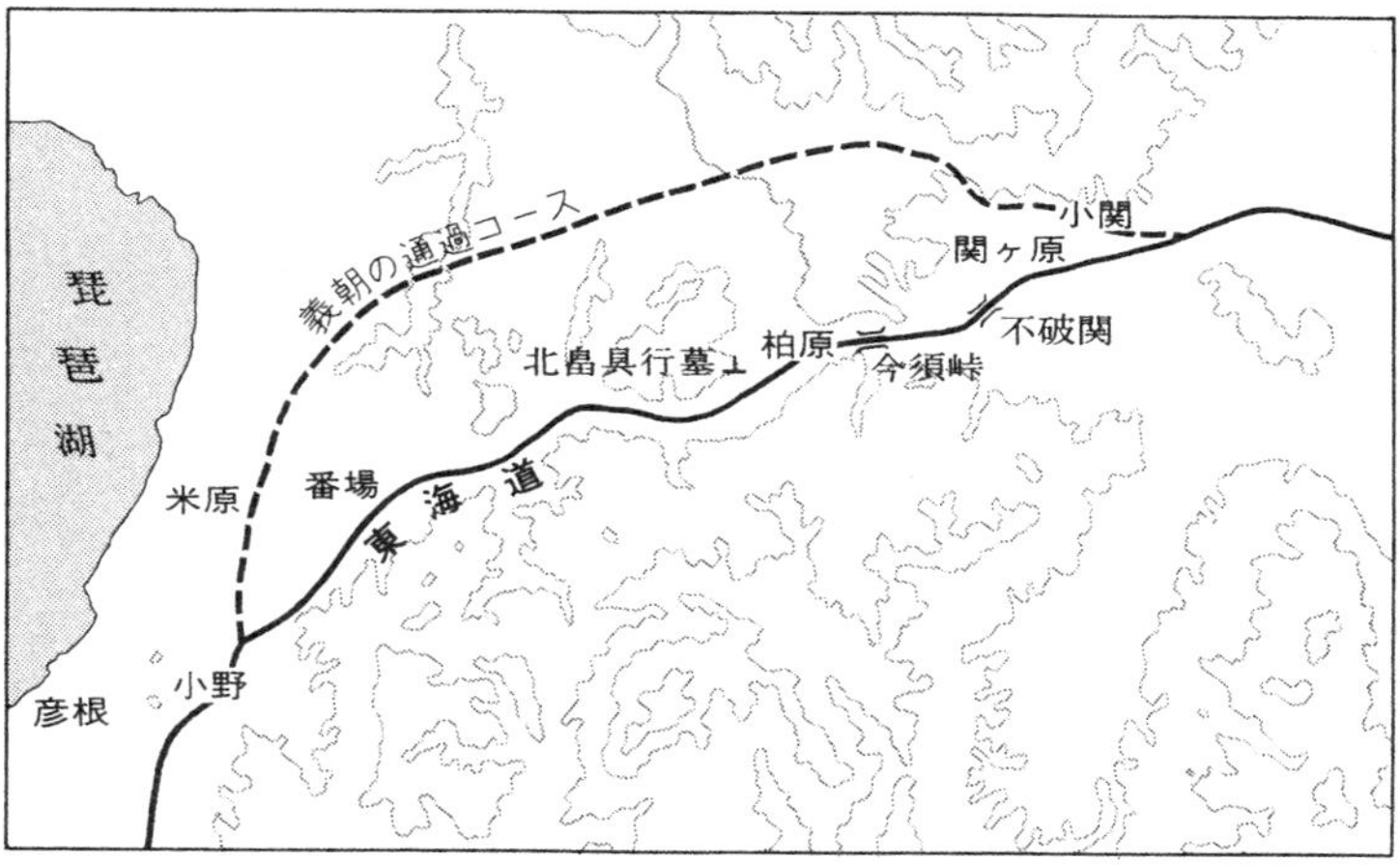

北上した一行は美濃との国境に近づいてくる。ここで原文には次のようにある。

　不破の関は敵固めてまつと聞に、小関《こぜき》にかゝりておちんとて、小野《おの》の宿より海道をばめて（右手）になして、小関をさしておちられけり。

義朝一行は、不破関は平家方が防備を固めているという情報を得たため、不破関より北の間道にある小関を抜けて落ち延びる方法を選び、「小野の宿より海道をばめてになして」、すなわち、小野の宿（現・彦根市）より「海道」を右手に眺める方向にはずれて、小関をめざして行った、というのである。小野宿、不破関、小関の位置関係は図1－2のとおりで、小野宿から進んできた道を左にはずれて小関に向かうという記述はよく理解できよう。ここで義朝らが進んできた道ははっきり「海道」と呼ばれている。『源平盛衰記』は鎌倉末期の成立とされているから、このころには湖東から美濃へ抜ける道は「海道」と呼ばれていたことになるだろう。

南北朝時代になると、うち続く戦乱のなかで軍勢の催促や戦功の報告などの文書がさかんに作成されるが、そうした文書のなかに「海道」という文言が散見される。美濃廻りの道をはっきり「海道」と呼んでいる例としては、建武五年（一三三八）二月四日に安芸の武士吉川経久《きつかわつねひさ》が足利氏に差し出した軍忠状（軍功の報告書）をあげることができる。関係する部分を紹介すると次のような内容である。

顕家《あきいえ》卿誅伐せんがため、御手に属し、海道に発向すべきの由、御教書《みぎょうしょ》を成し下さるるの間、去る正月廿日より今まで、黒地《くろち》要害以下を警固し、忠節をいたしおわんぬ。（『吉川家文書』、原漢文）

これは後醍醐《ごだいご》方の北畠《きたばたけ》顕家が大軍を率いて奥羽から京都に攻め上ってきているのに対し、京都にいる足利方が畿内の防衛線を固めようとしている状況のなかで提出された報告書である。史料中の「御手」は足利軍、「御教書」は足利尊氏の命令書のこと、「黒地」は不破関付近を流れる黒血川《くろちがわ》のことである。「海道」を守れ、と命じられて美濃の不破関あたりを守っていたのだから、美濃廻りの道が「海道」＝東海道と呼ばれていたことの何よりの証拠である。

もう一つあげておこう。『太平記』巻四である。元弘元年（一三三一）、後醍醐天皇の倒幕計画は失敗し、寵臣たちが次々と捕らえられていく。翌年六月、その一人北畠具行《ともゆき》は佐々木道誉《ささきどうよ》に護送されて鎌倉へと送られていくが、道誉は幕府から密かに、途中で具行を殺害するよう命じられていた。罪人一行が近江柏原《かしわばら》（現・米原市）まで至ったとき、道誉は意を決して具行に密命の内容を告げる。逃れ得ないことを悟った具行は、硯《すずり》と紙を取り寄せて親しい者への手紙を書き記す。そのあとに続く原文は次のようになっている。

角《かく》テ日已《すで》ニ暮ケレバ、御輿指寄《おんこしさしよせ》テ乗セ奉リ、海道ヨリ西ナル山際ニ、松ノ一村《ひとむら》（一群）アル下ニ、御輿ヲ舁据《かきすえ》タレバ、敷皮ノ上ニ居直《いなおら》セ給ヒテ、又硯ヲ取寄セ、閑々《しずしず》ト辞世ノ頌《じゅ》ヲゾ被書《かかれ》ケル。

遺書を記した具行は「海道」の西に位置する山の裾《すそ》の松の下に座を移し、辞世の詩を賦《ふ》したのである。こののち具行は頸《くび》を打たれ、道誉は泣く泣く遺骸を荼毘《だび》に付すのであるが、注目しておきたいのは、具行最期の地が「海道ヨリ西ナル山際」と表現されている点である。柏原周辺の地理、具行の墓と伝承される地は図1－2のとおりであるが、ここでも美濃廻りで鎌倉に続いていく道は「海道」と呼ばれているのである。

このように、京都より美濃廻りで関東に続く道のことを、鎌倉末期～南北朝期ごろには「海道」と呼んでいたことはまちがいないだろう。まさしく中世の東海道は美濃廻りのコースだったのである。

＊美濃廻りのコースを「東山道」と呼んでいる例もないわけではない。『太平記』巻九でも、六波羅探題北条仲時が京都を逐われ、近江の番場で一族、家臣とともに自害したときの状況を述べた部分では、番場のことを「東山道第一ノ難所」といっている。草津から美濃赤坂に至る道は、東海道と東山道の合流したものとみなされていたのであろう。また南北朝時代の史料上で「東海道」と表記される道が、しばしば鎌倉から北上し、現在の茨城県、福島県の海岸沿いを通って陸奥多賀城（現・宮城県多賀城市）に至る道をさしていることが知られているが、これを「とうかいどう」と読んだか、「ひがしかいどう」と読んだかは定かでない。

中世東海道の幅と踏破日数

中世の東海道はどのくらいの道幅だったのだろうか。中世東海道の道幅を明記した文献史料はないし、中世東海道の遺構であると確認された発掘報告も知らないが、近年の中世遺跡の発掘成果にいくつか参考になる事例がある。

福島県郡山市安積《あさか》町の荒井猫田《あらいねこた》遺跡では「奥大道《おくおおみち》」、すなわち鎌倉から奥羽に向かう中世の幹線道と目される道路の遺構が発掘されている。調査報告によれば、出土遺物は十二〜十四世紀前半のものが多く、道幅は成立当初の段階で四〜六メートル、その両側に幅五〇センチ程度の溝が掘られているという。栃木県小山市の外城《とのじょう》・神鳥谷《ひととのや》の外城遺跡でも十四〜十六世紀に使用された、「奥大道」と目される道路の遺構が発掘されており、調査報告によると、道幅は八・四メートル、両側に一・四メートルと二メートルの溝が掘られていたという。また千葉県袖ヶ浦市の山谷《やまたに》遺跡では、十三〜十五世紀の遺物とともに道幅五〜一〇メートルで、両側に溝をもつ道路の遺構が発掘されている。埼玉県比企《ひき》郡小川町伊勢根《いせね》でも、鎌倉街道上道《かみつみち》（鎌倉から上野《こうずけ》に向かう中世関東の幹線道路）と目される道路の遺構が発掘されており、七メートルの道幅と両側の溝が確認されている。

西日本でも中世山陽道の発掘事例がある。兵庫県龍野《たつの》市の福田片岡《ふくだかたおか》遺跡では、十四〜十六世紀初頭に使われた山陽道の遺構と考えられる道路遺構が発掘されており、道幅は七〜一〇メートル、その片側に幅六〇センチの溝が確認されている。

事例によって違いがあるが、道幅五～一〇メートル、もう少ししぼりこめば六～八メートルあたりが、中世の幹線道路のイメージをつくるときの、一つの参考となる数字であるように思われる。ただし、右の事例の多くは宿場とおぼしき都市的な場の近くで発掘されたものである。後述するように、中世の幹線道がどこにおいてもこのような道幅をもっていたかどうかは疑わしい。六～八メートルというのは、よく整備されていた部分での状況と考えておきたい。

では、東海道を中世の人々はどのくらいの速度で旅したのだろうか。これについては中世交通史研究の開拓者である新城常三氏の言及があり、鎌倉時代の緊急時の早馬《はやうま》であれば最短で三日、多くの場合は四～七日で京都から鎌倉に達したという。もちろん、これは夜を日に継いでの早馬の場合であり、通常の旅の場合は、『海道記』では十五日、『十六夜日記』では十四日を要している。飛鳥井雅有の場合はやや短くて、『都の別れ』『春の深山路』、いずれでも十三日目に鎌倉に到着している。

では、一日にどのくらいの距離を歩いているだろうか。表2は雅有が泊まった宿泊地と次の宿泊地の間の距離の一覧である。距離は現在の東海道本線、名古屋鉄道本線、国道一号線などの距離をもとにした概数である。当時の道の正確なルートや宿泊地の正確な位置を特定することはできないので、それぞれ上下二キロ程度の誤差は含んでいるものとして見ていただきたいが、大きくはずれた数字ではないだろう。

これを見るとわかるように、一日に進む距離は三二キロから四〇キロ程度である。矢作と橋本の間

表2　雅有の歩行距離

宿泊地	至近の鉄道駅	前泊地との距離
京都	京都	—
鏡	篠原	35km
番場	米原・醒ヶ井	32km
墨俣	岐阜羽島・穂積	37km
萱津	枇杷島	26km
矢作	矢作橋（名鉄）	39km
橋本	新居町	53km
引馬	浜松	16km
菊川	金谷	40km
蒲原	蒲原	58km（2日分）
三島	三島	34km
酒匂	鴨宮	40km
鎌倉	鎌倉	35km

は五三キロと長いが、この区間ではあとで見るように、一部で舟を使っている。逆に距離が短いのは墨俣—萱津間であるが、ここは『春の深山路』に「日が高いうちに着いてしまった」と明記してある。極端に短い橋本—引馬間については、『都の別れ』だけに見える記事であるが、橋本を出発するのが夕方近くになってしまったと書かれている。そうした事情のあった日を除外すると、だいたい一日に三二～四〇キロ程度を進んだと考えていいのだろう。

次に踏破の速度であるが、中世の旅行の出発は寅《とら》の刻、つまり午前三～五時ごろのことが多く、夕方の到着は日暮れごろ、午後五～六時ごろが多い。季節によっても異なるだろうが、昼食等の休憩時間を差し引いて考えると、一日の歩行時間は十～十一時間程度ではないだろうか。とすると一時間で進む距離は三～三キロ半、せいぜい四キロ程度ということになろう。現代人と変わらないか、ややゆっくりめのような気もするが、路面状況も履物も現在とはまったく違うし、その速度で二週間歩き続けるのだから、やはり相当な健脚であるというべきであろう。ともあれ、序章で鳴海潟の潮位を推測するにあたっては、一時間で三キロ半歩くと仮定して種々の計算を行なっている。

中世東海道の概要を紹介したところで、雅有の旅の続きにもどろう。

第二章　乱流地帯をゆく――美濃

木曾三川

三つの川

弘安三年（一二八〇）十一月十六日の暁、雅有一行は番場を発った。伊吹山は雪で白く、「昨日の時雨はこれであったか」などと思いながら、一行は不破関を越え、美濃国へと入っていった。しばらくは冬枯れの草原が続く。青野ヶ原《あおのがはら》、のちに関ヶ原の名で知られる、東向きのゆるやかな斜面である。そこを過ぎると木曾三川、すなわち現在は揖斐川《いびがわ》、長良川《ながらがわ》、木曾川《きそがわ》と呼ばれる三つの川の形成する平野にさしかかる。次々と現れる河川を雅有は次のように書き記している。

笠縫川《かさぬいがわ》の橋はとても狭くて、ただ板を一つ渡しただけである。伴《とも》の者に引かせていた馬は誤って川に落ちてしまった。（中略）日が暮れて墨俣《すのまた》に到着した。（中略）

十七日。今日の行程は近いというので出発はゆっくりにした。夜が明けてから川の堤に立つと、この川は「美濃と尾張との中」を流れている。まず庶民たちから舟で渡し、川端で渡し舟を待った。（中略）この渡りの近くの川べりに高桑《たかくわ》の宮という、雅成《まさなり》親王の旧居があるということだ。宮という名に都が懐かしく思い出され、急いで見やったが、白砂の岸は遠く、青松の垣のあとが見えるばかりだった。（中略）杭瀬川《くいぜがわ》は流れが速くて深く、恐ろしい川であるが、近く将軍の御《み》台所《だいどころ》（正室）が鎌倉に下られるとかで浮き橋が渡してあったので、案ずるほどのことはなく渡ることができた。

やや長い引用になったが、ここで雅有は三つの川を渡っている。一つ目は「笠縫川」、二つ目は墨俣で渡った「美濃と尾張との中」を流れる川。三つ目は「杭瀬川」である。これらが地図上のどこにあたるかはあとにして、ほかの旅日記ではどうなっているかを見てみよう。

『東関紀行』の作者は、京都を出て三日目の夜に「株瀬川《くいぜがわ》」に泊まり、川辺で水面に映る月影を楽しんでいる。ただそのほかの川のことは記していない。

『十六夜日記』の作者阿仏尼も京都を出て三日目の夜に「笠縫の駅」に泊まっている。翌日の昼、「結ぶの神」の前を通ったのち、「洲俣《すのまた》とかやいふ川」に至り、舟を並べて綱で結びつけた浮き橋を渡っている。この川は「堤の方《かた》はとても深くて、もう片方は浅かった」という。この日記もそのほかの川については書き記していない。

室町時代にも東海道の旅を記した紀行文がいくつかある。その一つ、『なぐさめ草』は歌人として名高い正徹《しょうてつ》が応永二十五年（一四一八）に尾張に旅したときの記録である。ここには美濃と尾張の境にある「墨股河」を舟で渡ったのに続いて、「あしか、をよひもおなじようにこえ過ぬ」と記している。

また、永享四年（一四三二）の六代将軍足利義教富士見物旅行に同行した連歌師堯孝《ぎょうこう》の紀行文『覧《らん》富士記《ふじき》』によれば、堯孝も京都を出て三日目に美濃の「くゐせ川」を渡り、「笠縫つゝみ」にかかる歌を詠んでいる。また「ながはしときこゆるは、げにぞはるぐ〳〵とみわたされたるにや」と、杭瀬川に長い橋が架けられていたことを記している。ついで「むすぶの町屋」を経て、墨俣川に達し、その情景を次のように記している。

すのまた川は興おほかる処《ところ》のさまなりけり。河のおもていとひろくて、海づらなどのこゝちし侍《はべ》り。舟ばしはるかにつゞきて、行人征馬《こうじんせいば》ひまもなし。

ここから墨俣川が海のように広いこと、舟橋＝浮き橋が架けられていたことがわかる。堯孝らはこのあとさらに「尾張国をよひ河」を渡り、「わか君の　めぐみや遠く　をよひ川　ゆたかにすめる水の音かな」という歌を詠んでいる。

正徹は墨俣川、「あしか」、「をよひ」の三つ、堯孝は杭瀬川、墨俣川、「をよび河」の三つの川を渡ったことになる。三つの川を渡ったという点では、雅有も正徹も堯孝も同様であるが、渡ったとされる川の名前も順も違っているので整理が必要であろう。

図2－1　木曾三川現況図

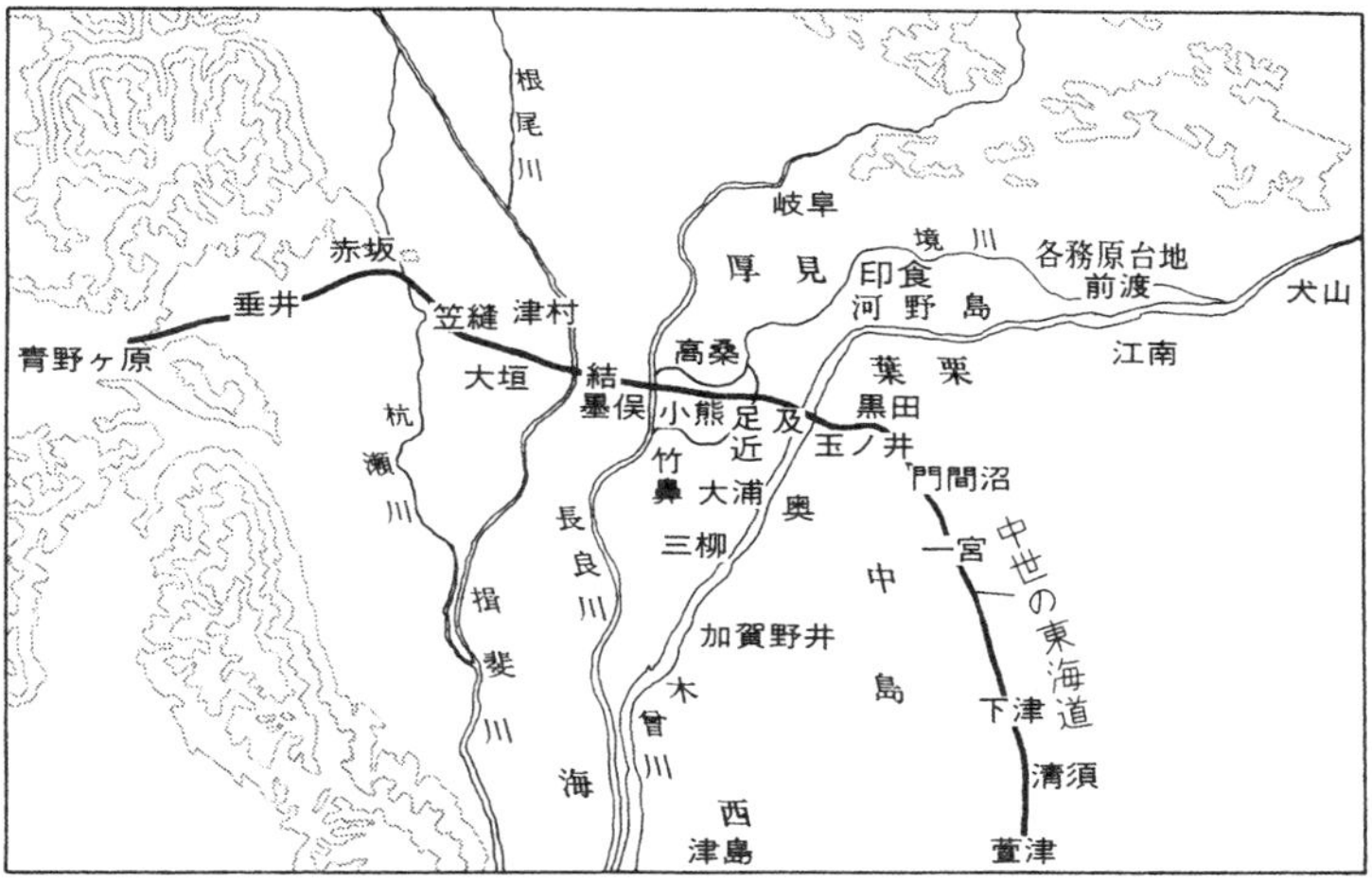

杭瀬川・墨俣川

最初の問題は杭瀬川の位置についての混乱である。杭瀬川のことを、雅有は墨俣を過ぎたあとに渡った川とし、堯孝は墨俣川の前に渡った川としている。どちらかが誤っているはずであるが、この点は地図を見れば瞭然である（図2－1）。杭瀬川と呼ばれる川は現在も大垣市街の西方を流れ、その東岸に笠縫の集落がある。弘長二年（一二六二）二月に京都から鎌倉に下向した律僧叡尊《えいそん》の日記『関東往還記』にも「株河《くいぜがわ》東岸笠縫今宿」という表現が見える。一方の墨俣川はここから東へ八キロほど進んだところにある。したがって『春の深山路』にいう「杭瀬川」の位置が雅有の錯誤、もしくは伝写過程での誤写であることは明らかである。同書の「笠縫川」が杭瀬川にあたるはずである。

その点を訂正したうえで右の旅日記に現れる川を

整理すると、西から、杭瀬川、墨俣川、あしか川、をよび川と並んでいたことになる。これらの川は現在のどの川に相当するのだろうか。

まず杭瀬川であるが、現在の杭瀬川は川幅が狭く、堯孝が記したような「はる〲とみわたされたる」ような長橋が架けられていたという景観からはほど遠い。一方、現在、杭瀬川と墨俣との間、結《むすぶ》のすぐ近傍を流れている揖斐川に相当する川についての記述は、鎌倉〜室町時代の東海道を旅した人の日記のどこにも現れない。結に「町屋」があったとされるのは、間接的にこの場所が渡河地点であったことを示しているのかもしれないし、また永仁五年（一二九七）六月の文書に「津布良《つぶら》・墨俣両所堤」（『東大寺文書』）という文言が見えるのは、津布良（現・大垣市津村《つむら》町）のそば、すなわち現在揖斐川が流れている場所に鎌倉時代も川が存在していたことを示すものである。しかし、それは根尾《ねお》川《がわ》の下流と理解できるだろう。それに杭瀬川が中世の紀行文にしばしば登場するのに対し、現在の揖斐川の方はまったく登場しない。これは後者が旅行者の意識にとどめられるほどの規模の流れではなかったことを示しているのだろう。つまり現在では揖斐川の一分流にすぎない杭瀬川こそが、中世には揖斐川の本流だったと考えてよいと思う。（補論参照）

流路の変更時期であるが、関連する自治体史や地名辞典などでは、享禄三年（一五三〇）六月に起きた大洪水によって、揖斐川本流は杭瀬川から現在の揖斐川に変わったとの説明が行なわれている。享禄三年洪水説は、直接には一九五三年刊行の『岐阜県治水史』および一九六五年刊行の『岐阜県災異誌』に依拠したもののようである。それ以前の刊行物では大正・昭和初期に編纂された郡誌や市史にも同様の記述があるが、これらは一八八七（明治二十）年ごろに岐阜県が作成した『往昔以来木曾川流域河状之変換』（岐阜県歴史資料館所蔵）、および『美濃国西南部河川沿革図』（岐阜県図書館所蔵）によったものと思われる。いずれも中世・近世における揖斐川や木曾川の洪水履歴を克明に記したものであるが、その作成過程や典拠となった史料は不明である。また現在までに享禄三年の洪水を記した前近代史料は知られていない。したがって享禄三年洪水説は、目下のところ根拠不明といわざるをえない。

しかしながら、十七世紀末の史料を見ると、美濃では木曾川（現）、長良川、根尾川とともに、久《く》瀬川《ぜがわ》（現在の揖斐川）の修築のための人夫は国役として美濃国内の諸領に課されている。それに対し杭瀬川については国役とはされていないから、近世初期には現在の揖斐川本流が固定的なものになっていたこと、すなわち中世末期ごろに本流の変化が生じていたことは確かであろう。

次は墨俣川である。現在の墨俣は長良川の右岸に位置する町であり、墨俣川とは長良川のことである、とみなしてもまちがいではない。ただし、その長良川の性格が問題である。『春の深山路』にはこの川のことを「美濃と尾張との中に流れたり」と記し、『なぐさめ草』も「美濃・尾張の境とかや」と記している。墨俣川＝長良川が美濃と尾張の国境となっているというのである。現在の尾張と美濃の境界、すなわち愛知県と岐阜県の境界は木曾川であるから、国境が動いたことになる。

古代・中世における美濃と尾張の国境が現在の木曾川ではなく、長良川およびその支流の境川《さかいがわ》であったことは、木曾川と長良川にはさまれた地域の地名が、古代・中世の史料の中で「尾張国○○」という形で現れることから疑いのないところである。たとえば現在岐阜県羽島《はしま》市に含まれる小熊《おぐま》や足近《あぢか》は、尾張国小熊保《おぐまのほ》、尾張国足近庄《あぢかのしよう》と出てくる。墨俣が美濃と尾張の国境にあたる場所であったことは確かなことである。

けれども長良川と木曾川の関係は厄介《やつかい》である。国境の変化の問題だけでなく、流路そのものの問題についても長良川の歴史は木曾川の歴史と複雑にからんでいるし、墨俣川に続いて検討すべき「あしか川」「をよび川」も切り離せない。ここからは、三つの川についての検討を分けることなく、あわせて検討することとしたい。

天正十四年の木曾川洪水説

長良川と木曾川の関係については、次のようなことが通説として広く知られている。時代は『春の深山路』のころからはるかに下ることになるが、中世の旅路を理解するうえで欠かせない問題であるので、この通説から検討してみよう。

天正十四年（一五八六）以前、木曾川本流は中流域の前渡《まえど》（現・岐阜県各務原《かかみがはら》市）から西北西方向に向きを変え、現在の境川の流路をとって墨俣で長良川と合流していた。ところが天正十四年六月二十四日に起きた大洪水で、川は前渡からほぼ真西に流れ、さらに笠松《かさまつ》付近で南向きに大きく流れを変え、現在の流路となったのである。豊臣秀吉は新・木曾川の西岸を美濃に編入し、これによって、尾張の中島《なかしま》・葉栗《はぐり》・海西《かいさい》三郡は尾張・美濃両国に分断されることになった。近代に入り、中島・葉栗両郡の美濃側に入れられた部分は合併して羽島郡となり、同じく美濃に入った海西郡はもともと美濃にあった石津《いしづ》郡と合併して海津《かいづ》郡となった。

以上は『岐阜県治水史』（一九五三年）に採用されて一般にも広く知られるようになった説であり、現在の岐阜・愛知県の関連自治体史や各種の辞典類でも採用されている。ところが典拠となる史料は脆弱《ぜいじゃく》である。二〇〇七年に刊行された『愛知県史』資料編では、「六月二十四日の洪水に関する史料を博捜したが、関係史料は数少なく、当時に書かれた同時代史料をまったく見つけることはできなかった」としている。そのうえで、この洪水に関する史料として『百輪中旧記《ひゃくわじゅうきゅうき》』『尾濃葉栗見聞集《びのうはぐりけんぶんしゅう》』『塘叢《とうそう》』『往昔以来木曾川流域河状之変換』『往昔以来木曾川流域洪水ノ年月被害ノ形況』の五点を掲げている。このうち、六月二十四日という日付まで掲げた史料は『百輪中旧記』『往昔以来木曾川流域洪水ノ年月被害ノ形況』だけである。しかし、『百輪中旧記』は天保十一年（一八四〇）の書写奥書をもっているが、あとでも述べるように、明治初年の合併によって新しく誕生した村の名が記されているというまったくの偽書である。『尾濃葉栗見聞集』は享和元年（一八〇一）、『塘叢』は文政四年（一八二一）に成立した地誌であり、近世末期に天正十四年洪水説が地元に流布していたことを知ることはできるが、天正十四年に実際に洪水が起きたことを証明する史料ではない。残る二つは明治前期に作成された調査報告書で、前三者その他の地誌や伝承をまとめたものと思われる。

このように、天正十四年洪水を証明する史料は、はなはだこころもとない状況である。しかも『尾濃葉栗見聞集』『往昔以来木曾川流域河状之変換』とも流亡した村々を書き上げて、被害の甚大さを説いているにもかかわらず、現地には洪水の被害を記した同時代史料がまったく残されていないのである。木曾川という大河の流路が大転換するほどの洪水が起きていれば、地誌に記すとおり、広範囲に大きな被害をもたらしたはずである。古代や中世前期ならともかく、在地史料の急増期にあたる天正年間にこうした事件が起きたのであれば、現地になにがしかの史料が残されていて当然のように思われる。

とはいえ、確実な史料の欠如をもって事実がなかったことの証明とすることもまたできない。ここは天正十四年以前の史料に木曾川がどのように現れるかを検証してみるよりほかにあるまい。

なお、天正十四年洪水についての私と同様の疑問から、同年以前の木曾川の流路を文献によって検討したものとしては、地理学者安藤萬壽男氏の研究があるが、氏が検討した文献は『武功夜話《ぶこうやわ》』と『信長公記《しんちょうこうき》』に限られている。前者については江戸後期以後に成立したものとの批判が強く、後者は江戸初期の成立ではあるが、木曾川に関する表現については定型化した傾向が見られ、記述に混乱があることは氏自身も認めている。以下では、天正十四年以前の同時代史料によって検証してみることとする。

「木曾川」、天正十二年

日本の前近代においては、河川は源流から河口までを一つの名称で呼ばれることはむしろ珍しく、流れている区間ごとにそれぞれの呼称をもっているのが一般的であった。京都西郊を流れる川が、今でも保津川《ほづがわ》、大堰川《おおいがわ》、桂川《かつらがわ》、淀川《よどがわ》と流れ下るにつれて呼称が変わっていくがごとくである。木曾の山中に発し、東美濃の高原、濃尾平野を経て伊勢湾に流れ込む日本有数の大河が木曾川という一つの名で呼ばれるようになったのはそう古いことではない。古代・中世史料には見あたらず、文献上で確認できるのは戦国時代最末期である。次に示す史料はその一つである。

これは天正十二年（一五八四）六月、羽柴秀吉が徳川家康・織田信雄《のぶお》の連合軍と戦った小牧・長久手の戦いの中で、尾張に出陣した秀吉が関東の佐竹義重に戦況を知らせた書状である。この書状では四カ所で「木曾川」ということばが使われている。関係する箇所だけ抜き出してみよう。

(a)尾州面《びしゆうおもて》の儀、卯月十三日、木曾川を越え相動き、犬山城即時に責め崩し、数多《あまた》に首を刎《は》ぬる。

(b)去月（五月）三日、先手の人数打ち入り、尾州西方に出馬せしめ、加賀野井《かがのい》城・奥《おき》城同時に取り巻き候。（中略）右の両城は木曾川幷《なら》びに大河数ヶ所を相越し、敵城中に割り入り候。

(c)竹鼻《たけはな》城を取り巻き候。彼《かの》要害は数年に相拵《あいこしら》え、堀深く、即時に責め入るべき地にこれ無きの条、水責め致すべきと存じ、四方に堤高さ六間、広さ弐拾間に三里の間築き廻し、木曾川を切り懸けるの処、城中、迷惑せしめ懇望致し候。

(d)木曾川を切り懸け候について、信雄の居城長島《ながしま》幷びに清須《きよす》辺、悉《ことごと》く洪水の躰《てい》に候条、侍の儀は申すに及ばず、土民百姓迄《まで》、餓死に及び候。（『諸将感状下知状幷諸士状写』、原漢文）

ここに見える「木曾川」とはどこを流れる川をさしているのだろうか。(a)では「木曾川」を渡って即時に犬山城を攻め、勝利を収めたといっているのであるが、木曾川に映える犬山城の偉容はよく知られた景観であり、(a)にいう「木曾川」は現在の木曾川と同じであろう。しかし、濃尾平野に入った木曾川がどこを流れていたか、この記事からではわからない。(b)には、尾張西部には「木曾川」ほかいくつかの大きな川が流れており、西から攻撃する秀吉軍にとって、それらを渡らねば加賀野井城（現・岐阜県羽島市）、奥城（現・愛知県尾西《びさい》市）には行けないことが述べられているが、ここにいう「木曾川」が地図上のどれにあたるかは明らかでない。(d)には、「木曾川」の堤を切ったために長島・清須が洪水になったとされている。濃尾平野東部は、犬山付近を扇頂とするゆるやかな扇状地的傾斜をなしており、水流は東北から西南に向かって流れているので、清須に洪水を起こさせるためには、現在の犬山・江南《こうなん》あたりで木曾川の堤を切らなければならない。したがって(d)に現れる「木曾川」も犬山・江南付近のことをいっており、濃尾平野に入ってからの流路を特定するに十分なものではない。

「木曾川」の位置を特定するために参考になるのは(c)の記述である。当時、秀吉は、織田信雄方の武将不破《ふわ》源六《げんろく》（広綱《ひろつな》）の守る竹鼻城（現・羽島市）を取り囲み、梅雨に乗じて水攻めを行なっていた。城の周囲に三里の堤を築き、「木曾川」の水を流入させて水没させようという計画である。この水攻めの様子については、秀吉軍の中にいた小早川秀包《こばやかわひでかね》が国元の厳島《いつくしま》社に知らせた報告の中にも見えている。

先日は御札《ごさつ》に預かり候。即《すなわ》ち御報《ごほう》申すべきの処、尾州表、在陣を遂げ、その儀なく候。先《ま》ず以《もっ》て此表、敵城両所討ち果たさる。この刻み、的場《まとば》と申す城取り巻かしめ、三里の堤を廻《めぐ》らせて築き上げらる。その間、付城《つけじろ》十四五ヶ所申付けらる。「両国境之大河」、関《せ》き懸けられ、漸《ようや》く水入り候。固屋《こや》中は一両日に沈み候。（『厳島神社文書』、原漢文）

図2－2　竹鼻城故地周辺

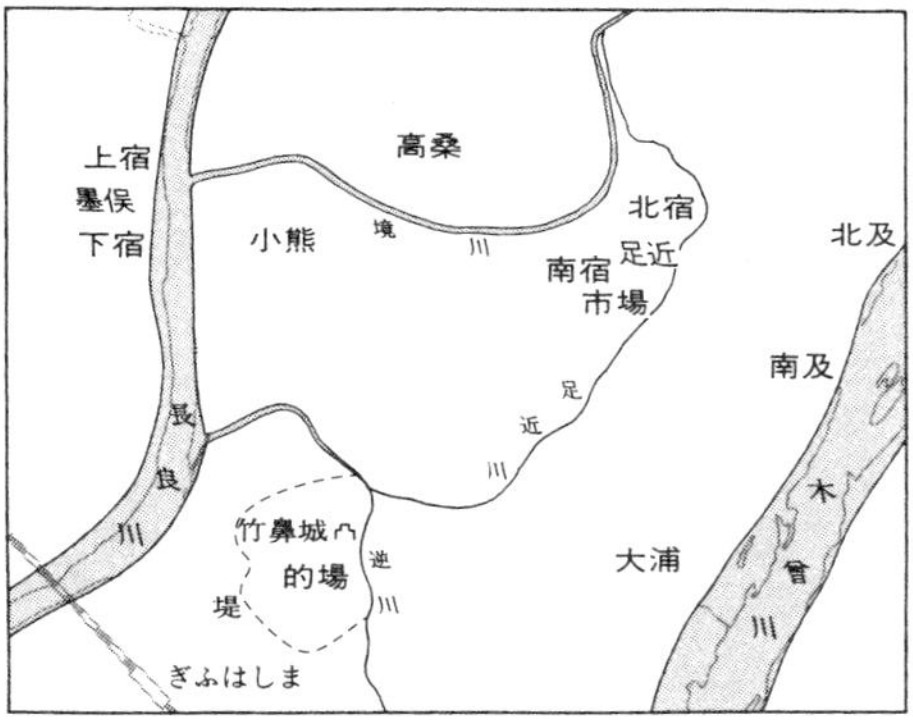

秀包は、先日もらった書状への返事が遅れたことを詫《わ》びたうえで、尾張の軍事状況を知らせているのである。「敵城両所」とは五月に落とした加賀野井城と奥城のことである。そして、今は「的場と申す城」を取り巻き、三里の堤を築き、「両国境の大河」の水を堰《せ》き止めて入れているので、城は明日にも沈んでしまうだろう、といっているのである。

竹鼻城の遺構は確認されていないが、現在の羽島市竹鼻町城町付近であろうと推定されている（図2－2）。近くの宮町、大西町あたりはかつて的場と呼ばれていたというから、秀包書状の中にある「的場と申す城」とは竹鼻城のことであろう。

したがってこの秀包書状は、先に見た秀吉書状の(c)と同じ戦況を語っているはずである。

しかし、一つだけ異なる表現がある。竹鼻城を水没させるために堰き止めた川を、秀吉は「木曾川」、秀包は「両国境之大河」と呼んでいるのである。秀吉も秀包も竹鼻城の目の前まで出陣しているのだから、事実について誤認するはずはなく、この二つの書状から「木曾川」＝「両国境之大河」であることが確定できる。

では、この川は地図上のどの川に相当するのだろうか。図2－2のとおり、竹鼻城は長良川と足近川にはさまれた場所にあり、水を引き入れるとすれば、そのいずれかしかない。少なくとも現在の木曾川から引き入れられるような場所ではない。むしろ長良川＝墨俣川からの方が引き込みやすそうであるし、そうであれば古代以来、墨俣川が濃尾国境であったという事実とも符合するが、墨俣川を「木曾川」と呼ぶことはないだろう。そうなると「木曾川」とは足近川のことであり、これが当時の濃尾国境であったと考えるほかないだろう。（補論参照）

足近川＝中世木曾川

足近川は、現在ではごく小さな流れでしかない。古代以来、濃尾国境とされていた境川との関係でいえば、境川が大きく蛇行《だこう》する足近付近でこれから分流し、竹鼻付近で逆川《ぎやくがわ》と合流して長良川に流れ込んでいる川である。この小さな流れが木曾川の本流であったとはにわかには信じがたいが、秀吉以前の時代に、長良川の東をどのような川が流れていたかを、史料に基づいて検討することによって、中世木曾川の本流の問題を考えてみたい。

『春の深山路』にもどってみよう。本章冒頭で紹介したように、飛鳥井雅有は「美濃と尾張との中」を流れる墨俣川を渡った後、川べりにある「たかくわの宮」の故地を見ている。この「川」が境川のことであることは高桑の地名から明らかである（図2－2参照）。ただ、行程を考えると、雅有はこの川は渡っていないだろう。「白砂の岸」＝河原の向こうに高桑宮の故地が見えたというのだから、おそらく雅有は川の南岸を進み、対岸に高桑を望んだものと思われる。墨俣川の次に渡った川を雅有は「杭瀬川」と記しているが、この呼称が雅有の錯誤であることはすでに述べた。実際に渡ったのは浮き橋がしつらえてあったという名称不明の川である。これが何であるかを解き明かす必要があろう。参考になる材料は中世史料のうちにいくつか求めることができる。

まず挙げなければならないのは『吾妻鏡《あずまかがみ》』である。同書文治元年（一一八五）十月二十五日条には、源頼朝が、自身の上洛のための用意として、「足近・洲俣《すのまた》」以下の渡しを整備すべきことを尾張と美濃の住人に命じたことが記されている。また、同書暦仁元年（一二三八）二月九日条の将軍藤原頼経上洛に関する記事の中に、前日の風雨によって「洲俣・足近両河の浮橋」が流れ損じたことが記されている。鎌倉時代前期、この地域には墨俣川と併称されるような大河として「足近川」が流れていたのである。

ここで思い出したいのは、正徹の『なぐさめ草』である。すでに紹介したように、正徹は墨股河を舟で渡ったのに続いて、「あしか、をよひ」を同様にして渡ったと記している。この「あしか」が足近であることは確実である。今では小さな流れにすぎないが、この足近川が鎌倉時代には墨俣川と併称されるような大きな川だったらしいのである。また建武元年（一三三四）十二月二十三日の源家満《いえみつ》の軍忠状には「阿志賀渡」での合戦で戦功をあげたことが記されており（『熊谷家文書』）、足近の渡渉地点が軍事的にも重要な地点だったことが知られる。足近とは現在の羽島市北部にある地区で、北宿《きたじゆく》、南宿、市場などの集落があるが、このあたりが往時の渡し場として栄えた場所だったのであろう。

それだけではない。「足近川」という呼称は足近の近くだけで使われているわけではなかった。北朝建武五年（一三三八）、南朝延元三年正月、後醍醐政権から陸奥国司に任じられて奥州にいた北畠顕家は大軍をもって東海道を西進中であった。京都を占める足利方を逐い、吉野に逃れた後醍醐を京都に迎えることを期しての上洛である。同月二十四日、顕家は足近川を越え、ここで足利方と軍戈を交えている。顕家は常陸にいる南朝方の有力武士結城氏に宛《あ》てて次のような報告を送っている。

上野・武蔵・鎌倉などでの合戦はすべて順調に進んだ。昨日二十四日には「阿志賀川」を渡って敵を退治した。京都は問題なく回復できるだろう。その方は常陸国内が静謐《せいひつ》であるよう努めよ。

（『白河証古文書』、原漢文）

このとき顕家軍に加わっていた陸奥磐城《いわき》の武将国魂行泰《くにたまゆきやす》は、この上洛中の一連の戦いであげたみずからの軍功を列記して顕家に差し出しているが、その中で次のようにいっている。

今年正月廿四日・廿八日、美濃国「阿時河」と赤坂の合戦で、いくさの手柄を立てました。（『大国魂神社文書』、原漢文）

二人の書きぶりをみたところでは、足近の渡しで合戦が行なわれたように見える。しかし『太平記』巻一九のこの合戦に関する箇所を見ると少々違う。長い文章であるが、要約すると次のようになる。

北畠の大軍が美濃に近づいているというので、迎え撃つ足利方の土岐《とき》氏や桃井《もものい》氏らは全軍を五つに分けて応戦することとした。一番は「志貴《じき》ノ渡」で伊達《だて》・信夫《しのぶ》ら陸奥の兵と戦ったが、兵力で劣り、散々な目にあってしまった。二番は墨俣川を渡って北条時行と戦ったが、これも敗れてしまった。三番は「阿字賀《あじか》」に打って出て南部・下山ら甲斐《かい》の兵と戦ったが、これも大敗を喫した。四番は上杉を大将に、大軍をもって青野ヶ原に向かい、新田・宇都宮ら関東の兵と戦い、激戦となったが、結局は足利方の敗北となった。五番は土岐・桃井を大将に、これも青野ヶ原で戦ったが、北畠軍は雲霞《うんか》のごとくで、これも敗れてしまった。

「阿字賀」の地名は三番の戦闘場所として出てくるが、ここで戦った南朝方の兵は甲斐の兵なので、陸奥の武将国魂行泰の報告にある戦闘とは合致しない。顕家、行泰の報告に使われている用語をよく見ると、戦闘場所は「阿志賀川」「阿時河」とされている。つまり足近川沿いのどこかで戦ったのであって、足近とは限らないのである。どこか。

『太平記』の記述で陸奥の兵が戦ったとされているのは、「志貴ノ渡」である。「志貴」とは足近から直線距離で八キロほど上流にある印食《じき》（現在はインジキと読む。現・羽島郡岐南《ぎなん》町）のことである。ここは東山道と境川の接する地点である。承久《じようきゆう》の乱について記した『吾妻鏡』承久三年（一二二一）六月三日・十二日条には、京都に向けて進軍する幕府軍に対応するために、朝廷が軍勢を「食渡《じきのわたり》」に送ったとの記述があり、ここが東西交通の重要な渡し場であったことが知られる。おそらくこの乱流地帯を通過するにあたっては、水量の多い足近・墨俣で渡河するルートだけでなく、上流の印食＝志貴で渡渉して近江に向かう迂回ルートも用意されていたのであろう。国魂行泰が戦った場所はこの印食であり、おそらく顕家軍本隊もここで渡河したのであろう。

以上より、印食のあたりを流れる川が南北朝時代には「足近川」と呼ばれていたことは明らかだろう。この川は蛇行しながら足近の渡しを経て、竹鼻付近で墨俣川と合流していたものと思われる。そしてこの川こそが墨俣川と併称されるような大河であり、印食や足近の渡しは東西交通の要衝だったのである。また、天正十二年の竹鼻城水攻めのときに堰き止められた「両国境之大河」「木曾川」とは、この足近川のことであろう。

木曾川の誕生

「川」、永禄九年

「足近川」が、中世木曾川の本流であったことは明らかになった。この川を以下では古木曾川と呼ぶこととするが、天正十四年（一五八六）の洪水によって木曾川の流路が変わったのは事実か、というそもそもの疑問は何も解決していない。

通説では天正十四年に大洪水が起きて流路が変わり、多くの村が流されて現在の木曾川ができた、ということになっている。同年以前には現在の木曾川の流路はなかったということになるが、事実はどうなのだろうか。その点について考える材料となる史料がいくつかあるので検討してみよう。

最初の材料は、永禄九年（一五六六）に起きた尾張の織田信長と美濃の斎藤龍興《さいとうたつおき》の合戦のときの史料である。同年閏《うるう》八月十八日、斎藤方の武将氏家直元《うじいえなおもと》（卜全《ぼくぜん》）は甲斐の某氏に宛てた書状の中で次のように述べている。

(a)去月廿九日、「織上」当国境目へ出張り候。その時分、もってのほかに水迫り候て、河表を打渡り、河野島《かわのしま》へ執り入り候。(b)即時に龍興懸《か》け向い候。これにより「織上」引き退き、川縁《かわべり》に陣をすえ候。(c)国の者共《ども》、堺川《さかいがわ》を限って詰め、陣を取り続ぎ相守り候。(d)出張りの翌日より、風雨濃水について、自他、行《てだて》及ばず候き。漸く水引き候間、取り懸かり相果たすべきの由、儀定《ぎじょう》せしめ候の処、去八日未明に「織上」敗軍仕り候。(e)川へ逃げ入り、没して水に溺《おぼ》れ候者共、数を知らず候。残党、川際において少々討ち候。

（『中島文書』、原漢文）

史料中に見える「織上」とは織田上総介《かずさのすけ》、すなわち信長のことである。「河野島」というのは、現在の岐阜県羽島郡笠松《かさまつ》町東部から岐南町・各務原《かかみがはら》市川島町にかけてのあたりをいう呼称である。堺川は、先ほど検討した古木曾川のことである。「堺川」のほかに、史料中には「河表」「川縁」「川」「川際」などのことばが続くが、河野島と古木曾川の位置を念頭に読めば、これらのことばに含まれる「川」「河」が何をさすのか、そして両軍の布陣や合戦経過がどうであったのかはきわめてわかりやすい（図2－1参照、四七ページ）。文意は次のようになろう。

(a)八月二十九日、織田軍が増水した河を渡って国境の河野島に入ってきた。(b)すぐに斎藤方も兵を向かわせたので織田軍は退いて河野島南岸の川べりに陣を敷いた。(c)美濃軍は堺川に陣を敷いて守りを固めた。(d)翌日は風雨が強く増水したので両軍とも動けなかった。ようやく水が引いたので、決戦を決め、合戦した結果、今月八日の未明に織田軍は敗れ、(e)尾張に帰ろうと川に逃げ込んだが、溺死《できし》する者は数知れず、残った者も川ぎわで討たれてしまった。

こんな経過であろう。これからわかるように、史料中で「河表」「川縁」「川」「川際」と表現されている川は堺川（古木曾川）のことではない。河野島の南を流れている別の川のことだと考えるべきであろう。

「大河」、天正十年

第二の材料は、天正十年（一五八二）、本能寺《ほんのうじ》で信長が倒れたあと、その二人の子信雄と信孝《のぶたか》の間に生じた紛争に関する次の史料である。文中の「この方」は織田家重臣の柴田勝家《しばたかついえ》、「御兄弟」は信雄と信孝のことである。

尾・濃境目の事。この方へも御兄弟より同事に仰せ越され候。両国、御兄弟様へ相渡す上、国切は勿論《もちろん》に候。三七郎殿は大河切にくれなくんば、下々諸給人・国之百姓以下迄も申事仕出し候えば、然《しか》るべからざるの条、大川切に前々も無事と候えば、相分け候間、東にては三郡まで尾張へ相越え候えども申す事なきように、川切と仰せられ候。三介殿は国切と候て、御同心なし。

（『徳川記念財団所蔵文書』、原漢文）

信長の死後、信雄は尾張、信孝は美濃を領することになったのであるが、まもなく両者の支配圏の境界についての見解のずれが表面化した。右の史料は両者の訴えを聞いた柴田勝家が同僚の丹羽長秀《にわながひで》に届けた報告の一節である。三七郎すなわち信孝の言い分は、尾張三郡（葉栗・中島・海西の西半か）までを信孝領とする「大河切」が当然だというものである。それに対し、三介すなわち信雄は「国切」を主張しているのである。

信雄が主張する「国切」とは本来の濃尾国境、すなわち古木曾川（足近川）で二人の領分を分けるというものであろう。美濃の信孝は「大河」で分けることを主張しているのであるが、それに対し尾張の信雄は抵抗しているのだから、当然「大河」は古木曾川よりも尾張側に入った場所になければならない。つまり、天正十年の時点で、古木曾川よりも尾張側に「大河」と呼ばれている川があり、しかも、それは古木曾川よりも二人の領分を分けるにふさわしい川であるという主張が成り立ちうるような川だったのである。

＊この時点での濃尾国境がどこだったかも問題であるが、秀包は「尾州表」での戦況として竹鼻城攻めのことを報告しているし、秀吉書状の中にも「尾州於竹鼻表」という表現があるので、当時、竹鼻は明確に尾張のうちと認識されていたことになる。

第三の材料は、その「大河」がどこを流れていたかを推測する手がかりとなるものである。小牧・長久手の戦いの最中の天正十二年四月、家康が陣取る尾張中心部への攻撃の用意を進める秀吉は家臣の伊藤牛介と一柳《ひとつやなぎ》直末《なおすえ》の二人に「大浦《おおうら》城」在番を命じる（『一柳家文書』）。翌月、家康の家臣本多《ほんだ》忠《ただ》勝《かつ》が丹波の蘆田《あしだ》氏に送った戦況報告には、秀吉軍は「おうら・三柳《みつやなぎ》」に布陣したと見える（『譜牒余録後編』巻二六）。大浦・三柳はともに現在の木曾川の西岸にならぶ地名である。川という表現こそ現れないが、ここに大きな川の存在を想定すれば状況を理解しやすいだろう。秀吉は家康軍との軍事境界線として「大河」を重視し、その西岸に攻撃の前進基地を設けたのであるまいか。

以上の材料によって、天正十四年以前に、現在の木曾川とほぼ同じ場所に大きな川が流れていたと考えてよいのではないだろうか。天正十四年の洪水によって流路が大きく変わって現在の木曾川が誕生したというのは、文献史料に明らかに反する説であるといわなければならない。

「及川」、室町時代

残る問題は、この現在の木曾川に相当する流れがいつからあり、何と呼ばれていたかである。すでに気づかれた読者も多いと思うが、その解答はすでに紹介した史料の中に示されている。応永二十五年（一四一八）、正徹が『なぐさめ草』の中で記した「あしか、をよひもおなじようにこえ過ぬ」という記述、また永享四年（一四三二）、堯孝が「わか君の　めくみや遠く　をよひ川　ゆたかにすめる水の音かな」と詠んだ歌がそれである。ここには「をよひ川」と呼ばれる川が登場している。「をよひ」とは現在の岐阜県笠松町の北及《きたおよび》、羽島市の南及《みなみおよび》のことであろう。いずれも現在の木曾川の西岸であり、先にふれた大浦のすぐ北隣にあたる。室町時代、東海道を通行するためには避けて通れぬ川が、ここを流れていたのである。これこそが現在の木曾川にあたる川ではあるまいか。足近川と及川を同じ川とみる向きもあるが、『なぐさめ草』が二つの川を併称していることによって、それは否定される。また微地形の観察から、及川を、前渡付近で古木曾川から分流し、及を貫流したのちに足近で足近川に合流した川とみる考えもあるが、これも次の史料によって否定される。

大永六年（一五二六）二月に駿河から上洛した連歌師宗長《そうちょう》は尾張国津島《つしま》の景観を次のように書き記している。

このあたりではそれぞれの堤が家に続く道となっている。橋がある。三町あまりか。熱田の長橋よりなお遠いようである。および・洲俣《すのまた》河が落ち合い、まるで近江の海のようである。舟十余艘が込み合っており、若衆法師が誘引している。この河べりにある里々は数しれない。桑名までは河水が三里ばかり続いている。

（『宗長手記』）

「および河」、つまり及から流れてきた川は津島の近くで、「洲俣河」すなわち長良川と合流し、その流れは大河となって桑名まで続いているというのである。一八九九（明治三十二）年の河川改修工事以前、木曾川は津島のやや上流で東西二つに分かれ、東側の川＝佐屋川《さやがわ》は津島のすぐ西を流れていた。宗長の記す及川の流路は、まさにこの木曾川・佐屋川に重なるものであろう。「および河」＝及川とはまちがいなく近世〜明治期に木曾川・佐屋川と呼ばれていた川のことなのである。架かっている橋の長さが三町（約三〇〇メートル）というのは短いようにも思えるが、近世・近代に大規模な河川改修を施された現在の木曾川と比べてはいけない。合流点の湊に多くの舟が輻輳し、それを交通整理している者がいたというのは、及川が大きな川だったことを示していると考えるべきだろう。

及川がいつからあったかであるが、鎌倉時代の旅日記・記録や南北朝時代の文書には及川に関する記述が一切現れないところからすると、そのころには存在しないか、小さな流れだった可能性が高い。それに対し、室町時代の旅日記にはいずれも登場し、しかも堯孝は「ゆたかにすめる水の音かな」と水量の豊富さを歌っているから、室町時代半ばごろには存在感を増した流れとなっていたものと思われる。そして天正十年（一五八二）ごろになると、古木曾川よりもこちらの川の方が領国分割の境界線としてふさわしいという主張がなされたり、重要な軍事境界線とみなされたりするほどの大河となっていたのである。文献史料による限り、この時点ですでに古木曾川を上回る水量の川となっていたように思われる。

木曾川の流路変化

以上によって、天正十四年（一五八六）以前から現在の木曾川とほぼ同じルートに「及川」と呼ばれる大きな川が流れていたことは明らかであり、同年の洪水で一挙に木曾川の流路が変化したとか、多くの村を流して新たな流路が誕生したという説は誤りであるといわなければならない。けれども、天正十四年の洪水説はまったくの空想の産物か、と問われれば、のちに述べる理由によって、なお躊躇するものがある。それに長い目で見れば、足近川のコースから及川のコースへの流路変更があったのは事実である。また、天正十二年ごろには「両国境之大河」とか「木曾川」と呼ばれていた足近川が、現在では用水路のようなささやかな流れになっているのも事実である。この変化が、いつ、なぜ生じたのかを考えておく必要はあろう。

二つのコースが分岐するのは現在の岐阜県各務原付近である。しかも、このあたりで木曾川の流路変動が問題になるのは中世以後だけではない。古代史料の中にもこの問題に関する記述が残されている。『日本三代実録』貞観七年（八六五）十二月二十七日条によれば、尾張国から朝廷に次のような訴えがなされている。

昔、広野河《ひろのがわ》は美濃国に向かって流れていました。そのころは百姓が水害を被《こうむ》ることはありませんでした。ところが近頃は河口がふさがって水はすべて尾張国に落ちてくるようになり、雨のたびに大きな害を受けるようになっています。河口を掘り開き、もとのように流れるよう、太政官《だいじょうかん》としてお命じください。

現在ならば豊富な水量をもつ大河の流れは、求められこそすれ、排除されるようなものではないが、木曾川のような大河の水を農業のために利用できるような技術ができるのはずっとのちの時代である。このころには洪水を引き起こす厄介な存在という認識の方が強かったのである。尾張国の訴えは太政官に認められ、河口（無論、海への出口という意味ではなく、美濃へ向かっていく口という意味である）の開削が行なわれたのであるが、翌年七月九日、再び尾張国から訴えがなされている。

太政官の命令を受けて広野河の口を掘り開き、もとのように流れるようにしましたところ、美濃国の各務郡と厚見《あつみ》郡の役人が七百余人もの兵を率いて襲ってきて、尾張の郡司に乱暴をはたらき、役夫を射殺《いころ》し、川の水は血に染まりました。

この事件の結末がどうなったかは不明であるが、ここに見える「広野河」が木曾川のことである。紛争の舞台となった場所についてはいくつか説があるが、美濃側に流れてくるのをいやがっているのが各務郡と厚見郡なのであるから、問題となっている河口は各務原付近のはずである。このあたりを分岐点にして、ほうっておくと川は南方向、すなわち尾張方向へと流れていく傾向にあったこと、人為によってそれを必死でくい止めようとしていたことが知られよう。中世において確認できる足近川から及川への流路変更の動きは、九世紀にすでに始まっていたように思われる。

図2－3　明治濃尾地震による隆起と沈降

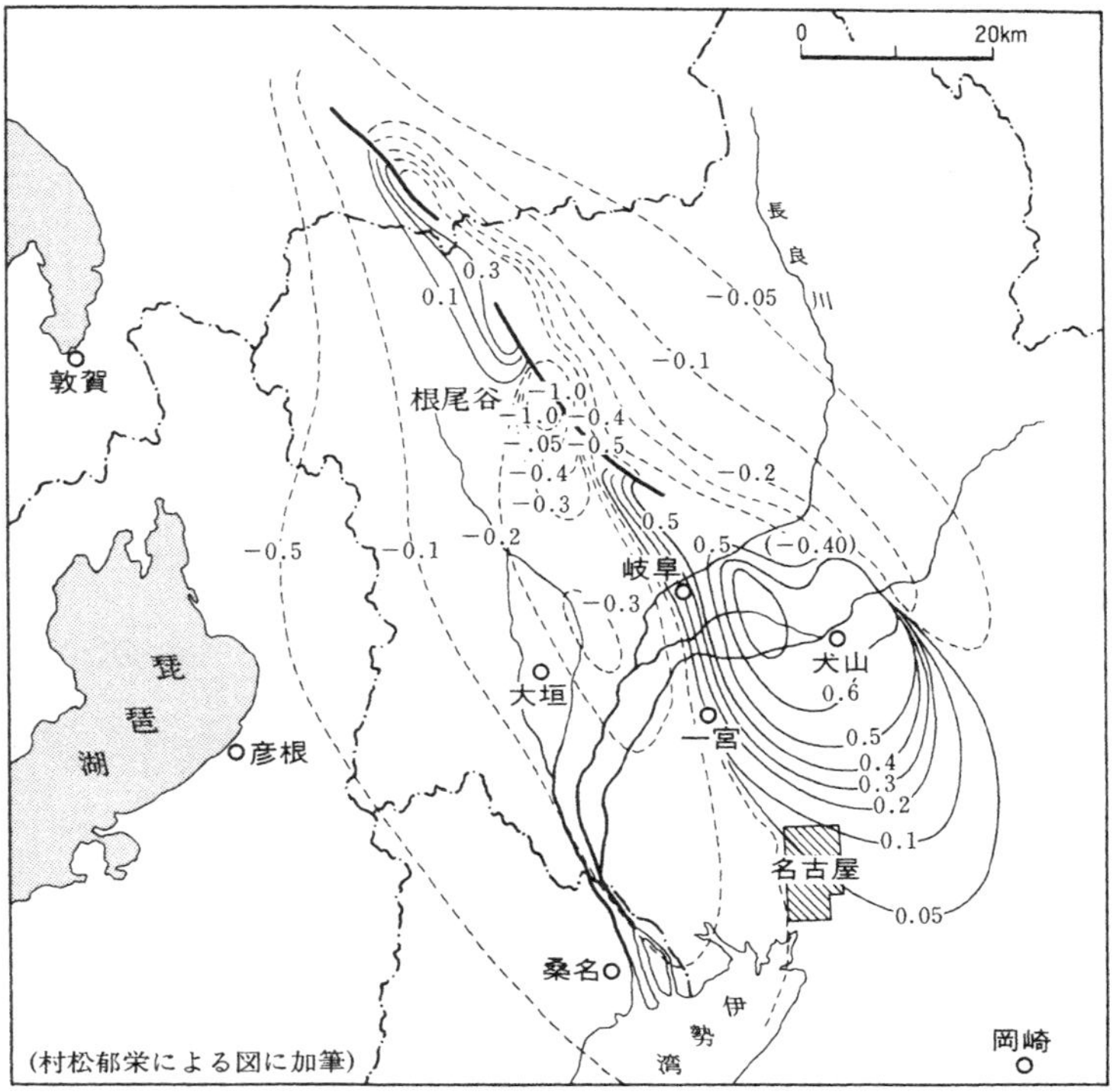

(村松郁栄による図に加筆)

この動きは、いったい何によってもたらされたものなのだろうか。新旧の木曽川の分岐点となる各務原とはどういう地点なのかが問題になるが、ここに興味深いデータがある。図2－3は、一八九一（明治二十四）年に岐阜・愛知県を襲い、根尾谷《ねおだに》に顕著な断層を生じさせたことで知られる巨大地震、濃尾地震による地殻の垂直変動の数値を地図化したものである（村松郁栄「濃尾地震激震域の震度分布および地殻変動」）。実線は隆起、破線は沈降した区域を示している。おおむね、根尾谷—岐阜—一宮を結ぶ線より東は隆起、西は沈降の傾向にあるが、隆起した値が最大と推定されているのは各務原台地のあたりで、地震前に比べると約〇・七五メートルの隆起を示したとされている。まさに古木曽川（足近川）と現木曽川（及川）の分岐点あたりである。

平安〜室町時代の濃尾平野において大地震が発生したことを記した史料は残されていないが、もしこの間に一八九一年の濃尾地震と同じ類型の地震が発生し、各務原台地のあたりで隆起が生じていたとすれば、東美濃高原から出てきた水流が北方向に流れていくことは困難となるだろう。木曽川が前渡付近からもともとは西北西に向かっていたと思われるコースから、真西に向かうコースに変化したのは、各務原台地付近が隆起の傾向をもつ地点だったためではあるまいか。

なお、あわせて注目されるのは、現在の揖斐川の流路が図2-3によれば、沈降した区域を通過している点である。すでに述べたように、文献史料からは中世末期に杭瀬川から揖斐川への流路変更が生じたことが推測されるが、あるいはこれもこの区域が沈降の傾向をもつ箇所であったことと関係しているのかもしれない。

流路変更と地殻変動

新旧の木曽川のコース変動には、分岐点付近の地形変動が関係していると思われるが、コース変動はそれのみによってもたらされたものなのだろうか。各務原から真西に向かって流れる現木曽川は笠松付近で大きく南西に向きを変えたのち一気に河口に向かっている。これは古木曽川が蛇行を繰り返しながら長良川との合流点へと流れていたのとは大きく異なる点である。この違いまでを各務原付近の隆起現象によって説明するのは困難なように感じる。

この問題に関しては、また別の興味を引かれる地質学上の知見がある。それは、濃尾平野では東部が隆起し、西部は養老山《ようろう》地手前を限りとして沈降していく、長期にわたる地殻変動が続いているというものである。八〇万～一〇〇万年前に始まり、現在も継続しているこの地殻変動は濃尾傾動運動と呼ばれる。とりわけ伊勢湾の最奥部、桑名・長島付近の沈み込みが大きく、木曾三川の河口がここに集中するのはこの現象によるものであるという。またこの付近が海抜ゼロメートル以下の低地帯となっていることもよく知られたところであろう。

新旧の木曾川のコースを比べてみると、ゆったりと長良川との合流点に向かっている古いコースに対し、新しい方のコースは笠松付近から、まるで漏斗《ろうと》の吸い込み口に吸い寄せられるように一気に河口部に向かっているのがわかる。素人目には新旧の流路変更と河口部の沈み込みの間には関係があるのではないか、というように見える。

もし木曾川の流路変更に濃尾傾動運動が関係していたとすれば、地震が大きな契機となったはずである。先に天正十四年洪水説をまったくの空想として排するのにはなお躊躇すると述べたのは、この問題とかかわっている。実は、洪水があったとされる前年、天正十三年には美濃・尾張を中心に、飛驒・伊勢・近江・越中にまで至る広い地域に甚大な被害をもたらした巨大地震（天正の濃尾地震）が

図２－４　濃尾周辺の活断層

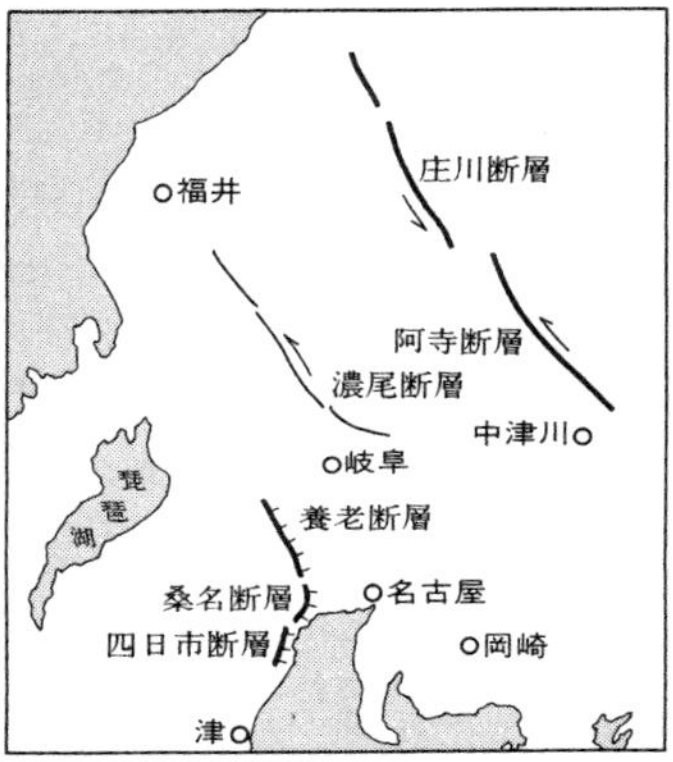

（寒川旭『地震の日本史』80ページの図をもとに作成）

発生している。この地震による地殻変動によって木曾川の流路に変化が生じ、翌年の梅雨期に大洪水が起きたという可能性はありうるように思われるのである。

　この濃尾地震の発生原因については、岐阜県西北部の庄川《しょうがわ》断層と同県東部の阿寺《あでら》断層が同時に動いたものであるとするのが、地震研究の世界での通説的な理解である（図２－４）。これに対し、飯田汲事氏は各地の被害についての史料記述を網羅的に検討し、養老断層南部が活動したものであるという見解を提出している。また一九九八年、地質調査所（現・産業技術総合研究所地質調査総合センター）では、濃尾傾動運動にかかわっているとされる養老断層で層序ピット調査（小規模なトレンチ）とボーリング調査を実施し、地層の上下変位から、養老断層が四〇〇〇年前以降に三回活動したこと、その最新活動は十四世紀以降、その一つ前の活動は四～九世紀であることを明らかにしている。そして最新活動が天正十三年の地震である可能性を指摘している。また、その前年には、養老断層に続く桑名断層でボーリングおよびピット調査を行ない、最新の活動が十五世紀以降、その一つ前の活動が七～十世紀であることが明らかにされている。これらの見解に従えば、天正十三年に木曾三川河口部で顕著な沈み込みがあり、翌年の梅雨期に大洪水が起きて一挙に木曾川

流路が変わった、という天正十四年洪水説は信憑性をもってくるようにも思われる。（補論参照）

無論、私には地質学的、地震学的な評価は不可能である。しかし文献史料学の立場からすれば、「十四世紀以降現代まで」という文献史的には長い時間のなかで起きたただ一度の地震を、ただちに天正十三年の地震に結びつけるのは性急であるとの感想は禁じ得ない。戦国末期ごろを境として、それ以前と以後とでは史料、特に畿内以外の在地史料の残存量には雲泥の差があり、以前であれば文字による記録を一切欠いた大地震が起こっていた可能性はいくらでもあるからである。文献によって木曾川流路の変遷を見てきた立場からすると、十五世紀半ばから及川（現在の木曾川のコース）が登場することと、養老断層の「十四世紀以降」の上下変位を関連させて理解したい気もするが、根拠を欠いた関連づけは、これもまた性急とのそしりを免れないだろう。この時期に濃尾地方で大規模な地震が発生していたとの知見は、現在のところないが、一宮市門間沼《かどまぬま》遺跡では十四世紀初頭の液状化現象による噴砂の遺構が確認されたという。専門の学界において今後どのように評価されていくのか、推移を見守りたいと思う。

現段階で文献史料から確実にいえるのは、十五世紀から現在の木曾川と同じルートを流れる大きな川が存在していたということである。したがって天正十三年地震の影響によって、翌年にもし洪水があったとしても、それによって一挙に木曾川の流路が変わってしまったとはいえない。養老断層の活動との関係はさておき、濃尾平野に伏在するいくたの断層が引き起こす大小の地震によって、濃尾傾動運動はわずかずつだが確実に持続しているという。木曾川の流路の変化は、各務原台地の隆起と河口部の沈降という長期にわたる二つの地殻変動の複合によって、数次の段階を経て生じたものだったと考えるのが現段階では妥当なのではないだろうか。

乱流地帯に生きる

輪中の誕生

木曾川の流路の検討に思わぬ紙数を割いてしまった。そろそろ雅有の旅路にもどろう。いく筋もの大河が流れ、ときには流路も変える乱流地帯は旅人にとってもネックであったが、ましてそこで生活するとなると、まさに水との戦いには厳しいものがあっただろう。けれども中世の人々は、ただ水の脅威に流されるだけではなく、この乱流地帯で生きていくための知恵も身につけていた。『春の深山路』にはこの地域に生きた中世人の工夫をみごとに表現している記述がある。原文のまま紹介したい。

此所のやう、河よりははるかに里はさがりたり。まへにつゝみを高くつきたれば山のごとし。くぼみにぞ家どもはある。里の人のいふやう、水いでたる時は、ふね此つゝみの上にゆく。空に行《ゆく》舟とぞみゆると云《いう》をきけば、あまのはとふねのとびかけりけんも、かくやとぞ聞ゐたる。

このあたりでは、川よりも里の方がずっと低くなっている。里の前には堤を山のように高く築き、家々は窪《くぼ》みの中にある。里の人がいうには、水が出たときには舟は堤の上を行く。まるで舟が空を行っているように見える。これを聞いて、天孫降臨神話に出てくる天の鳩舟のことを思い出した。説明は要しないだろう。堤に囲繞《いにょう》されているのが家だけなのか、耕地も含んでいるのかは不明だが、この記述は、明らかに輪中《わじゅう》と呼ばれるこの地域に特有の居住形態を表現している。

いつから輪中が形成されるようになったのかについては確たる定説はない。最も古い輪中形成について記しているとされる史料は、『百輪中旧記』である。これは高須《たかす》輪中（現・岐阜県海津《かいづ》市）の元応元年（一三一九）から天保九年（一八三八）までのできごとを記した年代記で、天保十一年（一八四〇）の本奥書と天正十二年（一九二三）の書写奥書をもつものである。そこには「元応〈己未〉年高須輪中塩除堤《しおよけづつみ》出来」という記事があり、これが輪中形成を記した最古の史料とされている。『百輪中旧記』は天正十四年洪水を記した数少ない史料でもあるが、すでにふれたように、この史料の中には一八七五（明治八）年の合併によって初めて成立した村の名が登場していることや、古木曾川の推定流路から見ると、高須輪中の成立は慶長（一五九六～一六一五）以前にはさかのぼれないことなどから、『百輪中旧記』の史料的性格については根本的な疑問が提示されている。そして確実な史料で輪中を確認できるのは近世初頭であるとされている。

しかし、歴史地理学や地方史研究のなかで、右に紹介した『春の深山路』の記述が輪中に関する史料として利用された形跡はない。もちろん現在まで残っている輪中の成立がいつまでさかのぼるか、という問題とは別であるが、雅有の描写は、集落を堤防で囲繞することによって水害から村を守るという、居住形態としての輪中について記した最古の文献ということになろう。『百輪中旧記』の記述はまったく信用できないものであるが、皮肉にも鎌倉時代に輪中が成立していたという結論だけはあっていたことになる。

墨俣の風景

この章では旅日記に記された記述をもとに、濃尾平野で交錯する大河の変遷を見てきた。次々と現れる大河を渡らねばならないこの地域には、当然、多くの渡し場があったし、水量が多くて渡れないときの川待ちのための宿もあった。杭瀬川の西岸には赤坂、東岸には笠縫、長良川の西岸には墨俣、東岸には小熊、足近川西岸には足近、及川の東岸には玉ノ井、黒田の宿々があった。通行の困難な地帯は町場の密集地帯でもあったのである。なかでも墨俣は「海づらのここち」がするといわれるほどの水を湛《たた》えた大河に面し、上流や伊勢湾からやってくる舟の停泊地でもあり、「墨俣湊」とも呼ばれた。室町中期、足利義政が東山山荘を造営したときには、美濃東部の土岐地方の山中から切り出され、足近川によって運ばれてきた木材は墨俣湊に荷揚げされ、数量の点検を受けたのち、ここから陸路で近江の琵琶湖岸まで運ばれていた（『蜷川家文書』）。墨俣は木曾や美濃東部、あるいは飛驒といった木材山地と京都を結ぶ物流の結節点でもあったのである。

情景を思い浮かべてみよう。墨俣川と古木曾川の分流境川が合流するあたり、川には上り下りの舟が行き交い、川べりには多くの舟が停泊している。少し下流では古木曾川の本流足近川が合流し、川幅はさらに広くなっている。ここより下流での渡河にはより大きな困難がともなったであろう。川の両岸には旅人が夜の宿泊場所や舟待ちの場所を求める町場が展開している。右岸は墨俣宿、左岸は小熊宿である。阿仏尼は『十六夜日記』で墨俣川のことを「堤の方は深くて、もう片方は浅かった」と記していることから、堤は墨俣側だけに築かれていたと考えられる。小熊側には境川や足近川が流れ込んでいるために、その合流部には広い河原が形成され、徐々に浅くなっていたので、堤は必要なかったのであろう。宿の周囲には平野が広がるが、おそらくは芦原や耕作されない土地も多かったであろう。その平野のあちこちには水の侵入を防ぐための堤に囲まれた村里が点在している。

阿仏尼は若いころにも墨俣川を渡ったことがあるが、そのときの墨俣の渡し場の情景を次のように書き記している。

墨俣という広々とした大きな川がある。行き来する人々が集まっており、舟は絶えず往復しているのだが、待っている間はとても狭い所でうるさく、恐ろしいほどに罵《ののし》り合っている。何とかわれわれもみな渡ることができたが、輿、馬などが用意されるのを待っている間、来た方を見てみれば、みすぼらしいなりをした男たちがきたなげな荷を舟に載せている。そしてなにごとか激しく争い、水の中に倒れたりする者もある。(『うたたね』)

都育ちの阿仏尼は見慣れぬ光景に恐ろしさを感じているが、人や馬でごった返し、猥雑で活気に満ちた湊の様子が目に浮かぶ。

そしてこの大河に面した湊町墨俣は、中世初期の日本においては地政学的にきわめて特殊な場所であった。源頼朝は京都で任官した東国武士の「墨俣以東」への立ち入りを禁じている（『吾妻鏡』文治元年四月十五日条）。この措置の意図は、平家を滅ぼしたのち、頼朝に無断で朝廷から官位を受けた源義経の東国帰還を阻止することにあったのであるが、このとき東国が「墨俣以東」という表現で示されているのである。墨俣という場は東国と西国の境目だったのである。中世初めの日本においては、それほどに重要な地点だったのである。

第三章　湖畔にて——橋本

浜名の風景

浜名へ

弘安三年（一二八〇）十一月十七日朝、雅有一行は墨俣を出発し、その夜は萱津《かやづ》に宿泊、翌十八日には鳴海潟を通過する。この間の詳細はすでに序章で記した。

ついで『伊勢物語』に見える杜若《かきつばた》の故事で名高い三河の八橋《やつはし》（現・愛知県知立《ちりゅう》市）に至る。在原《ありわらの》業平《なりひら》の時代には川筋が蜘蛛手《くもで》のように分流し、八つの橋が渡されていたという八橋であるが、雅有が見たのはただ二つばかりの橋であった。そこを過ぎ、豊川《とよかわ》を渡り、遠江に入るとまもなく浜名湖に至るはずである。が、残念なことに『春の深山路』は十八日夕方から二十三日昼までの部分を欠いている。地図上でいうと、八橋の次は駿河の興津《おきつ》あたりまで飛んでしまう。新たな写本が発見されて欠落部分が出現することを期待したいが、今は同じ作者が建治元年（一二七五）八月、すなわち『春の深山路』の五年前に記した『都の別れ』によって、この部分を補うこととしたい。

鳴海を通過した建治元年八月五日は矢作《やはぎ》（現・愛知県岡崎市）に宿泊、翌日は三河・遠江国境の高《たか》師山《しやま》を越えて太平洋岸に出る。高師山の急峻な海食崖《かいしょくがい》は、大海原とともに、はるか富士山をも見渡すことのできる絶景の地として数々の歌に詠まれている。この高師山の急崖を下る急坂が潮見坂《しおみざか》（現・静岡県湖西《こさい》市白須賀《しらすか》）で、これを過ぎれば浜名湖となる。浜名湖に到着するときの様子を『都の別れ』は次のように記している。

潮見坂を下りるとあまりに苦しかったので、蜑《あま》の釣り船に乗ることとした。供の者は先に行かせ、管絃の心得のある者ばかりを舟に乗せ、宿に入るまでの間、海青楽《かいせいらく》を演奏した。

水門《みなと》より　入海遠く　さすしほに　棹《さお》をまかせて　のぼるあま舟

ここの浜名の橋は著名な所で、情のある遊女も多く、一夜とどまった。

ここには名前は出てこないが、浜名湖のほとりにある宿は橋本宿《はしもとのしゅく》（現・浜名郡新居《あらい》町）と呼ばれる。優れた景観が人々をひきつけるのか、鎌倉〜室町時代に東海道を旅した者はたいていここに一泊している。墨俣や萱津とならんで、中世東海道でもおそらく最も著名であり、最も賑《にぎ》わった宿であろう。本章では、この橋本周辺の中世の景観を復元してみたい。

明応の東海地震

現在でも浜名湖は東海道有数の景勝の地であるが、十五世紀末より前の浜名湖は今とは異なる形をしていた。そしてその形はある日突然に変わったのである。

明応七年（一四九八）八月二十五日辰の刻（午前七～九時）、御前崎《おまえざき》沖で発生した地震が本州中部の広い範囲を襲った。大きな震動に遭遇した京都のある公家は「生まれて以来、このようなことは経験がない」（『実隆公記《さねたかこうき》』八月二十五日条）と記し、ひと月ののち、別の公家は、伊勢・三河・駿河・伊豆に大波が押し寄せ、海辺二、三十町の民家がことごとく流されてしまい、人命も牛馬も数知れず失われたとの情報を耳にしている（『後法興院記《ごほうこういんき》』九月二十五日条）。推定される地震規模はマグニチュード八・二から八・四で、日本中世最大級の地震であったと考えられている。

天竜川の左岸あたりでこの地震を体験したある僧侶は、地震に襲われたときの状況を次のように書き記している。

> 八月二十五日辰の刻、突然大地が震動し、万民は肝を失った。ある者は倒れて腹這《はらば》いとなり、ある者は柱を抱えて死を待った。老いた者は合掌して仏の名を唱え、幼い者は父母の名を叫んだ。平地は裂《さ》けて三、五尺の波が吹き出し、山は割れ、崩れて急崖となった。先月の風雨で傷ついた家々は地中に落ちた。なかでも最も憐れむべきなのは、海辺の宿や漁師町の市に集まっていた遠国からの商人、近隣からの客、各宗派の僧侶、歌舞音曲の芸人たちである。ほどなくして大波が天をついて襲ってきた。そしてほんのわずかの間に地を払ってすべてを巻き去ってしまった。民家、寺社はいく千軒か知れず、僧も俗も身分の高い者も低い者も、いく万人か知れず流された。

牛馬、鶏、犬に至っては数えることもできない。

（『円通松堂禅師語録《えんつうしょうどうぜんじごろく》』、原漢文）

ここには大震動、海浜部での液状化現象、山の崩落、地震後に襲ってきた津波についての描写が見られる。津波について記した史料は、後代のものも含めれば、東海はいうにおよばず、房総、伊豆、紀伊半島から八丈島にまで残されているが、ここでは最も詳しく、かつ内容的にも注目される伊勢の大湊《おおみなと》（現・三重県伊勢市）での津波の状況を記した史料を紹介しておこう。

高潮は地震によって満ちてきた。そして引いたときもとんでもないものだった。海底の砂が現れ、魚はことごとく死んでしまった。はるか彼方まで潮が干上がり、世にもまれな不思議であるので、人々はみなこれを見物していた。ところが突然、高潮が起こり、山のようになって襲ってきた。干潟に出ていた者は仰天してみな戻ろうとしたが、大半は途中で死んでしまった。

（『皇代記』、原漢文）

津波第二波の襲来に先だって大規模な引き潮現象が起こる場合のあることは、二〇〇四年暮れに起きたインド洋大津波の報道で一般にも広く知られるようになったが、明応地震でもこの現象が起きていたのである。

このように各地の史料には、地震とそれに続く津波の様子がリアルに描かれている。そのためこの地震については地震学、歴史学の双方での研究も多く、伊勢の大湊や安濃津《あのつ》（現・津市）、紀伊の和田浦《わだうら》（現・和歌山市）などの湊町が壊滅的な被害を受けたことが明らかにされている。

浜名湖の変容

明応地震以後、東海道の旅行記から橋本宿の名は消える。近世になると、近くに新居関《あらいのせき》が置かれ、宿も成立するが、橋本宿の名がよみがえることはなかった。中世の旅人たちがこぞってその風光明媚をたたえた橋本宿は、明応地震にともなう津波によって潰滅したものと思われる。そして浜名湖も姿を変えることとなった。今切《いまぎれ》と呼ばれる現在の湖口が出現したのである。

ただ、この今切出現については二つの説が対立している。一つは、この地震直後の津波によって出現したという説。もう一つは、この地震によって起きたのは浜名湖全体の沈降であり、これによってそれまで淡水湖であった浜名湖に海水が流入し、高潮による影響を受けやすい状態になった。そして翌年の六月十日、台風による高潮によって今切が出現したという説である。

二つの説の分岐点は明応八年（一四九九）六月十日説の根拠となった史料の信憑性をどう評価するかにあるが、それに関しては、明応八年六月十日の高潮については同時代史料を欠くという前者の説からの指摘は妥当であると思うので、本書では今切出現は明応七年八月二十五日の地震直後の津波によるものであるという説に従っておきたい。

さて今切出現の要因については右のような二つの説の対立があるが、今切出現による浜名湖の変化については、両者の間に顕在化した対立は存在していないようである。浜名湖の変化については、次のようなことが通説となっている。

図3－1　『新居町史』掲載の古代・中世浜名湖推定図

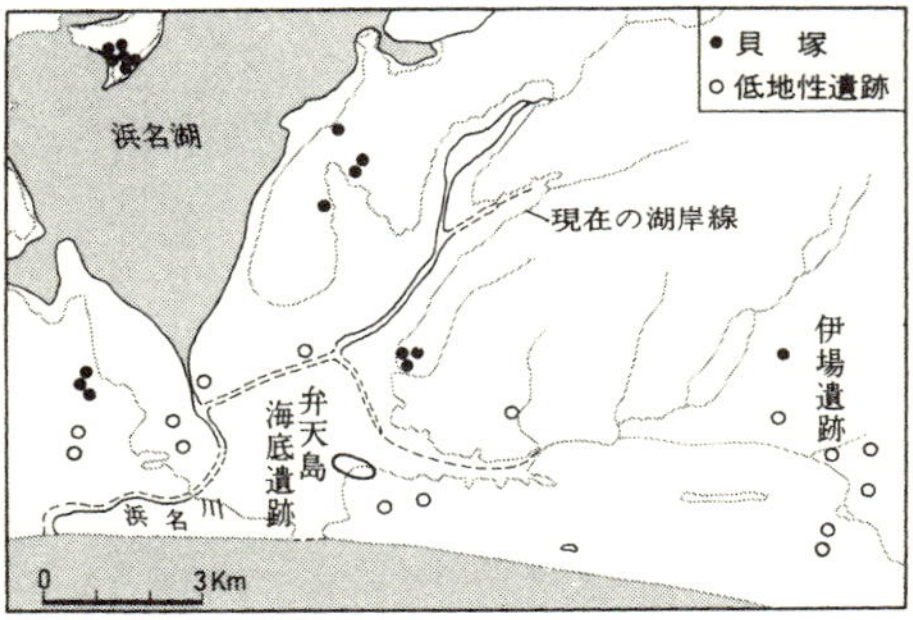

・明応地震以前、浜名湖は遠州灘《えんしゅうなだ》とは直接にはつながっていなかった。

・現在、浜名湖に向かって西から流れ込んでいる浜名川は、地震以前には、逆に浜名湖から遠州灘に向かって西へ流れていた。

・地震以前には、浜名湖は淡水湖であった。

・地震によって浜名湖は一メートルほど沈降し、満潮時には海水が遡上する汽水湖となった。

そして『新居町史』通史編上（一九八九年刊）の古代と中世の部分で、図3－1が当時の浜名湖の姿であるとして使用され、以来、この図は学界ではかなり引用されるようになっている。

この図によれば、明応地震以前の浜名湖は遠州灘から直線距離で三キロ以上は隔てられていたということになる。〈湖形の大きな変化〉と〈淡水湖から汽水湖への変化〉が、この地震が浜名湖にもたらしたものということになる。中世橋本の景観を復元するためには、この二点について検証することが必要である。まずは明応地震以前の文献史料の中で、浜名湖南部の姿がどのように描かれているかを見てみよう。

古代・中世史料の描く浜名湖

地震以前の浜名湖岸には東海道を通行するための橋が架けられていた。橋についての最古の記述は『日本三代実録』元慶八年（八八四）九月一日条で、そこには、橋は長さ五六丈（約一七〇メートル）、広さ一丈三尺（約四メートル）、高さ一丈六尺（約四・八メートル）であること、貞観四年（八六二）に修造されてから二十年以上経ち、損壊が進んでいることが書かれている。貞観四年に修造されたということだから、それ以前からあったということになる。少なくとも九世紀前半にはすでに架けられていたのであろう。古代の橋としては有数の長大な橋であろう。そして平安以来、「浜名の橋」は東海道の著名な歌枕として多くの歌に詠み込まれている。

橋本という地名は、もちろんこの浜名の橋のたもとに位置しているところからつけられたものであろう。明治初期まで浜名湖西岸に橋本村があり、現在も新居町浜名のうちに通称地名として残っている。

この浜名の橋について、寛仁四年（一〇二〇）九月、上総より上洛の途中に浜名湖を通過した『更《さら》級日記《しなにっき》』の作者菅原孝標女《すがわらのたかすえのむすめ》は次のように記している。表現が重要なので、原文のまま示す。

浜名の橋、下りし時は黒木をわたしたりし。このたびは跡だに見えねば、舟にて渡る。入江にわたりし橋也。外《と》の海はいといみじくあしく浪高くて、入江のいたづらなる洲《す》どもにこと物もなく、松原の茂れる中より、浪の寄せかへるも、いろ〳〵の玉のやうに見え、まことに松の末より浪は越ゆるやうに見えて、いみじくおもしろし。

孝標女は父の上総赴任に同行して下向するときと、任期があけて上洛するときの都合二度浜名湖を通過しているのであるが、下向したときには黒く焼いた板で渡してあった浜名の橋が、上洛するときには跡形もなかったというのである。『更級日記』の記述によれば、三河の八橋も近江の瀬田橋《せたのはし》も崩壊していたというから、このころは東海道自体の荒廃が進んでいたようである。

それはともかく、『更級日記』では浜名の橋のことを「入江にわたりし橋」と表現している。「入江」が浜名湖のことなのか、浜名湖とは別にあった入江のことなのか、やや読みとりにくいが、「松原の」以下の、浪が松原に寄せたり、玉のように砕けて返したりしている様子を記した箇所は、明らかに遠州灘の波打ち際の情景を述べている。したがって、もし「入江」が浜名湖のことだとしたら、東から西に向かっている作者は、左手に見える「外の海」＝遠州灘の情景を述べたのちに、右手に見える浜名湖の情景を少しだけ記し、そのあと再度左手の遠州灘の情景を述べたことになる。情景描写の順としては不自然であるし、文章としてもうまくつながらない。むしろ遠州灘と浜名湖の間に入江があり、作者は一貫して左手に見える遠州灘や、それと入江を隔てる松の並んだ細い洲の情景などを記しているのだと考えた方が自然であろう。この入江の存在が、浜名湖の古景観を考えるうえでのポイントである。

鎌倉時代以後になると橋本の情景を描いた紀行文は少なくない。橋本付近の地形を復元するのに有効と思われる記述を、原文で読み比べてみよう。

(a)夕陽ノ景《かげ》ノ中ニ橋下《はしもと》ノ宿ニ泊ル。鼇海《ごうかい》南ニ湛《たたえ》テ、遊興ヲ漕行舟《こぎゆくふね》ニ乗セ、駅路東ニ通ゼリ。誉号《よごう》ヲ浜名橋ニキク。（中略）

十一日、橋下ヲ立テ、橋ノ渡ヨリ行々《ゆくゆく》顧レバ、跡ニ白キ波ノ声ハ、過《すぐ》ル余波《なごり》ヲヨビ返シ、路ニ青キ松ノ枝ハ、歩ム裾《すそ》ヲ引トミム。北ニ顧レバ湖上遥《はるか》ニ浮《うかん》デ、波ノ皺《しわ》水ノ顔ニ老タリ。

（『海道記』貞応二年・一二二三）

(b)橋本といふ所に行《ゆき》つきぬれば、聞渡りしかひ有て、景気いと心すごし。南には海潮あり、漁舟波にうかぶ。北には湖水あり、人家岸につらなれり。其間に洲崎遠く指出《さしいで》て、松きびしく生ひつゞき、嵐しきりにむせぶ。（中略）湖に渡せる橋を浜名となづく。古き名所なり。

（『東関紀行』仁治三年・一二四二）

(c)遠州橋下

松根沙上此盤桓　且以脚悲換目歓
左海右湖同一碧　長虹合飲両波瀾

（『済北集《さいほくしゅう》』巻三　律詩）

三つの記述のうち、最も浜名湖の景観を推定しやすいのは、(b)『東関紀行』である。橋本宿に立つと、南には海があって釣り船が浮かび、北には湖があって岸に人家がつらなっているのが同時に見えるという情景を描いているのであろう。そして海と湖の間を松並木のある細長い洲崎が分かっているというのである。この洲崎とは、『更級日記』に描かれた遠州灘と入江を隔てる洲のことではなく、のちに明応の津波で断ち切られることになる遠州灘と浜名湖を隔てるより大きな砂州のことであろう。

(a)『海道記』も橋本の南には海が望めることを記したうえで、橋本を発って松並木の中を歩む場面では、「白き波の声」を聞きながら北に湖の水面の様子を眺めているから、遠州灘と浜名湖の間の距離はさほど大きなものではなかったと考えられよう。

(c)『済北集』は、鎌倉末期から南北朝期にかけて、京都と鎌倉の間を何度か往復した経験をもつ京都五山派の禅僧虎関師錬《こかんしれん》が応長元年(一三一一)の旅中に作った詩である。難解であるが、洲崎は老松の根にさえぎられて歩きづらいが、その洲崎に立てば左に遠州灘、右に浜名湖が見える。おりしも現れた虹《にじ》が二つの水面を飲みこんでいる。その美しい情景を目にすれば脚の疲れも忘れてしまう。そんな思いを歌ったものである。ここにも橋本の情景を「左の海、右の湖」と表現している。『済北集』に載る前後の詩から、虎関がこのとき鎌倉から京都に向かっている途上であったことは明らかなので、「左の海、右の湖」という表現は虎関の進行方向とも合致している。(補論参照)

橋本の形

以上の文献史料から、明応地震以前の橋本あたりの景観を推定してみよう。見てきた記述からは、遠州灘と浜名湖の間を隔てる洲崎の幅はさほど広いものではなかったと考えられよう。少なくとも図3－1（八四ページ）が示すような南北三キロに及ぶようなものであったとは到底考えられない。また橋本宿の場所であるが、南に鼇海（大海の意味）があるという『海道記』の表現、南に海潮、北に湖水という『東関紀行』の表現、左に海、右に湖という虎関の表現は、洲崎の上を描いた情景にふさわしいように思われる。現在「橋本」と呼ばれている地区は浜名川の北岸であるが、紀行文の記述からは、鎌倉～室町時代の宿は橋を渡った先の洲の上、もしくは橋の両岸にあったと考えた方がいいように思う。（補論参照）

次に問題となるのは、浜名の橋が架けられていたのはどのような水路であったかである。通説では今とは逆に、東から西に流れる浜名川に架けられていたとされている。実際、鎌倉時代の和歌の中にも「浜名川」という表現は見られる。また、雅有の祖父飛鳥井雅経は関東に下向した途中、次の歌を詠んでいる。

たれうへて　海と河とを　へだつらん　浪を分けたる　松のむら立

これによれば、海（遠州灘）と直接つながっているのは「河」ということになる。けれども、すでに見たように『更級日記』では橋のことを「入江にわたりし橋」と表現しているし、『東関紀行』では「湖に渡せる橋」としている。見る人によっては川は入江とも見え、また橋は入江に架かっていると認識する人もいれば、湖に架かっていると認識する人もいたのである。こうしたさまざまな見方を

図３－２　明応地震以前の浜名湖南部

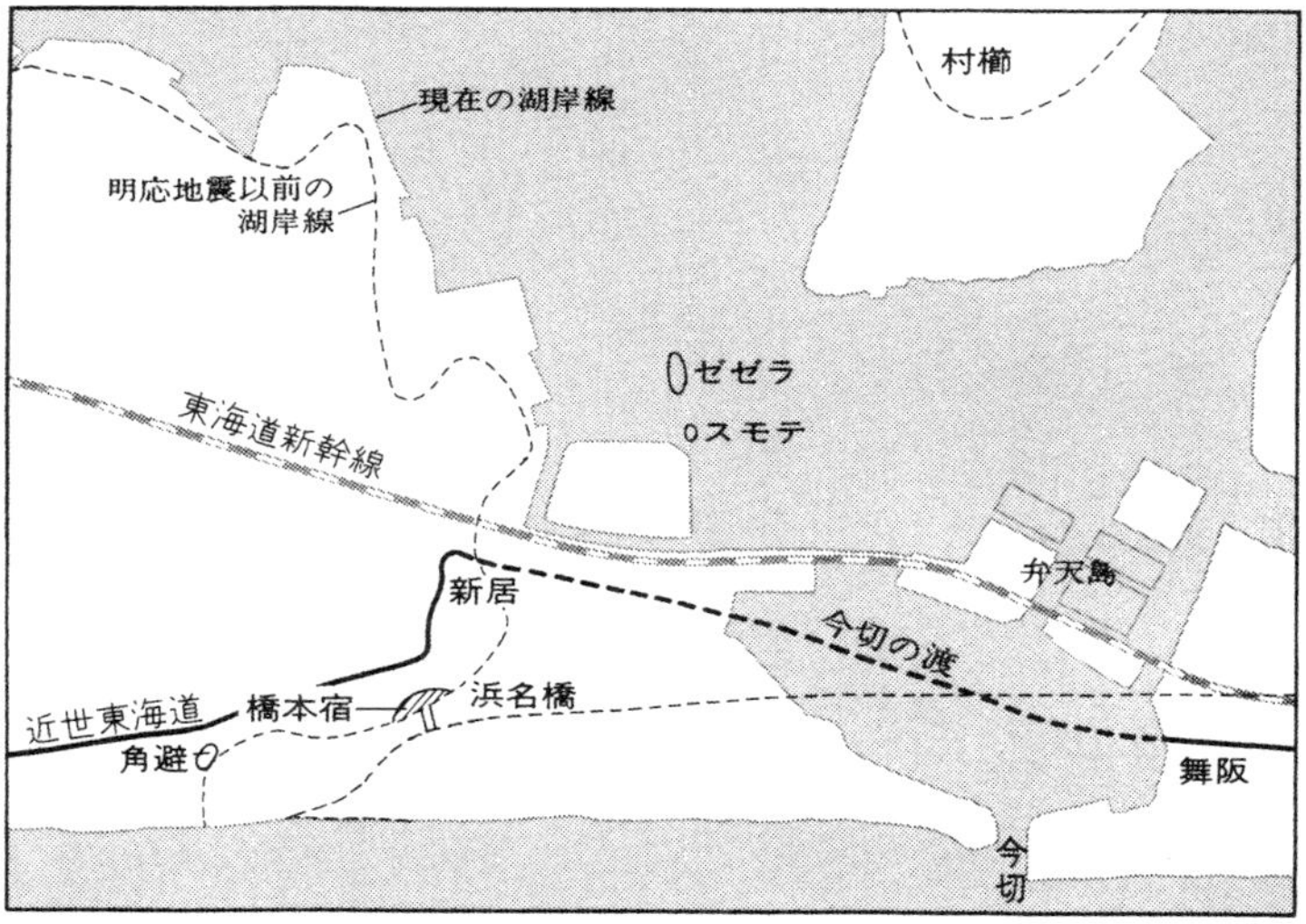

矛盾なく成り立たせるためには、橋は入江と湖の接するところに架かっており、また入江は川のようにも見える細長い形状だったと考えればいいのだろう。ちなみに一九五九年に撮影された国土地理院空中写真には、現在の浜名川の源流部（かつての河口部）には湾入の跡のような地割が認められる。また湾入部には「塩浜」「帯湊葭谷《おびのみなとよしだに》」などの小字名が残っている。

以上に紹介した旅日記や詩歌の記述を図化すると、図３－２に破線で示したようになる。入江の口の西岸から東に向かって細長くのびる洲は沿岸流による堆砂《たいさ》でできたものである。『更級日記』に、外洋の波が玉のようになって寄せ返すのが、まるで松原を越えてくるように見えたという「松原」、また雅経の歌に「海と河とをへだつ松のむら立ち」と詠まれた「松のむら立ち」とは、きわめて幅の狭い洲を表しているようであるが、この入江の口の洲こそがそれであろう。

浜名湖は沈降したか

浜名湖は淡水湖だったか

浜名湖の中世景観を復元するときにもう一つ問題となるのは、明応地震以前の浜名湖は淡水湖であったかという点である。これは地震による浜名湖沈降という論点と密接にかかわるのであるが、今切出現の原因を津波、高潮のいずれに求めるかを問わず、地震以前には浜名湖の湖面は現在より一メートルほど高く、海水が湖に遡上することはなかったという考えが広く普及している。たとえば地元静岡県新居町役場のインターネット上のサイトの「町の概要」でも、「新居の歴史の中でも特筆すべきことは、西暦一四九八年の地震・津波被害により浜名湖が決壊し、太平洋とつながったことです。これにより浜名湖は汽水湖となり、現在でも漁業などの面で多くの恵を受けています」と書かれている。しかし、これは平安~鎌倉時代の紀行文や歌に記された情景とは明らかに矛盾している。『海道記』には次のような記述がある。これも原文のまま示す。

夜モ巳《すで》ニ明行《あけゆけ》バ、星ノ光ハ隠テ、宿立人《やどたつ》ノ袖ハヨソナル音《こえ》ニヨバ、レテ、シラヌ友ニウチツレテ出ヅ。暫《しばら》ク旧橋ニ立《たち》トゞマリテ珍《めずらし》キ渡ヲ興ズレバ、橋ノ下ニサシノボル潮《うしお》ハ、帰ラヌ水ヲカヘシ

図３－３　舞阪、建治元年８月６日の潮位

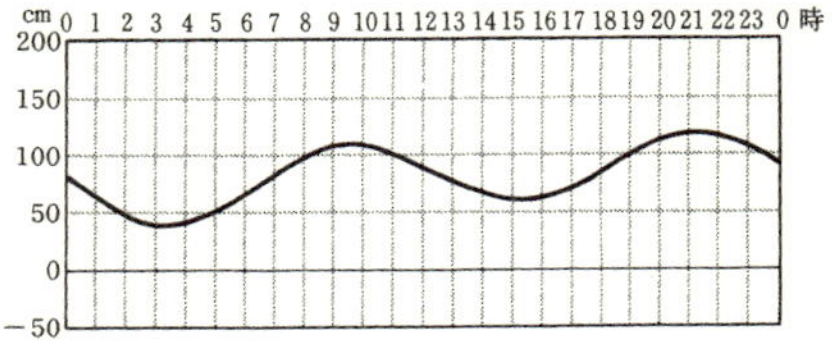

テ上《かみ》ザマニ流レ、松ヲ払フ風ノ足ハ、頭《かしら》ヲ越テトガムレドモキカズ。

『海道記』の作者は浜名の橋のたもとにたたずみ、帰るはずのない水が上へさかのぼっていくさまを物珍しく見物しているのである。また、ほかならぬ飛鳥井雅有自身が『都の別れ』の中で詠んでいる歌が海水の遡上を表現している。

本章の最初で紹介したように、このときの旅では、雅有は潮見坂を下った場所から橋本まで舟で進んでいるが、舟の中で「水門より　入海遠く　さすしほに　棹をまかせて　のぼるあま舟」という歌を詠んでいる。歌の中の「入海」とは『更級日記』にいう入江のことであり、書き手によっては「川」とみなす人もいた水路のことであろう。潮見坂の下で舟に乗った雅有らは、やがて入江に入り、遡上する潮に身を委《ゆだ》ねて楽々と橋本まで至ったのである。

確認のために『都の別れ』に記された潮の遡上の様子と、「潮汐推算」による干満の整合性を見ておこう。雅有が橋本に到着したのは建治元年八月六日の夕刻と思われる。この日はユリウス暦の一二七五年八月二十八日にあたる。舞阪《まいさか》におけるこの日の潮汐は図３－３のとおりである。午後三時半から九時にかけて潮位は上昇を続けている。雅有が橋本に着いたのが夕方の四時から六時ごろだとすると、まさに潮は遠州灘から橋本へ遡上しているまっ最中だったと推定される。

さらに浜名の橋を詠んだ歌を捜せば、阿仏尼の夫藤原為家の歌に次の作品がある。

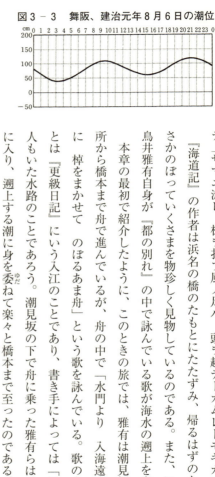

風渡る　浜名の橋の　夕潮に　さされてのぼる　海士《あま》の釣舟（『続古今和歌集』）

夕方の満ち潮に乗って、橋の下を遡上する釣り舟の様子を詠んだものであろう。このように鎌倉時代の旅人が見た浜名湖の湖口部では、明らかに満潮時には潮の遡上が起こっていた。明応地震後、初めて汽水湖になったのではなく、少なくとも鎌倉時代にはすでに汽水湖だった、というのが文献史料の語るところである。

浜名湖淡水湖説の誕生

以上のように中世史料を見てきたところ、浜名湖と遠州灘の間は、海と湖とを同時に見ることのできるような狭い砂州によって隔てられたものであったこと、遠州灘の海水が満潮時には湖側に遡上していたことは明らかである。明応地震によって浜名湖が沈降したとか、それ以前には淡水湖であったという説には見直しが必要であろう。

では、浜名湖が沈下したとの説は、いつから、何を根拠にして形成されたのだろうか。管見の限りでは、浜名湖がこの地震以前には淡水湖であったという説を記した最古の書は、寛政九年（一七九七）に刊行された挿絵入りの東海道観光案内所『東海道名所図会《めいしょずえ》』（秋里籬島《あきざとりとう》著）のようである。同書は『振裾記』を引用して、「むかしは此国浜名の水うみありしが、後土御門《ごつちみかど》院明応八年六月十日、洪水の変ありて、水うみとしほ海とのあひだきれて潮入て、水うみはなくなるゆゑに、今切といふなり」としている。ただし、やや遅れて刊行された遠江の地誌『遠江国風土記伝《とおとうみのくにふどきでん》』（寛政十一年刊、内山真竜《うちやままたつ》著）の「浜名郡橋本郷」の項に引用される宝永四年（一七〇七）の新居関司富永政愈の書には、「明応八年六月十日、甚雨大風、潮海と湖水の間の駅路没す。日箇崎《ひがさき》千戸水没す。（中略）尾崎孫兵衛者の祖、柑樹《かんじゆ》の抄《ほそえだ》に繫《つな》がりて存命す。其の孫、今橋本に住す。永正七年八月廿七日、波濤《はとう》駅路を中断す。又橋を破れり。是《これ》より以来、湖水変じて潮海と為《な》る。橋本駅家没し、新井宿を置く也」（原漢文）とあるので、引用が正しければ、富永の書が浜名湖の汽水化に言及した最古の史料ということになる。

今切出現の年月日を、前者は明応八年（一四九九）、後者は永正七年（一五一〇）としていることや、両者ともに地震の記述が見えないことから、今切出現の要因を高潮に求める説が出るもととなった史料でもあるが、本書では既述のとおり、今切は明応七年八月の地震直後の津波で出現したとの説に従っているので、その点にはふれない。ここでは浜名湖の汽水化についての記述は江戸中期から登場するものであることに注意しておきたい。

さて、『東海道名所図会』が典拠としている『振裾記』とは、遠江国学の祖にして荷田春満《かだのあずままろ》の弟子、また春満の姪を妻とし、国学の大人賀茂真淵《かものまぶち》でさえ教えを請うたという杉浦国頭《すぎうらくにあきら》の著作『振裾考記《しんきよこうき》』（十八世紀初期）のことであろう。ところが同書の該当箇所には、「昔は水海大海の流口、松山の東より流出と云《いう》説あれば」とあるだけで『東海道名所図会』にあるような浜名湖の汽水化について明確な記述があるわけではない。仮にこの一文が浜名湖の汽水化を含意していたとしても、杉浦は一つの説として紹介したまでのことである。

『遠江国風土記伝』が引用する富永政愈の書には、確かに浜名湖の汽水化についての記述がある。しかし、文中の尾崎孫兵衛の話を見ると、富永は当時地元に伝わっていた伝承をもとにこの書を作成したように思われる。富永とほぼ同時代の杉浦が一つの説として紹介した伝承が、富永の書では確定的な話として採用されたのであろう。

さらに近代に入ると、右の根拠薄弱な説は一九一四（大正三）年に刊行された『浜名郡志』に採用される。ついで一九三六（昭和十一）年刊行の『史料綜覧』巻九の明応七年八月二十五日条に「大地震、（中略）海嘯《かいしょう》アリ、死者多シ、又、遠江海溢《あふ》レ、荒井崎ヲ壊《やぶ》リ、浜名湖ト通ズ」という綱文がたてられたことは、この説を支持したものと受けとめられたらしく、以後この説は通説の位置を確立してしまう。現在では関係する自治体史、事典、観光案内、さらにはインターネット上のサイトでもほとんどこの説が受け入れられている。

＊唯一の例外は加茂豊策『濱名の渡りと鎌倉への道』である。個々の史料の解釈や評価については本書との相違が多いが、鎌倉時代の旅日記や和歌などから浜名湖淡水湖説を否定している点や、明応地震以前の浜名湖湖口部の地形復元については本書とほぼ同じ結論を提示している。

沈降説の誕生と「進化」

この説を浜名湖の沈下に結びつけて解釈したのは、地震学者の都司嘉宣氏である。一九八〇年、都司氏は、明応地震以前には浜名湖は淡水湖であったという説を前提に、ここから「外洋が満潮の時でも、海水がこの川（浜名川）を逆流して湖に入りこむということがなかった」、したがって「明応津波以前は、浜名湖の湖水面は、外洋の平均水面より一メートル以上高かった」、つまり現在汽水湖である浜名湖は、この地震によって「全体が一メートル以上沈下したのである」という結論を導き出されている（「明応地震・津波の史料状況について」）。現在、浜名湖口の舞阪港での満潮時と干潮時の潮位差は一〜一・五メートルであるから、満潮時にも海水が逆流できないための数値として一メートル以上という判断をしたものと思う。

論理だった推論であるが、前提となっている『遠江国風土記伝』の主張の根拠が不明であるうえに、中世の史料を見ると明らかに外洋の海水が湖内に遡上しているから、推論の前提が崩れることになる。しかし、都司説以後、浜名湖の沈降説はさらに「進化」をとげる。一九八九年に刊行された『新居町史』通史編上において、古代の浜名湖周辺の地形を示した地図として先に紹介した図3－1が掲示された。この湖岸線は縄文・弥生時代の遺跡の存在から推定されたものであるが、同書の中世部分においても、浜名湖周辺の地図として、この図に準拠した湖岸線が描かれている。この図の影響は大きく、近年明応地震による各地の湊町の被害状況について歴史学の立場から精力的に研究を進めている矢田俊文氏も、この図を明応地震前の浜名湖周辺の地図として使用している。

この図が鎌倉時代の旅日記の記述から推定される景観とほど遠いものであることはすでに述べたが、にもかかわらずこの図が受け入れられているのは理由のないことではない。それは浜名湖の湖底遺跡の存在である。一九八六年、通史編に先だって刊行された『新居町史』考古編には、浜名湖南部にある三つの湖底遺跡の発掘調査報告が掲載されている。そこに掲げられた遺跡の一覧表によれば、西浜名橋下、スモテ、ゼゼラと命名される三つの湖底遺跡のうち、現在のJR新居町駅北の沖合のゼゼラ遺跡からは、縄文～鎌倉時代に及ぶ遺物が採集されているという。これによって、ゼゼラ付近が縄文だけでなく中世に至るまで陸地であったのだという解釈が生まれたのである。

これも明解な説明であるが、発掘調査報告の本文をよく読めば、ゼゼラで採集された鎌倉時代の遺物とは陶錘《とうすい》のことであるとされている。陶錘とは筒状ないし紡錘状の陶器製品で、同報告では「地曳《じびき》網《あみ》か定置網に使ったものであろう」とし、「浜名湖における淡水漁業の歴史」に関する研究の糸口であると評価している。つまりゼゼラ遺跡における鎌倉遺物の存在は、そのあたりが陸地であったことの証明にはならず、逆に海であったことを証明しているのである。

沈降はあったか

以上によって、これまでに提示されてきた浜名湖沈降説の根拠はすべて失われたといえる。けれども実際に沈降が起きていたかどうかは別である。その検証は別個に行なわれなければならない。文献史学の手にはおえない問題であるように思えるが、幸いにも『海道記』の記事が手がかりとなる。再び「潮汐推算」の助けを仰ぎながらこの問題に迫ってみよう。

先ほど紹介したように、『海道記』の作者が橋本に着いたのは貞応二年四月十日の夕刻、そして橋

図３－４　舞阪、貞応２年４月11日の潮位

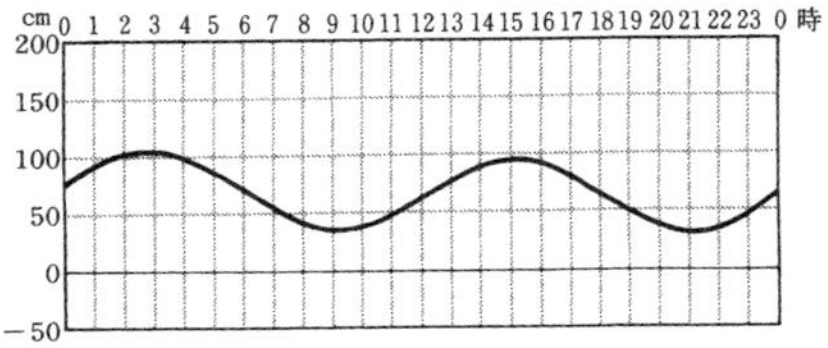

の下を遡上する水を眺めたのは翌十一日の夜明けごろである。この日はユリウス暦一二二三年五月十二日、グレゴリオ暦五月十九日である。この日の舞阪港の潮位は図３－４のとおりで、午前三時前に最高に達し、以後は下降している。『海道記』の記述では、「夜が明け、星が消え、同宿者に誘われて外に出て、しばらく橋から潮の遡上を見ていた」となっているが、この日の日の出は午前四時四十三分だから、あたりが薄明るくなって潮の流れを見ることができるようになるのは午前四時すぎであろう。潮位が最高になるのが三時前であるというのは『海道記』の記述と矛盾しているようであるが、そうではない。

遠州灘で上昇した潮は橋本の狭い水路を通じて浜名湖に流入し、湖内全体に広がっていく。この〈海水の供給量が限られること〉と〈湖内での拡散〉という二つの要因によって、湖面の上昇速度は海面の上昇速度より遅れることになる。海側の潮位がピークを過ぎ、下降局面に転じていても、湖側の潮位がまだ海側の潮位に追いついていなければ、海水はなお湖に流入し続けることになる。『海道記』の作者が見た潮の遡上はそうしたありさまだったのであろう。午前四時の時点で考えれば、海側の最高潮位時を過ぎること一時間強、海の潮位はすでに低下を始めている。しかし海水はまだ遡上を続けていたのだから、この時点ではまだ湖面の方が低かったのである。

では、現在の浜名湖はどうだろうか。インターネット検索で得られる釣り情報によると、現在の浜名湖においても遠州灘の潮汐と浜名湖の潮汐には時間的なずれが生じている。ずれ幅は湖内のどの地点であるかによって異なるが、湖南部の村櫛《むらくし》地区での満潮・干潮は、舞阪港にほぼ一二〇分遅れるとのことである。ただ、正確にいうと舞阪港は今切の切り口にあたる地点にあり、遠州灘に面しているわけではない。現在、地元の漁業関係者の間では、舞阪港の潮汐自体が遠州灘の潮汐（浜時間と呼ぶとのことである）から約二〇分遅れるといわれているから、村櫛の潮汐は遠州灘に一四〇分程度遅れることになる。遠州灘と浜名湖を隔てる砂州のすぐ内側、弁天島付近での遅れがいかほどか、適切な情報をもたないが、舞阪、村櫛での遅れから推測すると三〇～四〇分程度は遅れるのであろう。（補論参照）

図3－5で説明すると次のようになる。

線aは舞阪港での潮位変化をもとに推定した遠州灘での潮汐変化を示した線である。舞阪港の潮位変化より二〇分早めるとともに、満潮、干潮時の潮位差を若干強調して描いている。線bは、現在の弁天島付近での潮位変化を推定して示したものである。浜時間に四〇分遅れるとして、その時刻における線a上の点をそれぞれh_1・h_2・h_3・h_4とし、これを極値として曲線で結んだものである。t_1～t_1＋40分の間は遠州灘の海面は下降中であるが、まだ湖面の方が低いので海水の遡上が続く。逆にt_2～t_2＋40分の間、海面は上昇中であるが、湖面の方が高いので湖から海へ流出する。これでわかるよう

図3－5　橋本、貞応2年4月11日の潮位推定

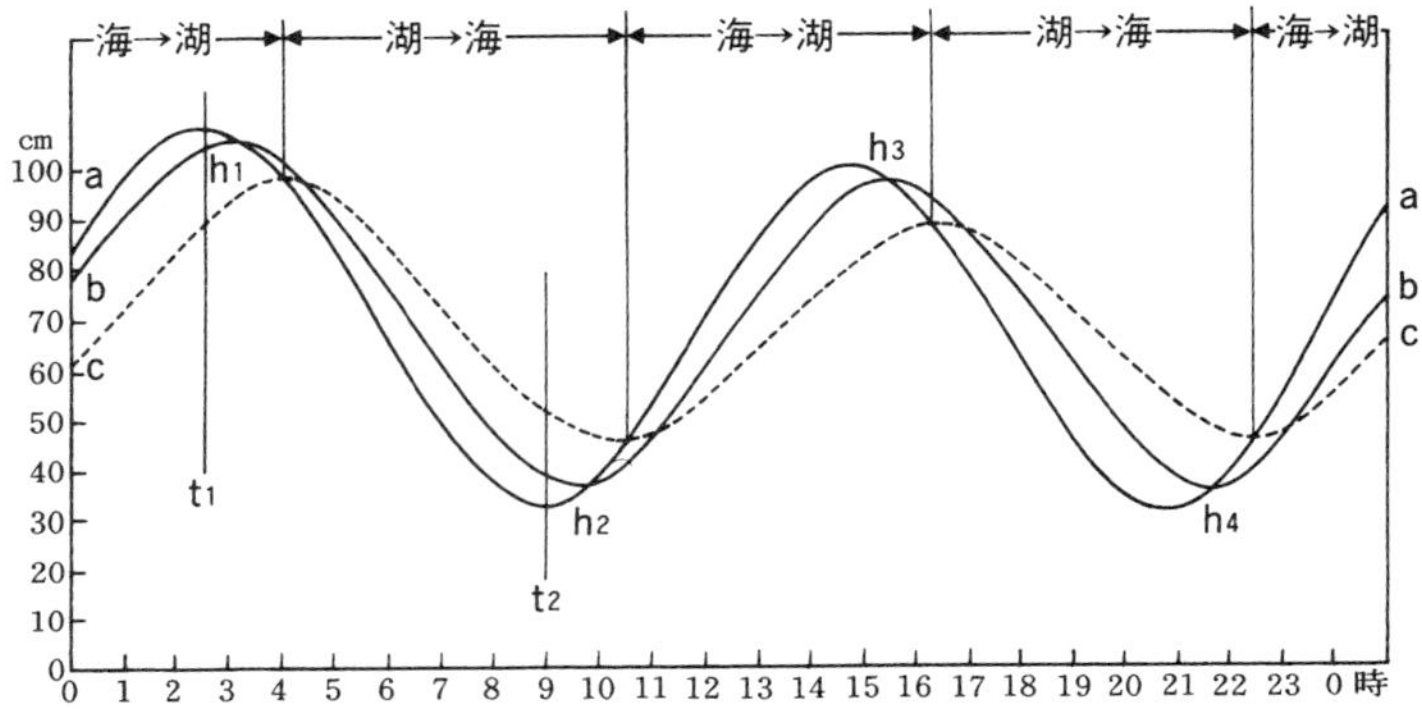

に、遠州灘の潮位変化がこの図のようなパターンである日、現在の弁天島付近では午前三時過ぎには湖面の高さは海面の高さに追いつき、潮の遡上は停止してしまう。もし明応地震で浜名湖が沈降したのであれば、鎌倉時代の湖面は現在より高く、遡上はさらに早く停止したはずである。しかし、『海道記』の作者は午前四時かそれを過ぎたころに、なお遡上している潮をはっきりと見ているのである。午前四時の時点で見ても、海面は h_1 より一〇センチ程度は低下している。平均海面の高さが現在と同じだとすれば、最高潮位時における当時の湖面は現在よりむしろ最低一〇センチ程度は低かったのである。

　しかし、これは当時の方が現在よりも湖面が低かったことは意味しない。鎌倉時代の橋本での開口部の方が現在の今切の開口部より狭いだろうから、潮位変化は線bよりさらに緩やかなはずであり、変化曲線を推定すれば線cのようになるだろう。最低潮位時の湖面の高さはわからないが、おそらく現在よりは高く、平均すれば貞応二年（一二二三）当時の湖面も現在の湖

面もほぼ同じ高さであるとみなしていいだろう。

正確な数値を欠き、また海面の長期的変動も考慮の外においたままのラフな推定であるが、大局的に見れば、遠州灘の海水面と浜名湖の湖面の高さの差は、鎌倉時代も現在もほとんど同じなのではないか。つまり明応地震をはさんでも浜名湖の沈降は起きていない。もし起きていたとしてもごく微少なものであったと考えていいのではないだろうか。

海中生物遺体の推移から

浜名湖の明応地震による汽水化や沈降は、以上によってほぼ否定されたと思うが、今切が出現したこと、そして潮の出入りが今切に集中したことによって「浜名川」が細くなり、やがて現在のように西から東に流れる小流と化したことは確かである。明応地震が浜名湖の歴史にとって重大な事件であったことは疑いない。この事件の画期性をまったく別の角度から証明するデータがあるので、それを紹介しておこう。

文献史料から浜名湖の自然環境の変化を知ることができるのは、明応地震前後だけではない。時代をさかのぼって古代の史料に描かれた浜名湖の姿を見てみよう。『日本文徳天皇実録』嘉祥三年（八五〇）八月三日条には次のような記事がある。

詔していわく、「遠江国角避比古神《つのさくひこ》をもって官社に列せよ。是《これ》より先、彼《か》の国奏して言わく、『この神の叢社《そうしゃ》、大湖に瞰臨《かんりん》す。湖水濺《そそ》ぐところ、土を挙げて利を頼む。湖、一口あり。開塞《かいそく》常なし。

湖口塞《ふさ》げば則《すなわ》ち民水害を被る。湖口開けば則ち民豊穣《ほうじよう》を致す。或《ある》いは開き、或いは塞ぐ。神のみ実に之《これ》を為《な》す。請うらくは崇典《すうてん》を加え、民利のため祈らん』。これに従え」。（原漢文）

浜名湖の湖口に鎮座していた角避比古神を官社としてほしいという遠江国からの訴えを朝廷が認めたというものであるが、この記述によれば、湖と遠州灘は常につながっているのではなく、湖口が開いたり塞がったりしており、塞がれば湖面が上昇して湖岸の耕地は水害を受け、開けば水がはけて豊作となるというのである。何によって左右されているのかは不明であるが、これまで見てきた平安後期から鎌倉〜室町時代の史料に記されている状況とは明らかに異なる。

そして、この『日本文徳天皇実録』の記事の正しさを裏書きするデータが地質学から示されている。池谷仙之氏によれば、一九八五・八六年に行なわれた湖底のボーリング調査による堆積層の分析結果から、浜名湖の海水準変動に基づく完新世《かんしんせい》の環境は六つの時期に区分されるという。紹介すれば以下のようになる。

〔第Ⅰ期〕最終氷期後〜九〇〇〇年前の低海水準期、〔第Ⅱ期〕九〇〇〇〜六〇〇〇年前の海水準急上昇期、〔第Ⅲ期〕六〇〇〇〜三五〇〇年前の高位海水準期（いわゆる縄文海進）、〔第Ⅳ期〕三五〇〇〜二八〇〇年前の海水準低下期に続いて、〔第Ⅴ期〕二八〇〇〜一〇〇〇年前には、海水面はさらに低くなり、湖口部は陸化し、湖は完全に淡水化した。それは堆積層のうちの珪藻《けいそう》や渦鞭毛藻《うずべんもうそう》のシスト〔包嚢《ほうのう》〕の中に含まれる淡水生種の比率によって判明する。〔第Ⅵ期〕一〇〇〇年前になると、高塩分性の珪藻が卓越するようになり、このころ海水面が再上昇し、湖内に海水が流入するようになったと考えられる。ただし、この期でも初期には海生の介形虫《かいけいちゅう》や有孔虫《ゆうこうちゅう》は確認できず、後半になると急激に海生の珪藻、渦鞭毛藻シストが増加する。

『日本文徳天皇実録』に記された浜名湖の様子は、まさに第Ⅴ期の状況と一致する。また、第Ⅵ期、すなわち平安中期になると海水の流入が想定されるという指摘は、鎌倉時代の記録をもとにした本書の主張と一致するし、第Ⅵ期後半から急に海生の生物が増えるという指摘は、明応地震後の今切出現による海水流入の増加という事実と符合するものである。第Ⅴ期から第Ⅵ期への変化が、ロットネスト海進の名で知られる海水準の世界的な変動によるものなのか、それとも浜名湖沿岸の局地的な地殻変動によるものなのかは私にはわからないが、文献史料から想定してきた古代・中世の浜名湖の変遷は、自然科学的データから想定される結論とも一致しているといえよう。

夜景、雪景

島影一つない大海原と丘陵に囲まれた静かな湖。その間の入江、砂州、松原、小舟、水鳥。想像するだけでも絵心を誘われるような景色であるが、この景色を雅有はよほど気に入っていたらしく、すでに紹介した『都の別れ』だけでなく、『仏道の記』『最上の河路』でも話題にしている。『仏道の記』は今まで見てきた史料とは少し異なる情景を描いている。

橋本にてぞ夜になりて遊ぶ。例の君ども出て来て、月明ければ、入海に舟浮けて夜もすがら遊ぶ。

しばし松の木蔭にやすらひて、

潮風の　涼しき磯《いそ》の　松かげの　真砂《まさご》かたしき　月を見るかな

『仏道の記』は文永五年（一二六八）夏のころの上洛を記している。雅有はこれ以前に二度は鎌倉と京都を往復していることが確認されるから、橋本を訪れるのは少なくとも五度目ということになる。すっかり日が暮れて橋本に着いた雅有を、すでに顔なじみとなった遊女たちが迎えてくれたのである。橋本に多くの遊女がいて、朗詠や連歌に長《た》けた者もあったことは『都の別れ』や『東関紀行』からもうかがえるが、ここには彼女たちとともに夏の夜の入江に舟を浮かべ、月見がてらの夕涼みをしたことが記されている。入江とはすでに見たように、遠州灘と浜名湖の間にある湾入部分である。しばし舟をとめて休んだ松の木陰とは遠州灘と入江を隔てる砂州のことであろうか。

雅有のもう一つの紀行文『最上の河路』には、さらに珍しい情景を詠んだ歌が載せられている。

橋本にて、題を探りて

波越ゆる　下枝《しずえ》ばかりは　あらはれて　雪に隠るゝ　浦の松原

橋本の景観をたたえた紀行文や歌は多いが、雪景色を描いたものは珍しい。『最上の河路』は文永六年か七年の十二月の作とされているが、東海地方には珍しい大雪が橋本の松原に降り積もったのである。「波越ゆる」がどのような状況を表現しているのかは、これまでの検討をふまえれば容易に理解できよう。遠州灘の荒れた波が入江の入口の砂州を越えてくるという意味である。それによって松に積もった雪は根元の方だけが溶けて、下枝があらわになっていたのである。砂州と橋本は入江をはさんで正対しているから、砂州の様子は雪に閉ざされた宿からでも、難なく見ることができただろう。入江の口の右岸には「角避」という小字が残っているから、そのあたりに角避比古神社の森があったはずであり、また『海道記』には塩を焼く煙の立つ情景も記されているが、雪に隠されて森は見えない。塩屋の煙ももちろん立つことはなく、一面の白い世界の中で、松の根元の黒さだけが目立っていたのである。

第四章　平野の風景——遠州平野・浮島が原

遠州の内海

野原には津あり

建治元年（一二七五）八月七日、名残多い橋本を出発した飛鳥井雅有一行はその夜は引間《ひくま》（引馬）に泊まっている。現在の浜松市街北部に曳馬という所があるが、これは明治になって命名された新地名であり、中世の引間の位置はまだ特定されていない。が、『十六夜日記』には「この所の大方の名ははま松とぞいひ」とあるから、浜松の中心部にあたるものと見ていいのだろう。そして鎌倉中期にはすでに浜松と呼ばれるようになっていたのであろう。ただし引間の呼称も長く使われた。十五世紀末にこのあたりを旅した禅僧万里集九《ばんりしゅうく》は、詩の中でこの地のことを「引間の市、富屋千区」（『梅花《ばいか》無尽蔵《むじんぞう》』、原漢文）と表現している。また、十五世紀半ばの史料からは、当時引間には市が開かれ、土《ど》倉《そう》（金融業者）が活動していたことも知られる（『東大寺文書』）。室町中期には浜松の原初というべき引間が都市として栄えていたことが推測される。

翌朝、雅有は、旧知の公家が都に帰る途上、体調を崩してここに滞在していると聞く。面会することはかなわなかったが、雅有は人をつかわして挨拶をことづけたようである。そのあと天竜川を渡り、某所の長者のもとで休憩している。ここにはさる公家の娘が住んでいるという噂を耳にしたので呼びにやり、雅有は管絃の用意をして待っていたのであるが、ひどい雨が降ってきた。先の道は長いから、という周囲の促しにあい、彼女の来訪を待たずただちに出発。びしょぬれの雨に悩まされながらも、小夜《さよ》の中山《なかやま》を越えて菊川《きくがわ》（現・島田市）まで歩みを進めた。

このあたりの情景について、雅有はあまり詳しく記すことはないのであるが、『海道記』には気になる表現がある。

岳辺《おかべ》ニハ森アリ。野原ニハ津アリ。岸ニ立ル木ハ枝ヲ上ニサシテ正《ただ》シク生《おい》タレドモ、水ニウツル景《かげ》ハ梢《こずえ》ヲ逆《さかさま》ニシテ本《もと》ニ相違セリ。

場所としては、ちょうど現在の浜松の中心部あたりの景色のはずである。本物の木と水面に映ったその姿が上下のシンメトリーになっているのを楽しんだ他愛《たわい》のない一文であるが、野原の中に津（港）があるとか、木の全身像を映す水面があったというのは見過ごせない表現である。この章では、さりげなく記されたこの短い表現に少しくこだわってみよう。

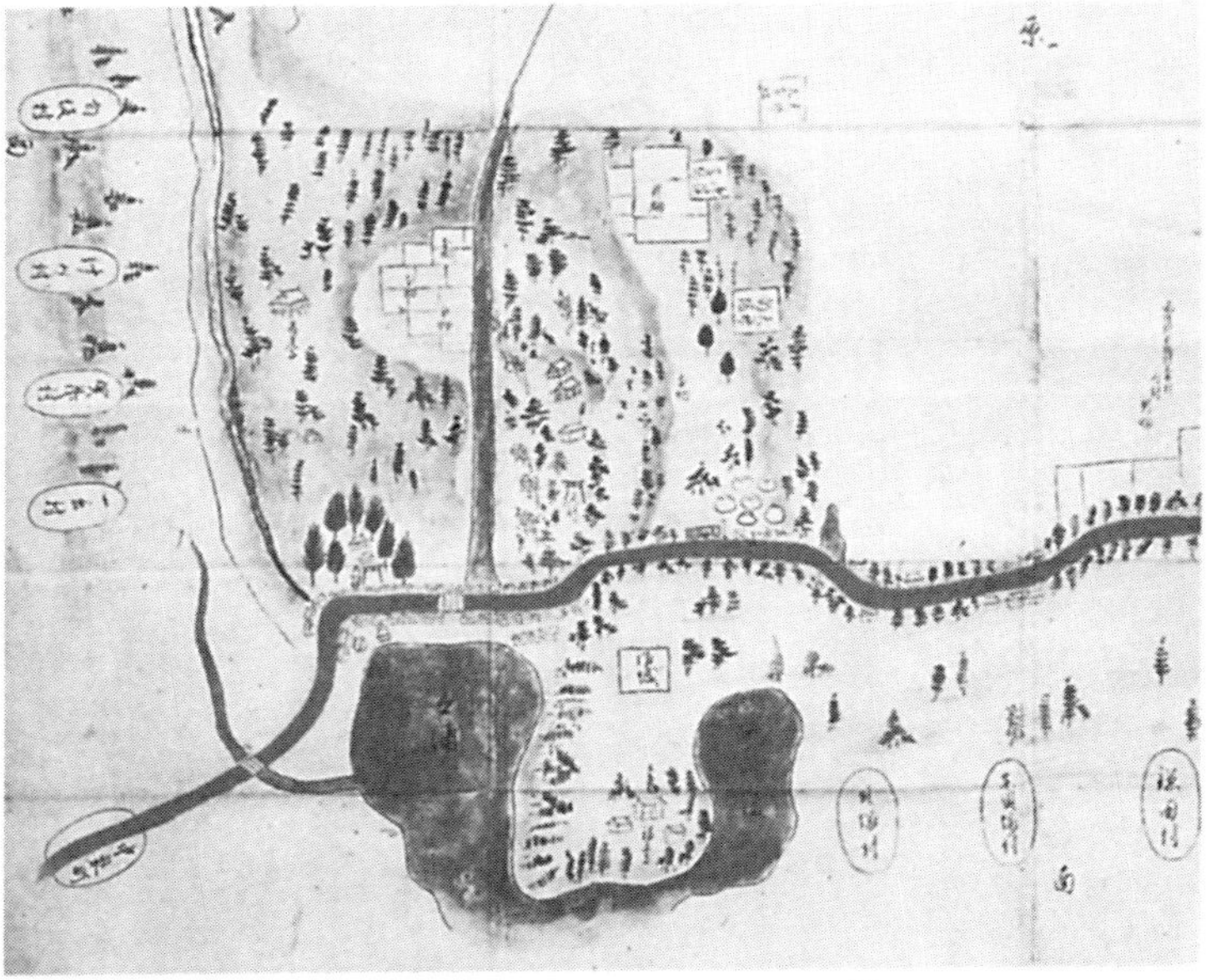

図４－１　向笠原岩井野入会馬草場絵図（部分、個人蔵）

内陸水面、今之浦

浜松付近を通り過ぎた『海道記』の作者はこののち天竜川を渡ることになるが、渡った先の情景についての記述は簡略である。しかし、『東関紀行』は次のように記している。

遠江の国府《こくふ》今《いま》の浦《うら》に着《つき》ぬ。ここに宿かりて一日二日泊りたるほどに、蜑《あま》の小舟棹《さお》さして浦のありさま見めぐれば、塩海水うみの間より洲崎とをく隔りて、南には極浦《きよくほ》の浪袖をうるほし、北には長松の風心をいたましむ。名残おほかりし橋本の宿にぞ似たる。昨日の目うつりなからずは、是も心とまらずしもはあらざらましなどおぼえて、

浪の音も　松のあらしも　いま浦に　きのふの里の　名残をぞ聞く

遠江国府は中世史料では見付《みつけ》と呼ばれることが多いが、ここでは「今の浦」と呼ばれている。近世には東海道の宿場となり、現在は、江戸幕府の代官所が置かれた中泉《なかいずみ》などと合併して磐田《いわた》市となっている。『東関紀行』の記述にはわかりにくい点もあるが、国府が「今の浦」という湖に面し、湖には漁舟が浮かんでいること、「今の浦」は遠州灘と直接につながってはいないが、水路でつながっているらしいことなどが読みとれよう。そしてその情景を浜名湖畔の橋本に似ているとたたえているのである。

海岸から七キロも内陸に入ったところに位置し、湖は現在では痕跡も残っていないが、前ページの図4－1は寛永十八年（一六四一）の見付付近を描いた絵図である。東西に走っているのが東海道で、それに沿って見付の宿場が描かれている。その下方にU字形の水面が描かれているが、当時、左の部分が今之浦、右の部分は「あくろぬま」と呼ばれていた。水面の部分は現在では市街地となっており、この図ですら現在の景観からは想像できるものではないが、この絵図が描かれた年代から若干さかのぼれば、今之浦もあくろ（安久路）沼ももっと広かった。今之浦では、その一部が徳川家康の浜松在城時代にその臣大久保七郎右衛門らによって西瀬《にしぜ》新田として開発され（『成瀬忠重氏所蔵文書』）、また、あくろ沼でも慶長年間（一五九六～一六一五）、幕府代官頭伊奈忠次《いなただつぐ》による開発奨励策によって三〇〇石を超える新田が生み出されている（『松下栄太郎氏所蔵文書』）。したがって十六世紀末の段階では、今之浦、あくろ沼は図4－1の姿より南にまで広がっていたはずである。

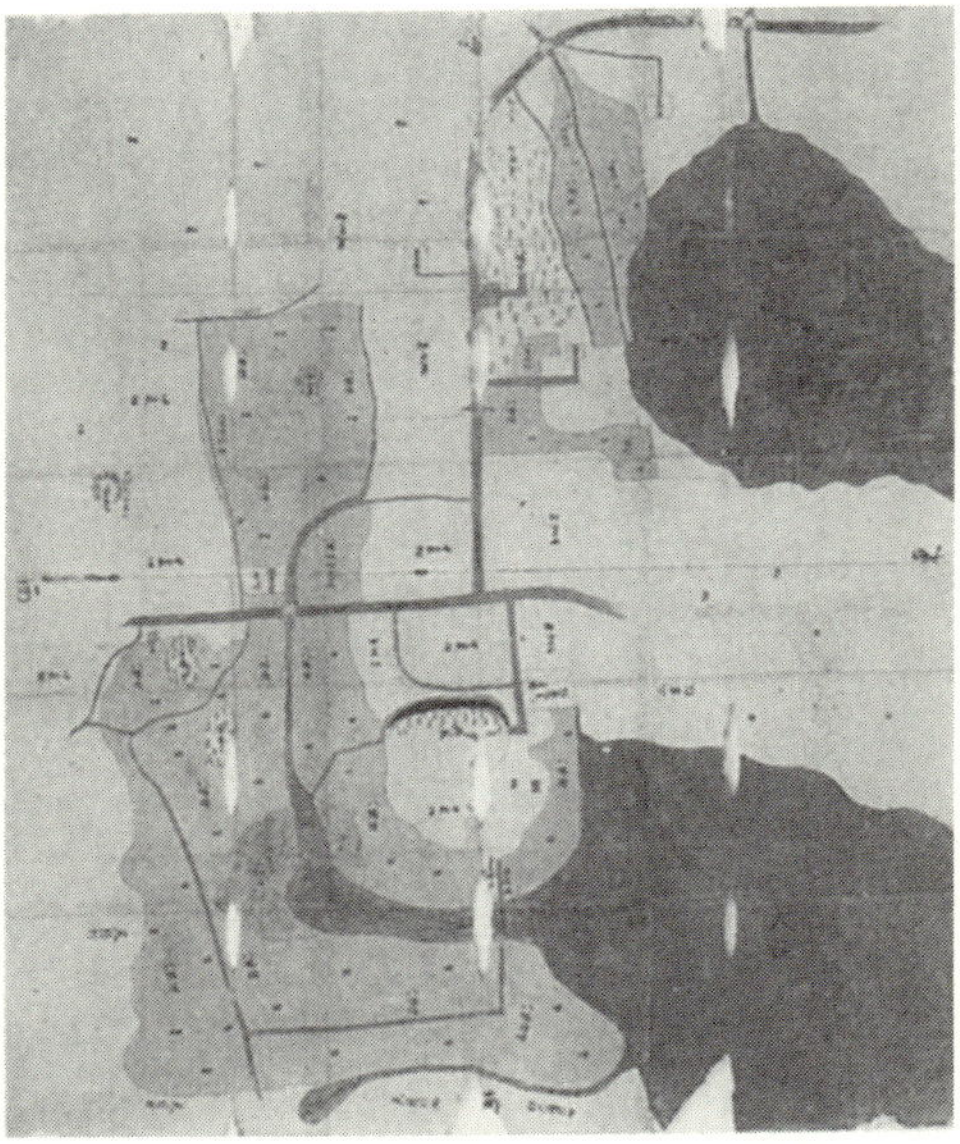

図4－2　中泉八幡宮領絵図（秋鹿成文氏蔵）
右下の黒い部分がかつての大池。右上の黒い部分は今之浦である。

また、見付の南、現在新幹線の走るさらにその南方に大池《おおいけ》と呼ばれる小さな池があるが、江戸時代初期の絵図によれば、中泉代官所にまで接する大きな水面であった（図4－2）。この湖の中世以前にさかのぼった姿を直接描写した史料には恵まれないが、大池周辺の市蔵《いちぞう》新田は戦国時代末に中泉の武士鈴木市蔵によって開発された新田であるとされる（『遠江国風土記伝』）。市蔵新田の名は慶長九年（一六〇四）の検地帳にすでに見えているから、この伝承は信頼してよいだろう。戦国以前、このあたりには今之浦に続く水面が広がっていたものと思われる。

さらに海岸近くにまで目を広げると、海岸砂丘の裏手を流れる仿僧川《ぼうそうがわ》の両側には、現在でも新田《しんでん》、塩新田《しおしんでん》、南田伊兵衛新田《みなみだいへえしんでん》、宇兵衛新田《うへえしんでん》、清庵新田《せいあんしんでん》、太郎馬新田《たろましんでん》、浜新田《はましんでん》、清庵浜請負新田《せいあんはまうけおいしんでん》などの地名が残る。これらは主に元禄～享保の時期に開発された新田である。これらの新田開発は、基本的には仿僧川の堆積による沖積湿地の陸地化によるものであろうが、宝永四年（一七〇七）の東海大地震によるこのあたりの海岸部の隆起が、その動きを加速させたと考えられている。こうした近世に入ってから開発された新田を除外すると、海岸砂丘の裏にもかなり大きな水面があったと考えられよう。

都市見付と裸祭

遠江国府の見付はこのような内陸水面の散在する平野と磐田原《いわたばら》台地の境界部に位置する町で、古代・中世には国府・守護所の所在地として遠江の政治的中心であった。台地上には、国分寺、府八幡宮《ふはちまんぐう》、総社、見付天神社（矢奈比売《やなひめ》神社）が鎮座する。台地に刻まれた谷の一つにある見付端城《みつけはじよう》遺跡は、室町時代に守護所があった場所と推定されている。

また、見付の西北の丘陵からは一九八〇年代半ば、広大な墳墓遺跡が姿を現して関係学界を騒然とさせたことがあった。墳丘墓一八〇余基、集石墓一六〇〇余基、土壙墓《どこうぼ》数百基というおびただしい墳墓と火葬の跡は、発掘された陶器や短刀などの遺物から古代末から近世初頭にかけての墳墓であることが明らかにされた。その規模と地理的な近接性からして、都市としての見付に住む人々の墓地であったことはまちがいないと考えられている。残念なことに、この一の谷《いちのたに》遺跡は部分的にも保存されることなく、発掘から数年ののちに地上から姿を消してしまったが、中世の地方都市や墓制についての研究に大きな弾みをつけることとなった。

さて、見付は重要無形民俗文化財に指定されている裸祭が行なわれる町としても知られている。この祭は、旧暦八月二日から十一日にかけて見付天神社の神輿《みこし》が総社まで渡御する神事に際して行なわれるものである。本来、裸祭とは十日間かかる見付天神の例大祭の一部をなすものであるが、現在は例大祭の全体をも「裸祭」と呼んでいるので、ここでもそれに従う。一連の神事は見付と水面の関わりをよく示すものであるので、しばらくその内容を見てみよう。

裸祭はいくつもの神事によって構成されており、それぞれの部分については茂木栄氏らによる調査プロジェクト報告『見付天神裸まつり——海と山との交歓』で詳しく分析されている。それによって紹介すると、磐田原台地にある元天神社《もとてんじんしゃ》から採ってきた榊を見付の町の要所に立てて町を清浄にする祭事始め（二日）、氏子たちの心身を清める浜垢離《はまごり》（七日）、天神社境内を清める御池の祓《はらい》（九日）、見付各区の男たちが腰蓑《こしみの》一つの裸で町を練り歩き、ついで神社拝殿で鬼踊りに熱狂し、神輿渡御についで総社まで疾走する宵山《よいやま》（十日）、総社本殿の神事と神輿還御の行なわれる本祭（十一日）、となる（日付はいずれも本来のやり方。現在は本祭が日曜日となるように若干の調整が行なわれている）。

狭い意味での裸祭は宵山であり、この日が祭の最高潮となるのである。練り歩きや鬼踊りの団の構成は、近世の見付の町の構成やその成り立ちを考えるうえで重要な研究対象となるものであるが、ここでは浜垢離に注目しておきたい。

浜垢離は氏子たちが遠州灘の海岸で水浴によって潔斎するものである。現在は自動車で移動しているが、一九五四年までは、神職や氏子代表らは町ごとに舟を仕立てて今之浦川を下ったという。神職

見付天神例大祭　舟で今之浦川を遠州灘へと向かう、かつての風景（個人蔵）。

浜垢離の神事（2006年9月、個人蔵）

は途中で「命の魚」と呼ばれる稚魚の献上を受ける。海岸の砂浜に着くと、水浴に先だって神職たちによる「松原放生会の神事」が行なわれ稚魚が近くの池に放される。ついで「海原の神事」と呼ばれる祓が行なわれるが、この二つの神事は左ページ下の写真のように、波打ち際の砂上に神官が座して執り行なわれるものである。

この浜垢離のありかたを見れば明らかなように、この祭は見付と海の密接な関係を示すものである。氏子代表を乗せて今之浦川を下っていく舟は、『東関紀行』の作者が今之浦で見た漁民の小舟を髣髴させるものであろう。小舟は湿地や水路を伝って、遠州灘近くまで下ることもあったであろう。直衣《のうし》姿の神官が波に向かって砂上に座す姿は衝撃的ですらある。また狭義の裸祭の部分での、腰蓑をつけた男たちの姿は、この祭に海民の文化要素が入っていることを物語っているだろう。中世の見付はまさに海とつながった町だったのである。総社とはどこの国の国府にもあるもので、国府の鎮守であると解されているが、見付の総社は正式名称を淡海国玉《おうみくにたま》神社という。「遠江」の語源となった「とほつあふみ（遠い淡海）」は浜名湖のことと解釈するのが一般的であるが、この神社の存在から、今之浦周辺の淡水面のことではないかと考える説もあるほどである。

浅羽の内海

池や湿地は見付の近くに点在するだけではなかった。見付から東に進むと太田川が流れている。近世、この地域は浅羽《あさば》大囲堤《おおがこいつつみ》と呼ばれる堤に囲まれた輪中であり、その内部には「浅羽一万石」と称

図4－3　江戸初期の横須賀城周辺

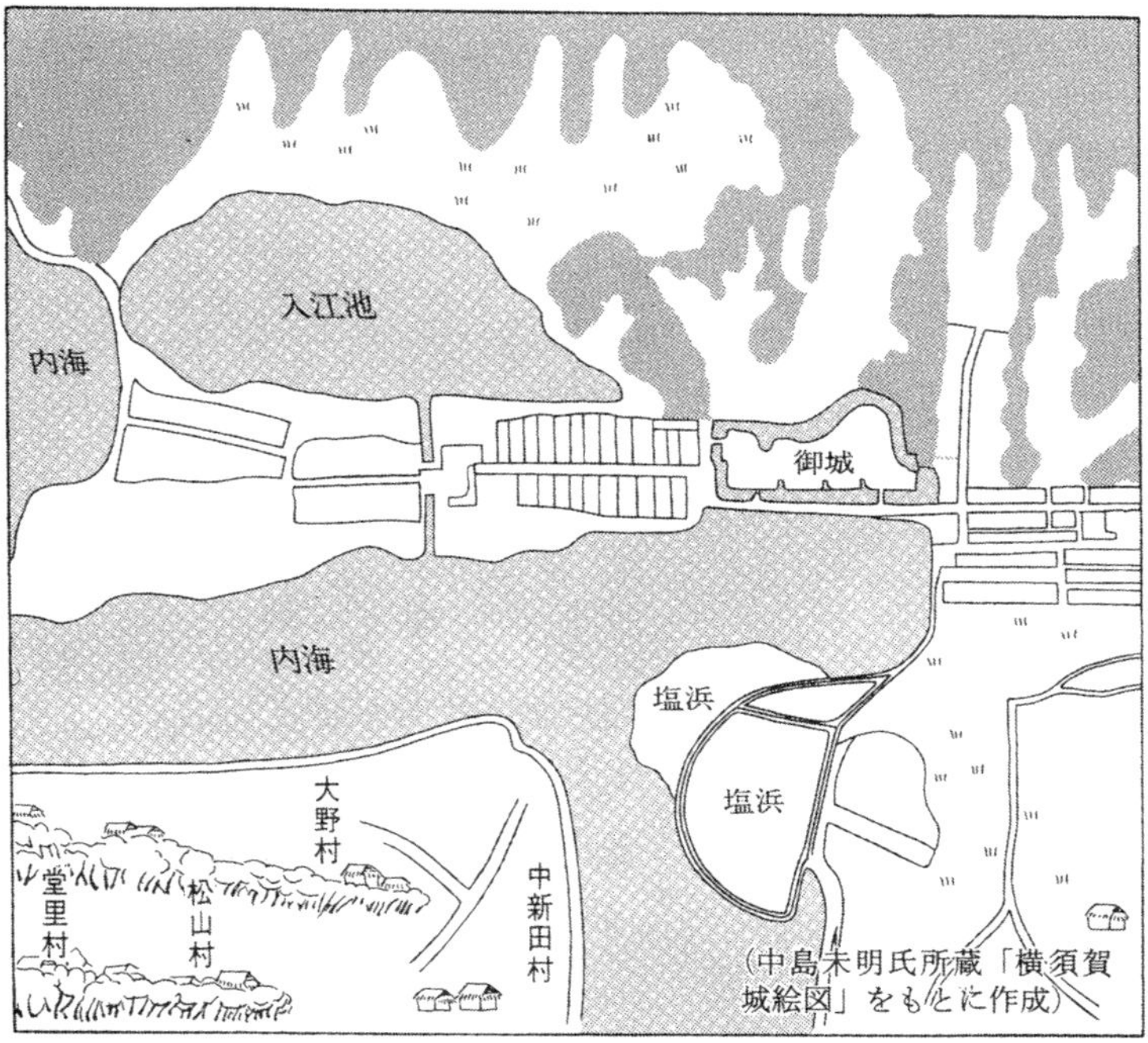

（中島未明氏所蔵「横須賀城絵図」をもとに作成）

大野村と松山村の位置が逆になっている。

される田園が広がっていたが、中世にはこの地区にも内陸水面が広がっていた。どのような地形であったのか、近世初期の絵図や文書から推定してみよう。

図4－3は江戸初期の横須賀城（現在の掛川市、旧小笠郡大須賀町）の周辺を描いた絵図をもとに作成したものである。横須賀城は天正六年（一五七八）に徳川家康によって築かれたのに始まる城で、御前崎の西約二五キロの海岸近くにある。現在では海から若干隔たっているが、この図から、かつては南と西は「内海《うちうみ》」、北は「入江池」に面し

図4－4　浅羽大囲堤周辺

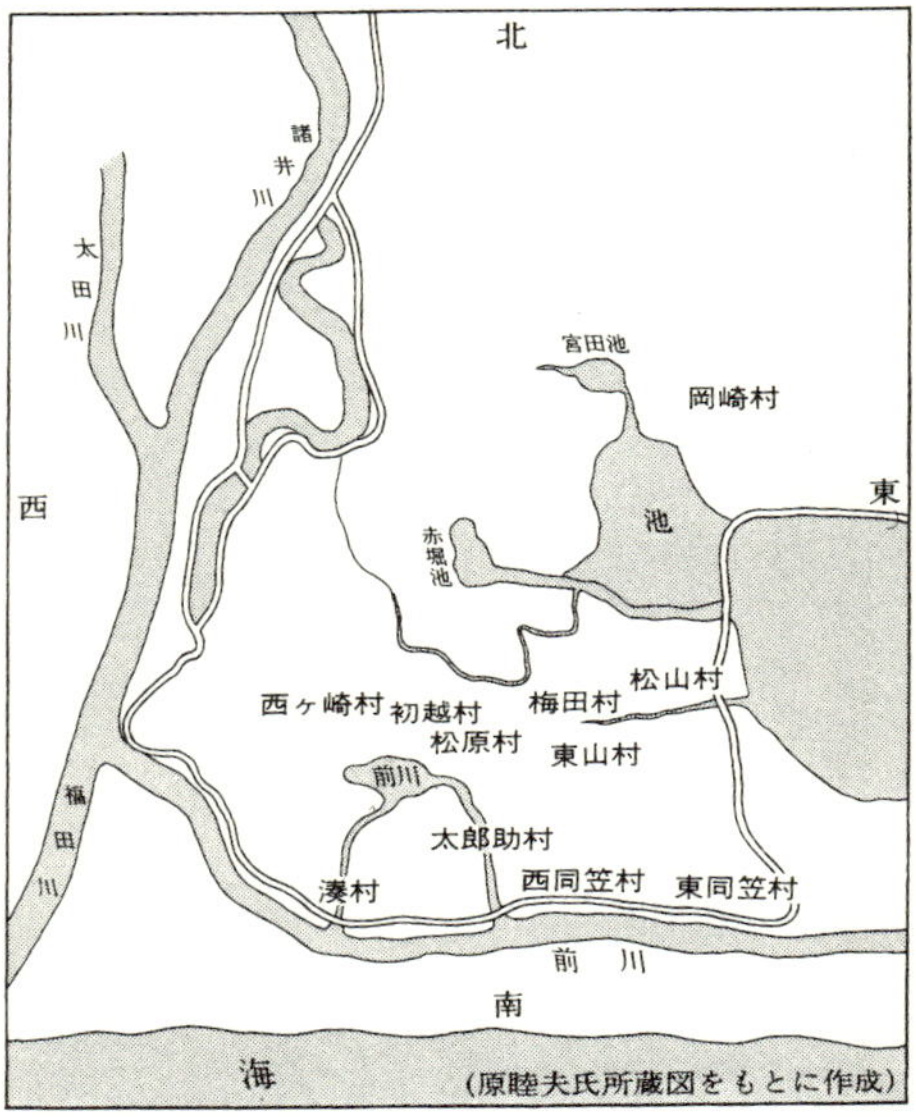

（原睦夫氏所蔵図をもとに作成）

た水城であったことがわかる。内海の入口近くの左岸には「塩浜」があり、このあたりはまだ陸化してまもない地であったと思われる。右岸には堤を示すとおぼしき二重線で囲まれたなかに「中新田村」「大野村」などが見える。堤の直線的な様子は、ここが人工的に作り出された土地であったことを物語っているだろう。ちなみに大野村は明治初年までは同笠《どうり》新田と呼ばれていた。堤で囲まれた内部には南北二列の松原が描かれているが、これは現在も確認できる南北二列の旧砂丘にあたるのだろう。現在、南側の旧砂丘には、湊《みなと》、太郎助《たろすけ》、西同笠、東同笠、北側の旧砂丘列には初越《はつこし》、松原《まつばら》、梅山《うめやま》などの集落が存在しているが、ここはおそらく中世以来の安定した陸地なのであろう。

次に図4－4は、貞享三年（一六八六）ごろの太田川と横須賀城の中間あたりを描いた絵図をもとに作成したもので、地域としては図4－3の左端とちょうど重なる。右端に見える水面が図4－3の

「内海」で、その西に大きな「池」があり、さらにその西には水路でつながった「赤堀池《あかぼりいけ》」がある。図4－3が二列の松原として描く旧砂丘のあたりを見ると、南側の旧砂丘上には湊村、太郎助村など、北側の旧砂丘上には初越村、松原村、松山村（現・梅山）、梅田村（同）などの村が記される。二つの旧砂丘の間には「前川」が描かれており、そこがまだ十分に陸化していない湿地であったことを推測させる。また「前川」から現在の前川へは悪水抜きの水路が通じている。

図4－5　江戸初期の馬伏塚城周辺

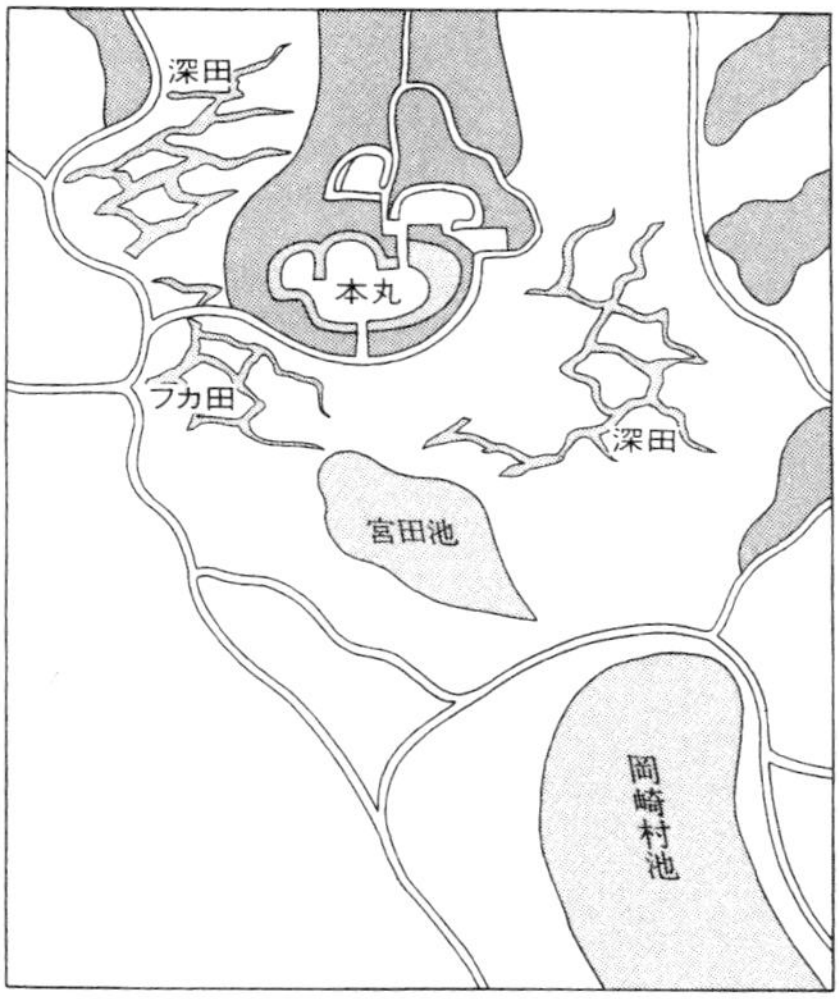

（広島市立中央図書館所蔵図をもとに作成）

もう一つの図4－5は、やはり家康によって整備された馬伏塚《まむしづか》城を描いた絵図をもとに作成したものである。これは図4－3の左上方に続く地域を描いているが、右下より「岡崎村池」「宮田池」があり、それに続く馬伏塚城本丸の周囲には「フカ田」が描かれており、このあたりにまで湿地が広がっていた様子を知ることができる。

三つの絵図をつなげ、これに描かれた水面を地図上に落としてみると、近世初期には、横須賀城から西北方向へ入江がアメーバのように伸びていたことがわかる（図4－6）。

図4－6　江戸初期の今之浦、浅羽低地推定図

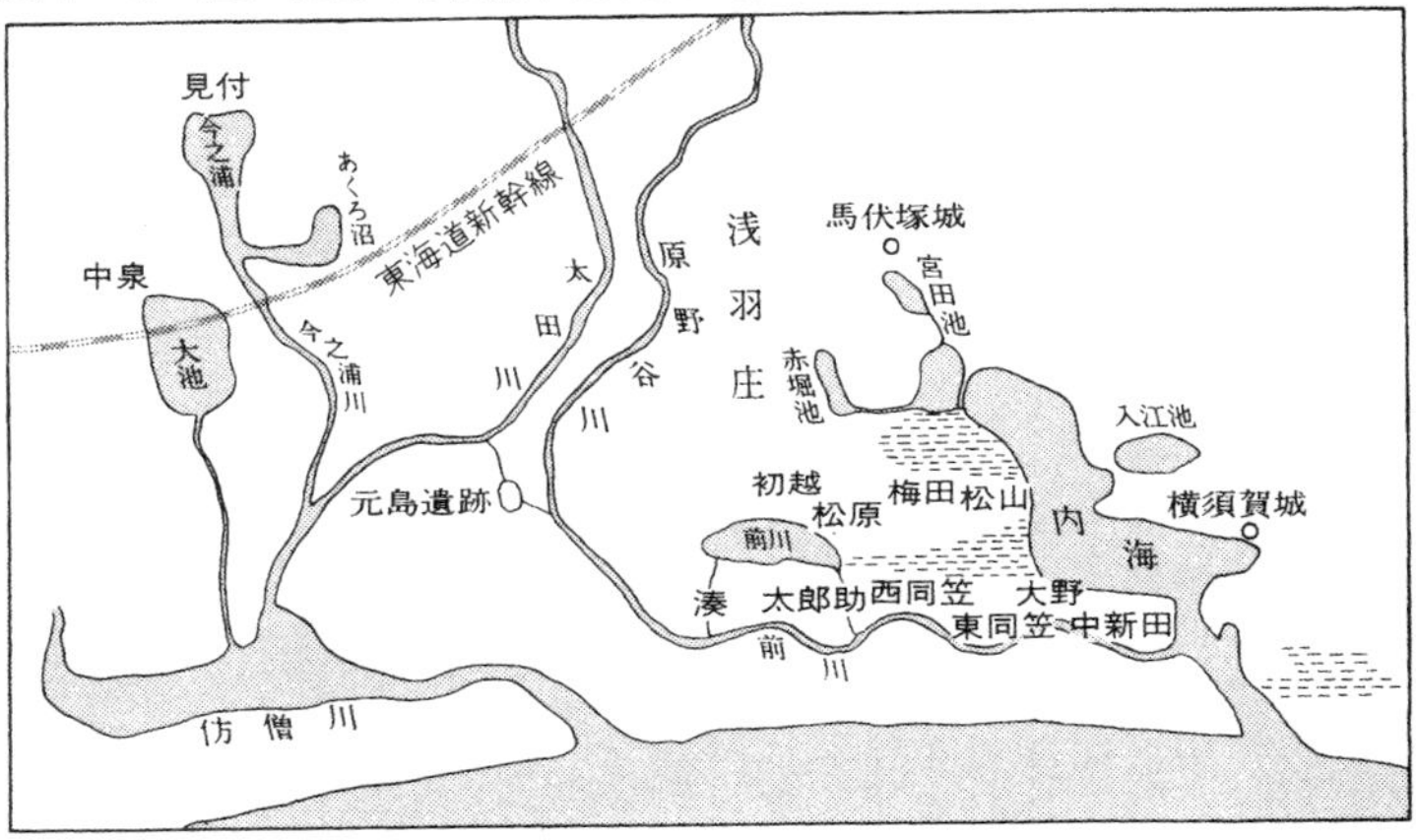

（補論参照）

文書に記された水面

さらにいくつかの文書を見ると、この地域では戦国末期のころ次のような新田開発が進んでいたことが判明する。永禄三年（一五六〇）七月、今川氏真《いまがわうじざね》は浅羽・柴《しば》の地の新田を江河《えがわ》新田ともども海老江《えびえ》氏に安堵《あんど》（支配権の保障）している（『海老江文書』）。この新田は「湊を堀《ママ》通すにつき」出来したものだという。新田の場所は明記されていないが、湊を掘り通したというのは、図4－4に見える、「前川」から湊村を抜けて現在の前川に通じている悪水抜きの水路のことをさしているのだろう。この水路を掘ったことによって、二つの旧砂丘の間にあった湿地が小さくなって新田が出来した、ということなのではあるまいか。したがって図に描かれた「前川」は小さくなった姿であり、戦国期の段階では、旧砂丘の間に湿地が広く横たわっていたものと思われる。

翌年八月にも海老江氏は今川氏から新田の安堵を受けている（『海老江文書』）。そこには前年七月の安堵状に書かれている所領とともに、原野谷川《はらのやがわ》沿いの村々、および「内海」の入口をはさんで対岸の大淵《おおぶち》、興洲《おきのす》（沖之須）も新田として列記されているから、このあたりも戦国以前は水面であったと考えられる。

また、寛永十六年（一六三九）三月十六日、横須賀藩は同笠新田村の吉兵衛に同村内の地を安堵しているが、そのなかに次のような一項がある。

一、村々後河、向共ニ塩浜、是者《これは》切々塩入、村退転不仕様《つかまつざるよう》にと被下《くだされ》候、（『同笠新田共有文書』）

「村々」が同笠新田（大野村）やそのならびの東・西同笠、中新田をさしていることはまちがいない。「後河」が村の南北いずれのことをいっているのかははっきりしないが、横須賀城から見た状況で考えれば、南側のことと考えるべきであろう。したがって「後河」とは海岸沿いの現砂丘と旧砂丘の間の、現在前川と呼ばれている川のことと考えられるが、この安堵状によれば、この川の両岸は、村を塩害から守る目的を兼ねた塩浜＝塩田となっていたというのである。直接海に面しているわけではない村々であっても、集落のほとりまで海水が出入りし、海と共存して生きていたことが知られよう。

浅羽の地には中世前期以来、藤原氏勧学院《かんがくいん》領浅羽庄があり、南北朝初期の段階で田六九町余といわれているから（『九条家文書』）、海岸から離れた地区には安定した耕地も存在していたのであろう。しかし、一方では鰹、鰹節、荒巻《あらまき》なども現地から京都に送られている（『師守記《もろもりき》』）。浅羽の住人が外海まで出かけていたのか、交換でこうした産物を入手していたのかはわからないが、遠州灘までつながった営みが行なわれていたことは確かであろう。

戦国時代末ごろになると、このあたりは地域全体が大規模な堤によって囲まれるようになったらしい。そして十七世紀後半、横須賀藩主であった本多利長《ほんだとしなが》によって「浅羽大囲堤」が完成され、新田地帯は海水の進入から守られるようになる。また堤外の水面も陸地化していく。天和年間（一六八一～八四）に三河あたりで成立したとされる農書『百姓伝記』には、このころの横須賀湊では堆積が進んで船が入りにくくなっていたことが記されている。そして宝永四年（一七〇七）に起きた東海大地震による隆起で、その傾向はより決定的になった。これによって「内海」は干上がり、横須賀湊は港湾としての機能を失ったとされている。

実在した野原の津

一九九四年、太田川のほとりで一つの集落遺跡が発掘された。その調査結果から、砂浜海岸の背後に広がる内陸水面は漁業だけでなく、交易の道としても利用されていたことが知られるようになっている。

その遺跡、元島《もとじま》遺跡は磐田市（旧磐田郡福田町《ふくでちょう》）小島《こじま》で発掘された弥生時代から江戸初期にまで及ぶ複合遺跡である。太田川と原野谷川が合流する地点に位置しているが、二つの川の合流は江戸初期の幕府代官頭伊奈忠次による河川改修の結果である。それ以前は、原野谷川は太田川には合流せず、元島の南で大きく東に向きを変えて図4－3に描かれている海岸砂丘背後の水面（前川）に入り、ついで横須賀の潟湖《かたこ》に注いでいた。元島遺跡の調査結果について『福田町の歴史』は次のようにまとめている。

この遺跡では、十三世紀の集落遺構の近くから集石墓が見つかっており、このころから祖先祭祀が始まったこと、すなわち住民の定着化が始まったことが推測される。また遠江の一般集落では入手困難と思われるものが一四パーセントの比率で出土していることから、この場は物資の集散地であった可能性が高い。十四世紀前半の出土遺物は少なく、このころには衰退していたのではないかと推測されるが、十四世紀後半になると再び集落が拡大するようになり、十五世紀後半には、二重の溝で囲まれた集落に大発展する。特に溝からは舟入《ふないり》と見られる分岐が集落内に引き入れられ、それに隣接する倉庫と見られる大型建物遺構からは木製の碇《いかり》が発見されている。井戸枠材に転用された船の側板も見つかっており、その大きさや形状から、船は一〇メートル前後の、河川通航に適したものだったと推定される。

このころの遺物としては、古瀬戸《こせと》、常滑《とこなめ》産に混じって青磁、白磁、染付《そめつけ》などの貿易陶磁も出土している。また古瀬戸製品の中には窯から取り出して束ねたままの状態のものがかなり見つかっている。これはこれらの製品が現地で使用されていたのではなく、商品として大量購入された交易品であったことを物語っているだろう。この時期が元島地区の物資集散地としての最盛期であったと考えられる。

このように、元島遺跡は中世の川湊の遺跡であると考えられているが、その湊としての機能を『福田町の歴史』は次のように解釈している。横須賀の潟は大型の船舶が停泊できる貴重な良港である。そこで荷は河川用の小舟に積み替えられて元島まで運ばれ、さらにクリークをたどって今之浦に入り、見付へとつながっていたのではないか、と。

つまり、元島の湊は見付の外港としての性格をもっていたのではないか、というのである。一層の究明が待たれるが、ともあれ、この低平な平野は水が滞留しやすく、耕地化するには難があったとしても、水面を遡行《そこう》していくのは比較的楽だったのであろう。『海道記』に「岸ニ立ル木（中略）水ニウツル景ハ梢ヲ逆ニシテ」と記されたように、芦や湿地性の木々に囲まれた池沼の点在する平野のただ中を、荷を積んだ小舟が川、池、沼を伝って行き来していたことはまちがいないだろう。また元島のような湊はほかにもいくつもあったことであろう。元島遺跡は、まさに「野原ニハ律アリ」という情景の実在を証明するものといえよう。

このように遠州灘に面した遠江の海岸平野は、中世には至る所に内陸水面をかかえた水郷地帯だったのである。現在でも地図を見れば、海岸近くには仿僧川、前川が海岸と平行して流れているのがわかるが、これがかつての内陸水面の痕跡なのである。そして、こうした海岸は遠江の平野だけではなかった。東海道沿道にもう一つ、同じような場所がある。旅日記の行程上は少し先に飛ぶことになるが、類似した地形であるので、いっしょに見ておくこととしよう。

湖のある平野

浮島が原

弘安三年（一二八〇）十一月二十四日、『春の深山路』の中の飛鳥井雅有は富士の裾に歩を進めていた。何度も京都と鎌倉の間を往復している雅有は、このあたりの富士の姿にはさほど心を動かされたようではなく、むしろその手前の「あしがみね」（愛鷹山《あしたかやま》）や裾の景観に興味を示している。

浮島が原はただ砂地に芝が生えているだけである。北には富士があり、その裾は広い沼である。浮島が原のうちであるけれど小石が多く、青野、小松原、柏原などという所があったが、特段に記すほどのことはない。塩を焼く煙が西になびいているのを見て詠んだ歌。

　こし方に　なびきにけりな　もしほやく　けぶりにたぐふ　我《わが》思ひかな

田子《たご》の浦《うら》の浪が絶え間なく騒いでいるさまは本当におもしろい。とても広い沼に群れる鳥の羽音、

小舟に棹をさして行く漁夫のありさまは絵に描きたく思うほどである。

いくたびか東海紀行を重ねているうちに富士の高嶺《たかね》は見慣れ、ようやく裾の風景に眼がいくようになったのであろうか、今さらのように裾の風景の美しさをたたえているのである。同様の情景は『東関紀行』にも描かれている。

図４－７　「行書版東海道五十三次」のうち「原宿」

図４－８　浮島沼の絵葉書

浮島が原はどこよりも美しく見える。北は富士の麓《ふもと》で、西東へはるばるとのびた長い沼があって、布を引いたようである。山の緑を水面に映し、空も水も一つのようである。芦を刈る小舟があちこちに棹をさし、群れる多くの鳥が去ってはやってくる。南には海の面が遠く見渡され、雲の波、煙の波が深くたちこめている。一人きりの旅人の眼をさえぎるものは何もなく、はるか沖を行く船が空を飛んでいるように見える。（中略）原には塩屋の煙が絶え絶えに立ち渡り、浦風は松のこずえに鳴っている。この原は、昔は海の上に浮かんでいて、蓬萊《ほうらい》の三つの島のようだったので浮島が原と名付けたと聞く。

前後四十年ほどを隔てての二人の旅人が記したものであるが、二つの紀行文が描く情景はあまり変わっていないようである。富士の南麓には東西に細長い沼があり、水鳥が群れ、小舟に乗った漁夫が芦を刈っている。南にはすぐ駿河湾が広がり、浜では塩が焼かれている。そんな情景が目に浮かぶ。東海道は沼と駿河湾にはさまれた細い砂州の上を走っていたものと考えられる。

富士山の南麓に沼が広がっていたのは遠い時代のことだけではない。前ページの図4－7は幕末に歌川広重が描いた「行書版東海道五十三次」のうちの原宿《はらのしゆく》（現・沼津市）であるが、富士山の麓には広々とした水面や芦原が描かれている。また近世末には富士周辺の湖沼を、北麓の五湖などとともに「富士八湖」と呼ぶいい方があり、浮島沼もその一つに数えられていた。明治に入ると、浮島沼は「富士八湖」の一つとして絵葉書になることがあったように（図4－8）、富士周辺の景勝地として比較的近い時代まで広く知られていたのである。

図4－9　1887年の二万分一地図「原宿」「吉原」
（大日本帝国陸軍陸地測量部発行）

沼の広がり

図4－9は一八八七（明治二十）年の地形図である。はっきり沼として表現されている部分はさほど広くはないが、その周辺に湿地が広がっていた様子がわかる。しかし飛鳥井雅有たちが見た浮島沼はこの程度のものではなかっただろう。江戸時代、浮島沼周辺では史料的に確認されるだけでも、次のような新田開発がなされている。

慶長年間、幕府代官頭伊奈忠次は大橋五郎左衛門に、浮島が原に新田を開き、村を立てて「往来之旅人之助」となるように命じている。遠州平野の開発でも功績のあった伊奈は、江戸初期の東海道整備にも尽力しているが、その一環として、浮島が原を干拓し、そこに宿を立てることを計画したのである。このとき開発された新田が浜方一本松《いっぽんまつ》新田である（『大橋家文書』）。また、慶長九年（一六〇四）、高橋庄右衛門は徳川家康より、東海道に新宿を立てることを条件に、大野新田（現・富士市）の開発と、開発地の諸役免除を認められている（『長橋家文書』）。

このように浜方の新田は、人を定住させて宿場を設けることを目的として開発されたものだったの

図４－10　浮島沼周辺の新田

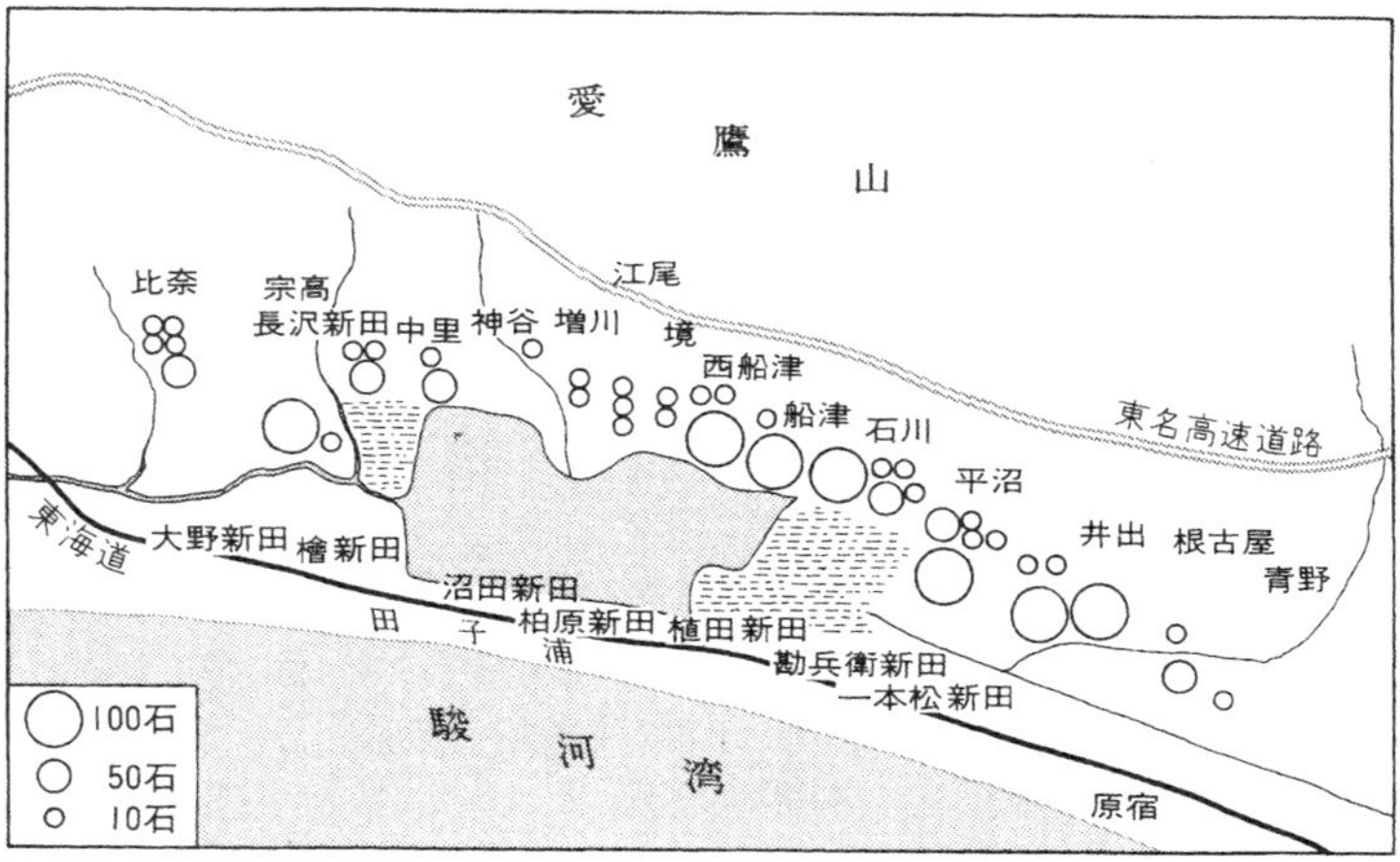

である。戦国時代、南関東を支配した北条氏が領国内の交通路整備を図るため、新田開発と新宿設置をだきあわせにした政策を進めていたことが明らかにされているが（池上裕子『戦国時代社会構造の研究』）、江戸幕府も初期には同様のことを行なっていたのである。

一方、浮島沼北岸でも十七世紀以来、少しずつ新田開発が行なわれていた。図４－10は『吉原市史』に紹介された天明年間（一七八一～八九）の浮島沼北岸の村々の新田高を図化したものである。これを見れば、一八八七年の地形図で湿地として表現されている部分の北側で多くの新田開発がなされていたことがわかる。雅有たちが見た浮島沼はこのあたりまで広がっていたと考えていいだろう。

新田開発による沼の縮小は近代に入ってからも続き、最終的に姿を消したのは一九三六（昭和十一）年のことである。現在も若干の湿原が残り、再生の努力もなされているが、かつての富士山麓の海岸には、砂州によって海と隔てられた広大な潟湖が存在していたのである。

自然地理学の基本であるが、砂州とは河川から放出された砂礫が沿岸流によって運ばれ、凹凸をもつ海岸の沖に堆積してできるものである。沿岸流は岬や鼻のような陸地の凸部にぶつかって流速を落とすと、凹部の沖に運んできた砂礫を堆積させる。堆積物が陸地化したもの砂嘴《さし》、堆積が進んで対岸の凸部まで到達したものが砂州である。したがって陸地は必ず沖から形成され、砂州と本来の海岸の隙間には水面が残されることになる。これが潟湖（ラグーン）であり、さらに堆積が進むと潟湖は陸化して海岸平野が形成される。一般に砂州の海側には礫、潟湖側にはより粒の細かい砂が堆積される傾向にあるが、原付近の海岸砂丘の最も海に近い部分は現在でも礫だらけの土質となっている。飛鳥井雅有が、先に紹介した一文の中で、浮島が原は砂地に芝が生えているだけと書きながら、一方では小石が多いようなことも書いているのは一見矛盾しているように思えるが、そうではなく、土質が潟湖側と海側では異なるという、砂州の特質を鋭く観察した記述なのである。

内海をもつ海岸

潟湖が埋まってできた海岸平野は日本には多くあるが、今でもオホーツク海沿岸のサロマ湖や下北半島の小川原湖のような広大な潟湖も残されているし、津軽半島には十三湖《じゅうさんこ》をはじめとする群小の湖沼が海岸砂丘の内側に点在している。『海道記』や『春の深山路』に記された海岸風景は、そうした風景が過去には東海地方においても見られたことを示すものである。同時に、浅羽の内海や浮島沼の消滅過程は、砂浜海岸の背後に広がる平野が、実は自然の営みのみによって形成されたものではないことを知らせてくれる。

そして砂州と潟湖の続く海岸風景は、かつての日本ではどこでも見られたものであると思われる。東海道の旅からは離れるが、こうした景観のわかる中世史料を少々見ておこう。

日本海側には、鳥取、内灘（石川県）、新潟、酒田（山形県）など、大規模な砂丘海岸が多い。最近、そうした砂丘の内側に、日本海交易の重要な湊町が発達していたことが注目されるようになっている。加賀の大野湊《おおのみなと》（現・金沢市）、越中の放生津《ほうしょうづ》（現・富山県射水《いみず》市）、越後の直江津（現・新潟県上越市）、蒲原津《かんばらつ》（現・新潟市）、出羽の土崎《つちざき》（現・秋田市）、津軽の十三湊《とさみなと》（現・青森県五所川原市）はいずれもそうである。また中世〜近世の北越後では、砂丘背後の内陸水面を利用した水運が展開していたことも明らかにされている。

中世の北陸道を歩いた旅人の記した紀行文もいくつか残されているが、その一つ、『為広越後下向日記《ためひろえちごげこうにっき》』は、内陸水面の続く加賀の平野風景を知らせてくれるものである。この日記は歌の家として知られる冷泉家の当主為広が延徳三年（一四九一）、時の幕府の実力者細川政元に随行して越後上杉氏のもとを訪れたときの往復の旅を記したものである。途次に詠んだ歌を書き付けた部分が多く、旅についての記述は概して簡略であるが、それでも当時の旅のありかたや景観を探るうえでは貴重な情報をもたらす史料である。次に抜粋したのは、越前と加賀の国境付近での記述である。

十日、天晴、五過ニ理智院談議所也ヲ立、朝飯朝孫張行、ウハ野　左ニ蓮ノ浦入海山近　松・里・小坂アリ、
ホソロギ里、
モンドウ坂　右ニカシマ海中へ森出ル也、是則カ嶋也、
并ヨシザキ本願寺在所也　玉サカノ浦越前・加賀国堺也　タチバナ加州、本願寺ヨリ送馬人夫等数多是マテ来也、　宿アリ
ニキノヤ　左ニウハキノ浜
ミツ村ニギ
本願寺ヨリ昼御ヤスミ申也、
ウギウ　スワマガタ河アリ、

政元、為広らの一行は三月九日の夜は越前北部の金津《かなづ》（現・福井県あわら市）に泊まっている。守護の一族朝倉孫二郎（高景）の世話で朝食をとったのち、北に向けて出発、まもなく蓮《はす》ノ浦《うら》の入海を左に眺める地点に至り、細呂宜《ほそろぎ》を過ぎ、北陸における本願寺の一大拠点となっていた吉崎《よしざき》に到着している。この付近で海中に突きだした「か嶋」や「玉サカノ浦」を目にしている。蓮ノ浦の入海とは現在の北潟湖《きたがたこ》、「か嶋」は吉崎にある鹿島《かしま》のことであろう。蓮ノ浦で入海を見ていたのであれば、北潟湖は現在より若干大きく、周辺の丘陵の谷に入り込んでいたものと思われる。

吉崎を出た為広は「ニギ」に向かう途中、「ウハキノ浜」を左に眺め、ついで「ウギウ」では「スワマガタ」を見ている。「ウハキ」「ニギ」「ウギウ」はそれぞれ現在の上木《うわぎ》、三木《みき》（明治中期まで右村《みぎ》）、

図4－11　中世の加賀南部の平野

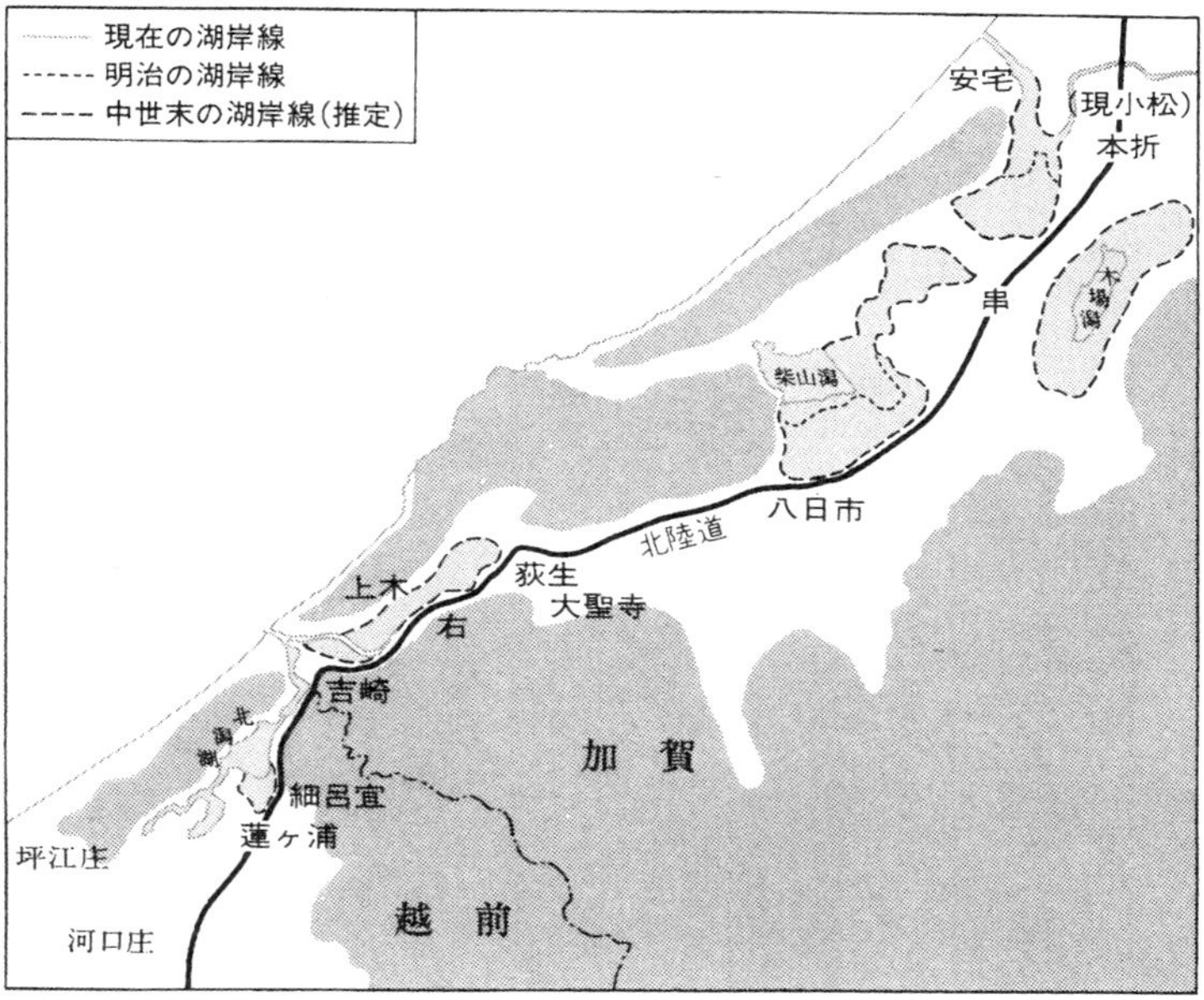

荻生《おぎゅう》のことであろう（図4－11）。このあたり、現在は完全に耕地化しているが、為広の記述によれば、上木は浜であり、荻生近くにはスワマガタ（洲浜潟）、すなわち干潟があったことになる。吉崎から北東方向にのびている谷は、戦国初期のころには入江だったのであろう。

さらに先に進むと、「八日市《ようかいち》」で左に「芝山《しばやま》」の湖を眺め、その先、「クシノ町」（串町）を過ぎた所で「左ニ海コシニアタカミユ」とある。「芝山」の湖とは柴山潟《しばやまがた》、安宅《あたか》の手前に見えた海とは今《いま》江潟《えがた》である。現在では柴山潟は小さな湖で、今江潟に至っては消滅してしまっているが、これは第二次大戦後に行なわれた干拓事業の結果であり、それまではこ

図4－12　中世前期の河口庄推定図

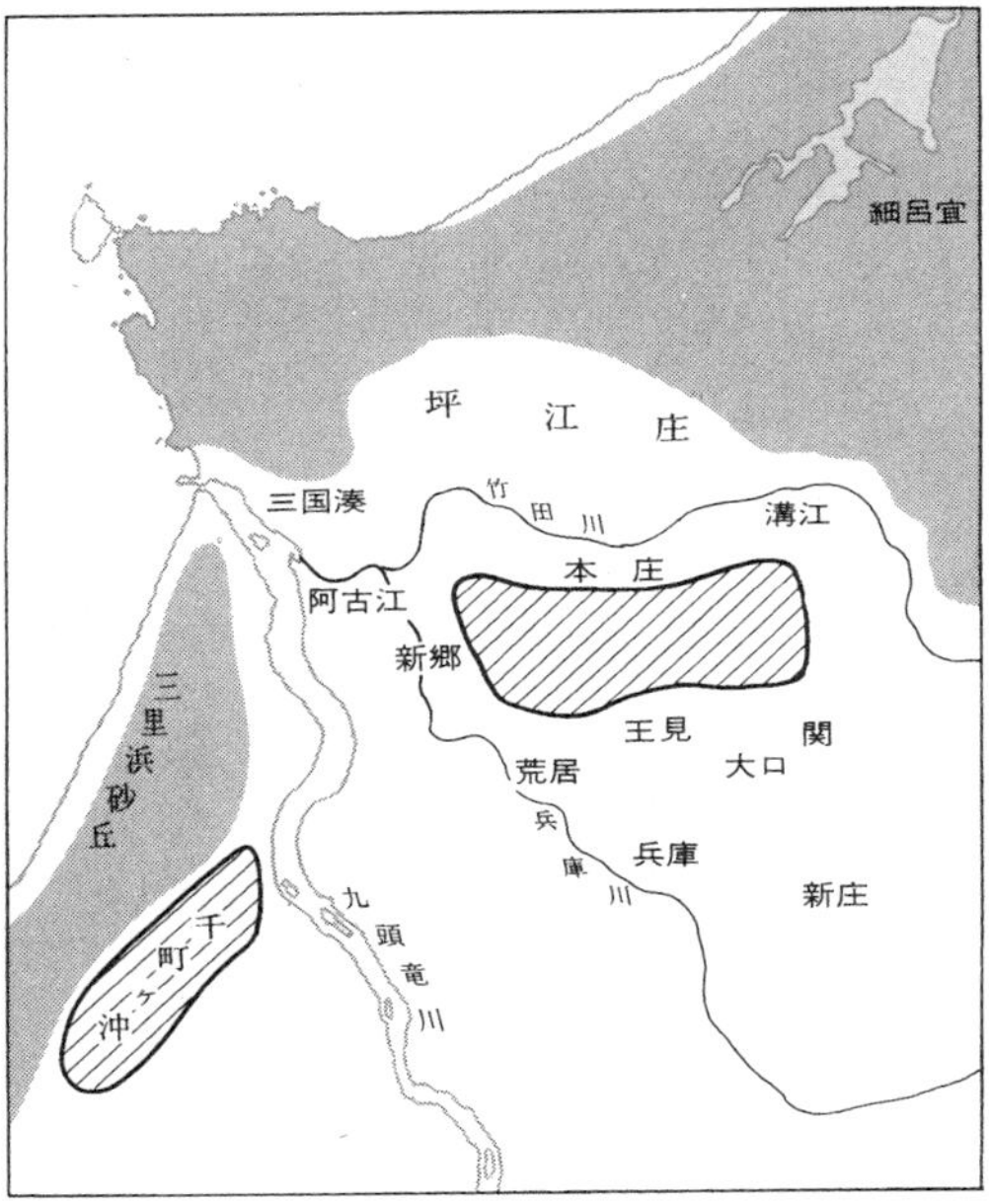

の地方には二つの湖に木場潟《きばがた》を加えた三つの湖があったのである。明治期の姿は図4－11のとおりであるが、冷泉為広の日記からは、柴山潟が八日市の近くまで広がっていたことがわかるし、今江潟も「海」と表現されているので、かなり広いものであったと思われ、安宅の近くまで迫っていたような印象を受ける。

ここから先の為広の日記には内海についての記述はないが、加賀北部の河《か》北潟《ほくがた》が近年まで大湖であったことは知られている。大規模な砂丘堤をもつ加賀の海岸の内側には、内海のつらなりがあったのである。

九頭竜の河口平野

一方、為広の日記には記されないが、越前平野北部、日本海水運の要衝として知られる三国湊《みくにみなと》（現・福井県坂井市）の近傍にも内海の存在を推測することができる（図4－12）。

中世、北潟湖を含む越前北端部には坪江庄《つぼえのしょう》、その南の九頭竜川が形成する越前平野の北部には河《かわ》口庄《ぐちのしょう》があり、いずれも奈良興福寺大乗院《だいじょういん》門跡領であった。河口庄の中は十の郷に分かれており、鎌倉後期の弘安十年（一二八七）十二月、それぞれの郷ごとに検注（耕作地の面積や耕作状況の調査）が行なわれている。各郷の位置、検注の結果決定した得田《とくでん》（現実に耕作している田）と損田《そんでん》（災害によって耕作放棄されている田）の比率は表3のとおりである。これと図4－12を見ればわかるように、河口庄の地理上の中心部分には郷に相当する地名が見あたらない。しかも損田の比率は、山手の細呂宜《ほそろぎ》郷、微高地の王《おう》見《み》郷、新庄《しんじょう》郷では相対的には低く、海寄りの郷では高くなる傾向にある。荒居《あらい》郷では五割を超える田が損田となっている。

表3　河口庄の損田比率

郷	見作面積（町・反）			損／見作
		損	得	
本庄	79.9	32.8	47.1	41%
新郷	51.4	21.3	30.0	41%
王見	36.9	11.3	25.6	31%
兵庫	117.4	54.5	62.8	46%
大口	80.5	30.5	49.9	38%
関	39.7	14.1	25.6	36%
溝江	35.9	14.4	21.4	40%
細呂宜	83.2	26.9	56.2	32%
荒居	31.5	16.4	15.1	52%
新庄	48.7	13.8	34.9	28%

また、図4－13は、応仁・文明の乱をはさむ時代に大乗院門跡であった尋尊《じんそん》（一条兼良《いちじょうかねよし》の子）の日記『大乗院寺社《じしゃ》雑事記《ぞうじき》』の文明十二年（一四八〇）八月三日条に見る河口庄・坪江庄の略図である。もとより概念図であって正確なものではないが、溝江《みぞえ》郷、本庄《ほんじょう》郷、新《しん》郷、それに海岸の三国湊、阿古江《あこえ》に囲まれた部分が空白になっているのは、

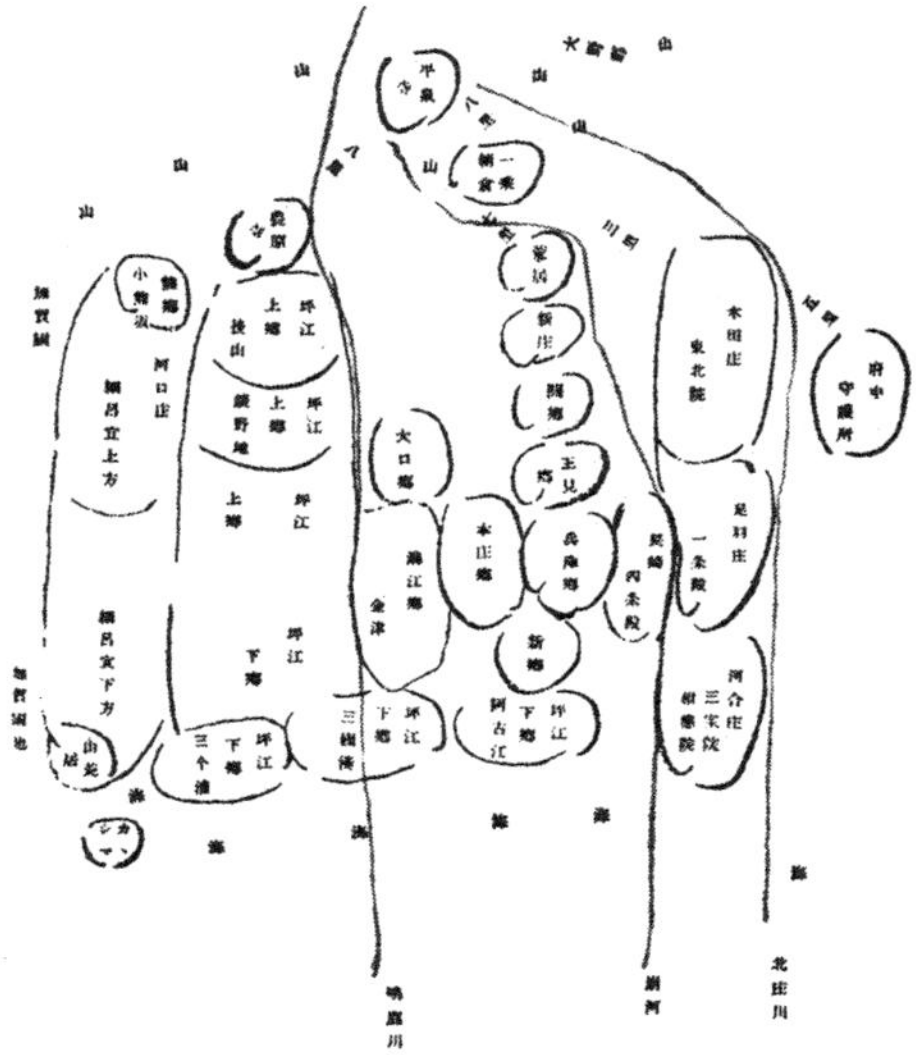

図4－13　河口庄・坪江庄略図（尋尊『大乗院寺社雑事記』より）

弘安十年の検注帳において、中心部分に郷名が見えないこととちょうど符合する。竹《たけ》田《だ》川《がわ》と九頭竜川にはさまれる形で形成されたこの地域が低湿地であったろうことは容易に推察できるところであり、郷名の欠如や略図における空白は、この部分が中世においては池沼、湿地であったことを示しているのではないだろうか。尋尊の時代の河口庄の年貢について記した史料のなかには「本庄内南池」「新郷内鷲池新開田」という地名を記したものがあり、池を埋めて田が開かれていた様子がうかがえる（内閣文庫所蔵『大乗院文書』）。

また尋尊の略図では、九頭竜川（崩河《くずれがわ》）と竹田川（鳴《なる》鹿《か》川《がわ》）は合流せず、別個に海に注いでいたことになっている。この図のとおりだったとすれば、当時、九頭竜川は三国湊には向かわず、三里浜《さんりばま》砂丘背後の低地を流れ、砂丘を突っ切って、日本海に注いでいたことになる。この表現がはたして信頼できるかどうかという問題はあるが、三里浜砂丘背後の低地には江戸時代中ごろまでは「どす池」と呼ばれる湖があり、沿岸住人による漁業が営まれていた。その後、干拓が進み、「千町《せんちよう》ヶ沖《がおき》」と呼ばれる耕地が出現したが、長く排水に悩まされる湿田であったという。九頭竜川の旧流路であるかどうかは別としても、中世においては、ここも砂丘背後の湖だったことはまちがいないのである。

このように越前から加賀にかけての海岸は、砂丘の内側にいくつもの池沼をかかえた海岸だったのである。これは東海道の遠州海岸や富士南麓海岸で見たのと同様であるし、おそらくは、中世には日本中に見られた風景だったのであろう。白砂青松の砂浜の背後に広がる青々とした田園、防風林に覆われた砂山の背後の広々とした平野。そんな風景は近世以後に形づくられたものなのである。五百年ほど前までの砂浜や砂山の後ろには、湖が広がって漁舟や交易舟が行き交い、芦の茂った池沼では芦刈舟が揺れる、水辺に築かれた堤の向こうでは、水におびえるかのような田畠の耕作が細々と行なわれている、そんな水と陸の入り交じった景色が展開していたのである。

第五章　難所を越えて――天竜・大井・富士川、興津

川を渡る

天竜川と大井川

東海の旅路にもどろう。

東海道は現在の静岡県内でいくつもの大河を渡る。天竜川、大井川、安倍川、富士川である。建治元年（一二七五）八月八日、引間を発った飛鳥井雅有はまもなく天竜川を渡っている。ただし『都の別れ』はこのあたりの渡河の様子をあまり詳しく書いていないし、『春の深山路』は富士川近くに至るまで記事が脱落している。そこで、しばらくは鎌倉時代のほかの紀行文によって次々と現れる川の様子を見ることとしたい。

まずは『東関紀行』であるが、作者は天竜川と大井川の対照的な様子を描いている。

天流と名付けた渡りがある。川は深く、流れは激しそうである。秋の水がみなぎり、舟はあっと

いう間に流されてしまうので、往来する旅人は容易には向こう岸に着きがたい。この川は水量が多いときには、舟がひっくり返って、溺れ死んでしまう人も多いという。

深くて川幅の広い激流の様子が描かれている。これに対し、大井川については、その西岸の峠道から川を見下ろした眺めを、次のように描いている。

菊川を渡って少し行くと一つの村里がある。「こまば」というらしい。この里の東のはてに、少し登るような場所があり、そこの奥から大井川を眺めると、はるばると広い河原の中に、一筋ではなく枝分かれした川瀬があちこちで交差していて、金砂銀砂を紙の上に流した洲流しに似ている。渡るよりもここから見ている方がおもしろかろうと思う。「竜田川《たつたがわ》　紅葉《もみじ》乱れて　流るめり　渡らば錦　中や絶えなむ」(『古今和歌集』)という歌ではないが、美しい流れをこわしてしまいそうで、渡るのがためらわれる。

大井川は天竜川のように大きな流れがあるのではなく、いく筋にも分かれた流れが河原いっぱいに広がっているというのである。『海道記』は数字つきで天竜川や大井川の大きさを説明している。

池田《いけだ》を発って暗いなかを行くと林野があり、その様子はどこも同じようであるが、ところどころの道が違うので、次々と現れる眺めがおもしろい。天中川を渡るのだが、この川は大河で、向こう岸まで水面が三町もあるので、舟で渡った。水の流れは早く、波は騒がしく、棹をさすこともできないので、柄に板を打ち付けたえぶりで水を横にかいて渡った。

天中川（天竜川）の水の流れは幅三町（約三〇〇メートル）、流れはやはり激しく、渡渉が困難であることが記されている。池田は現在では天竜川の東岸であるが、室町時代中ごろまでは西岸にあったらしい。川の流路変更によるものであろうが、『海道記』の記述からは、池田から川までの間には林があったことが知られる。河原もしくは自然堤防が湿地性の灌木《かんぼく》で覆われていたのであろう。一方の大井川については次のような記述となっている。

播豆蔵宿《はづくら》を過ぎて大堰川《おおいがわ》を渡る。この川の中には渡りが多く、水はさかしい。流れは島を分かち、瀬はあちこちに分かれている。そんな道を二、三里行くと、四方はかすむ。おりしも水しぶきを含んだ風はいつもより強く吹き、白砂は霧のように舞い立つ。笠を傾けて駿河国に入った。

川がいく筋にも分かれて流れている「はる〴〵と広い河原」（『東関紀行』）は、幅二、三里（ここでは一里＝六五〇メートルか。約一・三〜二キロメートル）にも及ぶというのである。現在の倍はあったことになるが、『十六夜日記』にも「河原幾里とかや、いと遥《はる》か也」とあるから、『海道記』にある「二、三里」という数字は決して誇大ではないのであろう。ただし『十六夜日記』には「大井川といふ河を渡る。水いとあせて、聞きしには違《たが》ひてわずらひなし」ともある。『海道記』には「水さかし」と書かれた大井川であるが、いく筋にも分かれたその流れは、状況によっては水量が少なく、渡りやすかったこともあるようである。

天竜川か、天中川か

この大井川の流れについて考えてみたいが、その前に、天竜川という名称について諸史料の間にずれがあるので、脇にそれるが少しだけ見ておきたい。

信濃の諏訪湖に発して遠州灘に注ぐ大河が文献史料に最初に登場するのは『続日本紀《しょくにほんぎ》』霊亀元年（七一五）五月二十五日条で、そこでは「麁玉河《あらたまがわ》」と呼ばれている。これが判明するかぎりでの天竜川の最古の名称である。ついで『日本文徳天皇実録』仁寿三年（八五三）十月二十二日条に「広瀬河」の名で出てくる。しかし、そのいずれもその後は史料上には登場せず、十一世紀後半の『更級日記』では「天ちうといふ河」となっている。すでに言及したように『海道記』（一二二三年）も「天中川」と表記し、「ヨシサラバ　身ヲ浮木《うきき》ニテ　渡《わたり》ナン　天津《あまつ》ミソラノ　中河ノ水」という歌を詠んでいる。一方、『東関紀行』（一二四二年）は「天流と名付たる渡りあり」とし、『十六夜日記』（一二七九年）以後の紀行文はすべて「天竜」あるいは「天りう」としている。

これらを見れば川の名前が「テンチュー」から「テンリュー」に変化したようにも見え、実際、天中川を天竜川の古名と解説している本もあるが、紀行文以外にまで検索範囲を広げればそれほど単純ではない。表4のとおり、平安～鎌倉時代には「テンチュー」あるいは「テンジュー」と読める表記と「テンリュー」と読める表記が併存している。鎌倉時代までは二つの音の中間的な音で発音されており、南北朝時代以後、はっきり「テンリュー」と発音されるようになった、というのが実態なのであろう。しかし、音声学的には、「チュ」「ジュ」は歯茎硬口蓋音《しけいこうこうがいおん》、「リュ」は歯茎音《しけいおん》だから、両者の

表4　天竜川の名称表記

年　代	表　　記	出　典
11世紀後半	天ちうといふ河	『更級日記』
嘉応2年（1170）	天竜河	『民経記』紙背文書
嘉応3年（1171）	天竜河	『松尾神社文書』
貞応2年（1223）	天中川、天津ミソラノ中河	『海道記』
暦仁元年（1238）	天竜河	『吾妻鏡』
仁治3年（1242）	天流と名付たる渡り	『東関紀行』
建治元年（1275）	てんちうといふ河	『都の別れ』
弘安2年（1279）	天りうのわたり	『十六夜日記』
鎌倉末期	てんちう、大井といふ大河	『源平盛衰記』
14世紀後半	天竜川	『太平記』
文明17年（1485）	天竜河	『梅花無尽蔵』
大永6年（1526）	天竜川	『宗長手記』

間には距離があり、そう簡単に転訛《てんか》や聞き取りまちがいが生じるような関係ではない。

この点を解決するには、タ行音の時代的変化についての研究が参考になる。現代日本語では、タ行のチとツは子音をtではなく、それぞれローマ字ではch、tsで表わされる音で発音しているが、十五世紀までは、いずれもt音で発音していたとされる。そのことは朝鮮語と日本語を対照させた書籍によって証明される。いうまでもなくハングルは子音と母音の組み合わせによって表記されるが、一四九二年に朝鮮において開板された日本語の入門書『伊呂波《いろは》』は「チ」「ツ」の読みを디（ti）、두（tu）としている。ところが、一六七六年にやはり朝鮮で刊行された『捷解新語《しょうかいしんご》』では지（tʃi）、주（tʃu）と表記されているから、この間に「チ」「ツ」の発音の変化が生じていたことが判明するのである。

したがって、平安〜鎌倉時代に「てんちう」と表記された音は、正しくは「テンチュー」でも「テンヂュー」でもなく、「テンテュー」あるいは「テンデュー」と発音しなければならない。発音してみればわかるように、「テュ」「デュ」は「リュ」と同じく、舌を歯茎《はぐき》に接することによってつくる音である。特に「デュ」と「リュ」は有声のきわめて近い音であり、転訛も聞き取りまちがいも生じやすいだろう。鎌倉時代までの天竜川の呼称（読み）を、現代表記で示せば「テンデューガワ」とするのが最も事実に近いと思う。

大井川扇状地

話が脇道にそれたが、『東関紀行』にあるように、同じ東海の大河でも天竜川と大井川とではずいぶんと違った相貌をもっていたのである。天竜川についての記述は「暴れ天竜」ということばを知る者の感覚からしても理解しやすいものであるが、大井川の方はちょっと想像しにくい。「わずらひなし」という阿仏尼の記述には意外な感すらいだく。中世の大井川がどのような姿であったのか、考えてみたい。

現在の地形図でも、よく見ると大井川は中流域の島田を過ぎると、本流のほかにいくつもの小さな流れを枝分かれさせ、中小の流路が網の目のように広がっている（図5－1、次ページ）。大井川の下流平野は典型的な扇状地なのである。周知のように、近世東海道はこの大井川を島田と金谷の間で渡っていた。ここは大井川が扇状地を展開させる直前の地点にあたる。では中世の渡渉地点はどこだっ

図5－1　大井川扇状地の現在の水脈

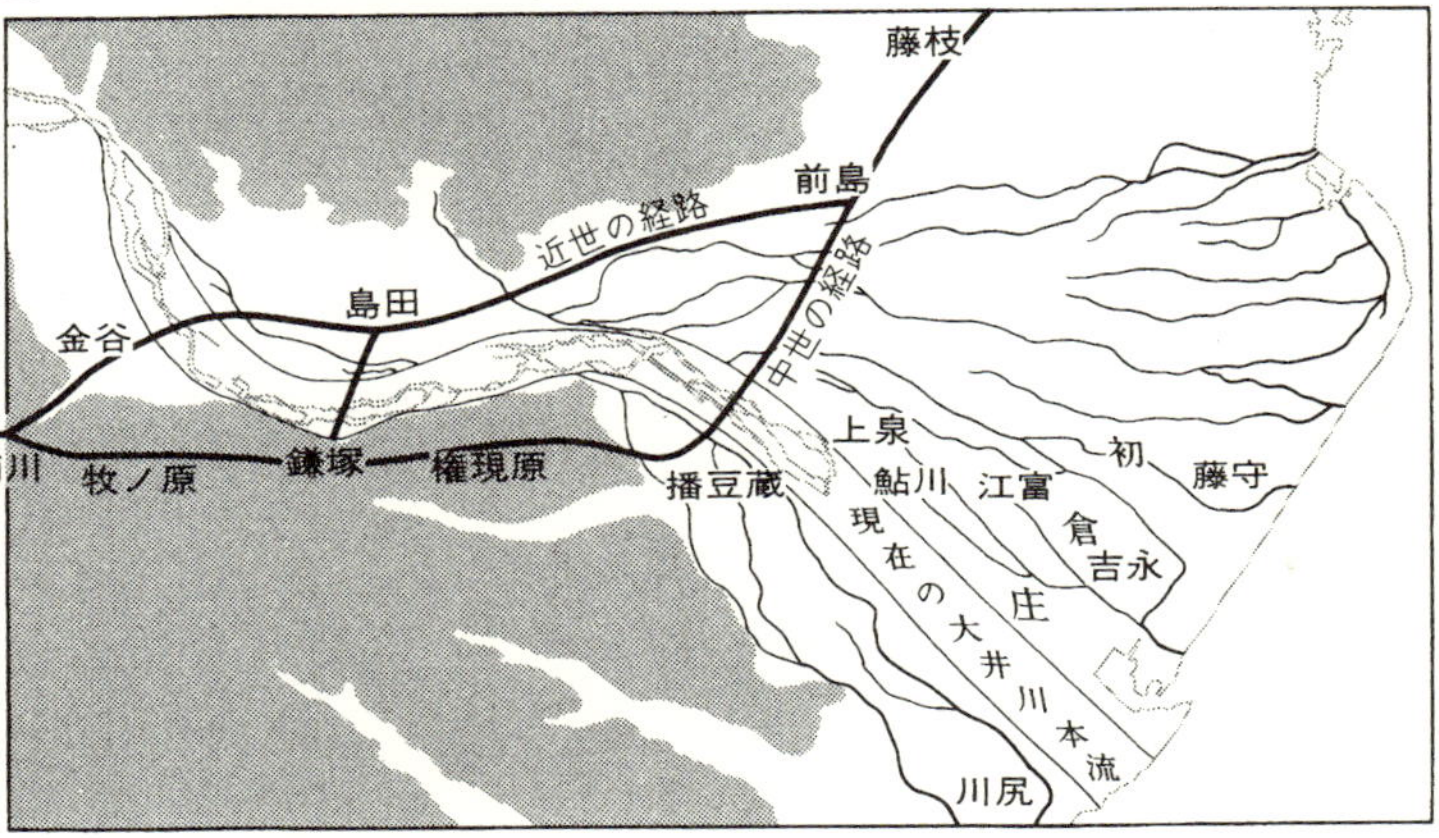

たのだろうか（以下、図5－1参照）。

鎌倉初期には島田を通過している例もあるが、『東関紀行』のルートは少し異なる。参考になるのは、同書の「菊川を渡って少し行くと一つの村里がある。「こまば」というらしい。この里の東のはてに、少し登るような場所があり、そこの奥から大井川を眺めると」という記述である。「こまば」という地名は現在残らないが、永享四年（一四三二）九月、将軍足利義教の富士見物に同行した公家飛鳥井雅世（雅有の玄孫）の紀行文『富士紀行』によれば、小夜の中山と藤枝《ふじえだ》の間に「こままがはら」という場所があった。「こまば」とは原という接尾辞を付して呼ばれる場所であったことがわかるが、地図上で考えれば、これは現在の牧《まき》ノ原《はら》台地のことであろう。「こまば」が「駒場」の意だとすれば「牧ノ原」という呼称とも通じるだろう。

つまり、中世東海道は菊川を渡ると、牧ノ原およびその東の権現原《ごんげんばら》の台地上を進んでいたのである。『東関紀行』の作者が大井川を見下ろしたのは、台地上のうちの高みからなのであろう。権現原を下って播豆蔵を通り、藤枝に向かうとなれば、大井川は島田・金谷の渡しより六、七キロほど下流で渡っていたことになる。そのあたりでは大井川はすでにいくつもの川筋に分かれている。『海道記』がいうように「一、三里」は歩かねばならないことになるが、大河であっても、いくつもの流れに分かれれば、それぞれの流れが浅く、小さな流れになるのは当然である。阿仏尼が「わずらひなし」と表現したのはそんな大井川だったのであろう。

このように、鎌倉時代の大井川はほとんど人の手によって流路制御の行なわれていない、自然に近い姿の川だったのである。こうした川を当時の人々はどのように渡っていたのだろうか。それを明解に記した紀行文がある。

第四章の冒頭に引いた万里集九の詩文集『梅花無尽蔵』は、東海、関東、北陸を旅したときに見た景色や体験した交通事情などを詩、散文とりまぜた巧みな漢文でつづっており、旅行記としてきわめて魅力的な内容をもっている。長享三年（一四八九）五月、集九が越中の黒部川を通過した場面には次のような記述がある。

黒部山の深雪水多し。分かれて四十八条の河をなす。共に大竹一竿《ひとさお》を持ちて渡る。路人を過ぎるごとに先ず波を説く。（原漢文）

ここにあるように、黒部川下流も多くの流れに枝分かれしていたのである。現在の黒部川は圧倒的に広い中心河道をもっているが、それでもなお扇状地の上を中小の分流が流れている。中世においてはおそらく中心河道は存在せず、「四十八条」といわれるほど多くに枝分かれした流れは、数は多くともその一つ一つの流れは浅かったのであろう。そして人々はそこを竿を手に、足下を確かめながら歩いて渉っていたのであろう。これがいくつもに枝分かれした大河の渡り方だったのである。架設に経費や労力のかかる橋や危険のともなう舟よりも、あえて分流の多いところを通過する方が確実な渡河方法だったのだろう。

遡上する渡河地点

しかし、大井川の渡渉地点はいつまでも扇状地上だったわけではない。飛鳥井雅世と同じく足利義教の富士見物に同行した堯孝の紀行文『覧富士記』によれば、義教一行は、帰路、鎌塚《かまつか》の渡りで大井川を渡っている。鎌塚は播豆蔵宿と金谷の中間であり、大井川が扇状地にかかる、その扇の要《かなめ》にあたる場所である。さらに十六世紀前半の東海道紀行文を見ると、すでに金谷を通過しているから（終章の表6、二〇〇〜二〇一ページ参照）、室町時代を通じて渡河地点は次第に上流へと移動していったものと思われる。これはなぜなのだろうか。ここは鎌倉時代から室町時代にかけての扇状地の変化を見ておく必要がありそうである。

中世、大井川扇状地の南半は京都南禅寺領の初倉庄《はづくらのしょう》と呼ばれていた。この荘園における中世の開発の進行のありさまについては黒田日出男氏の研究がある。黒田氏は、嘉慶元年（一三八七）十二月の「初倉庄勘落《かんらく》注文」(『南禅寺文書』)、嘉吉三年(一四四三)の「初倉庄江富郷《えずみごう》検地目録」(同)の検討から次のような事実を明らかにしている。

十四世紀末の初倉庄内部には藤守《ふじもり》郷、吉永《よしなが》郷、江富郷、鮎河《あいかわ》(川)郷、上泉《かみいずみ》村、河尻《かわしり》村があり、そのうち現在の大井川河道から離れた藤守郷ではすでに耕地開発が一定の到達点に達していた。藤守郷には万所《まんどころ》(政所)、九文給《くもんきゅう》(公文給)、御正作《みしょうさく》などの字名が残り、初倉庄の支配拠点が置かれていたところと考えられる。また、現在これらの字を囲繞《いにょう》している堤があるが、十四世紀末に藤守郷の耕地開発が到達点に達していたことからすれば、この堤は当時すでに築かれていたと考えられる。それに対して現河道に近い江富郷、鮎河郷には、十四世紀末の段階で多くの「河原新田」があり、また上泉村は「河原新田」の開発によって新たに誕生した村である。

一方、十五世紀中ごろの江富郷検地の記録で「河原新田」の内容を見ると、それは「河原」と「島」を開発して、新田や畠を生み出したものであったことがわかる。「島」は周囲に堤を築いて、水から守られるようになっていた。なかには、複数の「島」を守る堤が築かれているようなケースもあった。こうした「河原新田」の開発は上層農民を主体としたものだったが、下層農民による小規模な開発地が上層農民の開発地に吸収されていく場合もあった。

この指摘によって、中世後期の大井川扇状地がどのように変化していったか、かなり見えてくるのではないだろうか。黒田氏の指摘のなかにある「島」とは『海道記』にも出てくる表現で、あまたの流れのなかに浮かんだ中州のことである。大井川の扇状地には現在でも「○○島」という地名が多く残っているが、これらは大井川のいくつにも枝分かれした水脈によって形成された中州だったのである。枝分かれした流れが広がる大井川扇状地の中州や河原は、中世後期を通じて堤を築くことによって囲繞され、その内側では陸化、耕地化が進行していたのである。

これはいい方をかえれば枝分かれした流れの整理・統合であり、中心河道の形成につながるものである。黒田氏はこれを「人工河川化の歴史的・論理的出発点」と評している。『海道記』や『東関紀行』の時代に洲流しのようであった大井川が、室町時代中ごろにどの程度まで中心河道の固まった姿に変化していたかはさだかではないが、広く、かつ深い中心河道が出現したのであれば、それに加えて複数の流れを渡渉しなければならない経路をあえてとるメリットはなくなるだろう。時代が下るにつれて、大井川の渡渉地点が上流にさかのぼっていくのは、扇状地上における中心河道の形成と連動したものだったと考えられる。

富士川河口の変容

大井川扇状地のような河川形態は中世の日本ではいくらでも見られたものなのだろうが、東海道紀行文の中では、もう一つ確認することができる。富士川河口部である。飛鳥井雅有は『春の深山路』で富士川を次のように表現している。

富士河は袖がつくほどの浅さで、心を砕くほどの浪もない。多くの瀬が流れ分かれている中に家が少々ある。「せきの島」というそうだ。

日本三急流として知られる富士川であるが、弘安三年（一二八〇）十一月に雅有の渡った富士川は、衣の袖がつく程度の浅い流れで、たいした波もなかったのである。そのかわりに多くの流れがあり、「せきの島」と呼ばれる中州には家も点在していたのである。また『十六夜日記』にも「富士川渡る。朝河いと寒し。数ふれば十五瀬をぞ渡りぬる」とあり、富士川の下流が多くの流れに分かれていたことが知られる。

鎌倉時代を代表する絵巻物『一遍上人絵伝』には、一遍が弘安五年七月ごろ富士川を舟で渡る様子が描かれているから、季節によって富士川の様子は変動していたのだろうと思われる。しかし現在であれば、渇水期であったとしても富士川を歩いて渉るのは困難であろう。雅有や阿仏尼の描く様子は、富士川下流がいくつもの水路に枝分かれしていたという事実を知って、初めて理解できるものであろう。

富士川河口近くの、いわゆる加島《かじま》平野にも現在「〇〇島」という地名が多く、大井川扇状地とよく似ている。加島平野の開発が劇的に進むのは江戸時代初期であるが、これは今川家旧臣にしてのち徳川氏に仕えた古郡重高《ふるごおりしげたか》、その子重政《しげまさ》、孫重年《しげとし》の努力に負うところが大きい。

はじめ重高は岩本山《いわもとやま》の麓に突堤を築いて流路の変更を図った。ついで重政は寛永十七年（一六四〇）に加島の新田開発を企図し、千石を超える新田を生み出したが、これは万治三年（一六六〇）の洪水

空から見た雁堤　中央の富士川にかかる三本の橋のうち一番上が東海道本線。それと文字どおり雁行状に交差しているのが雁堤である（国土交通省甲府河川国道事務所提供）。

によって失われてしまった。より効果的な築堤の必要を感じた重政が、富士川の流水、洪水のありさまを長期にわたって観察して計画したのが、富士川左岸に遊水池をおき、いくつもの突堤をともなった雁行状《がんこう》の堤防を設けることだった。

この計画は重政の死後、重年の手で実行に移され、寛文七年（一六六七）着工、七年の歳月を費やして、延宝二年（一六七四）に完成された。これが現在、雁堤《かりがねづつみ》と呼ばれている堤（写真参照）であり、これこそが加島平野に大規模な陸地をもたらしたのである。

しかし、加島平野ではこれ以前にも耕地開発は徐々に進められていた。図

図5－2　富士川・潤井川河口平野

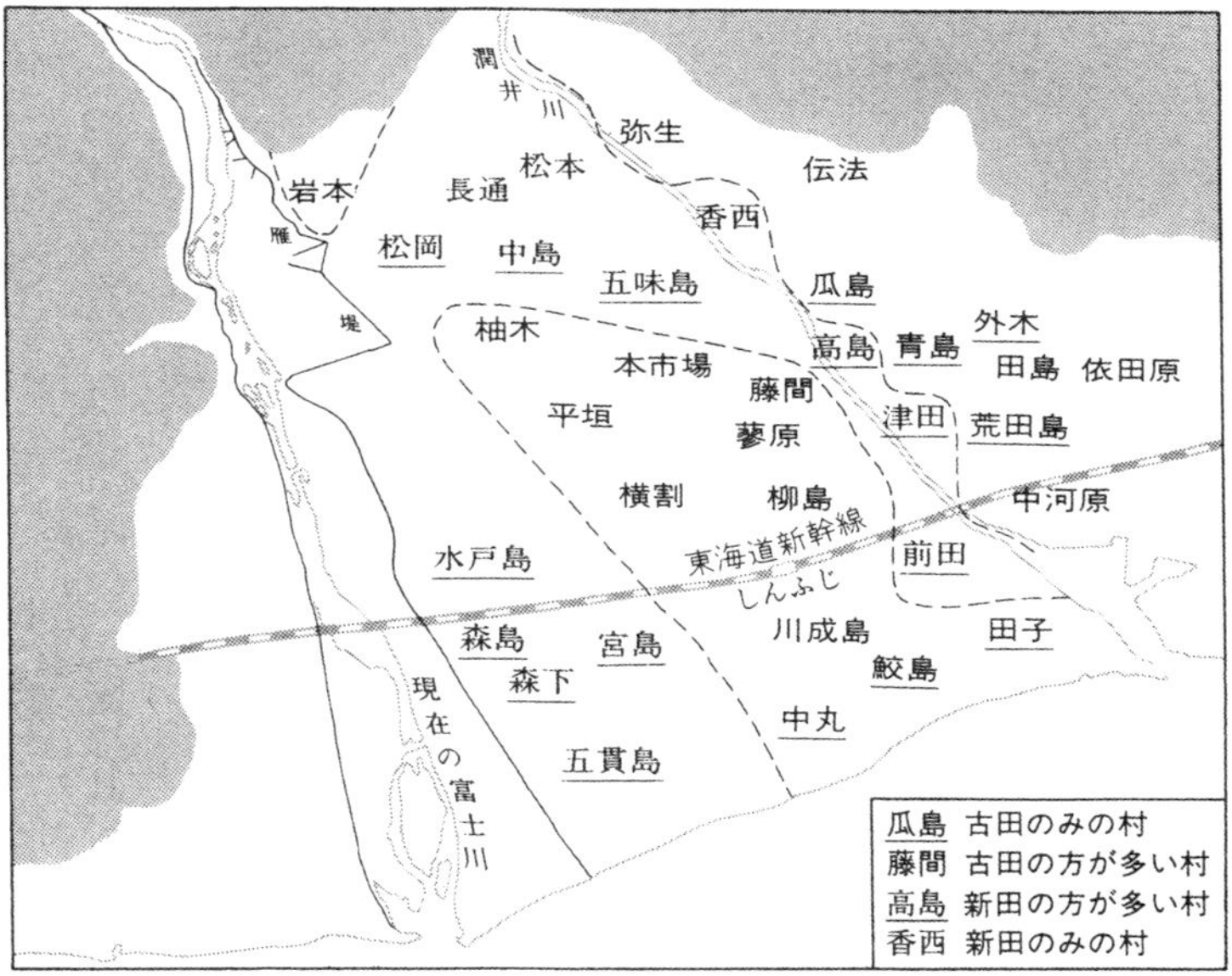

5－2は『富士市史』上巻に掲載されている加島三七カ村の古田高と新田高の比較表をもとに、江戸初期以前からの土地（古田）が新田を上回る村と、逆に新田が上回る村とをマークしたものである。

ここから富士川と潤《うる》井《い》川《がわ》の形成する氾濫原の中、二つの川の間に位置する三角洲上と潤井川東岸には比較的開発の古い耕地が存在していたことがわかる。

三角洲上の開発がどの時代までさかのぼれるのかは明らかでないが、『春の深山路』が「せきの島」に人家があったとしているのはこのあたりの情景ではなかろうか。そうだとすれば、鎌倉末期には大井川下流での島開発と似たような状況が始まっていたことが推測される。島開発が進めば、分流する水脈は徐々に整理されてゆき、それにともなって一つ一つの水脈は太く、強くなる。江戸初期の富士川は鎌倉時代の旅人たちが見たのとはだいぶ異なる姿になっていたことであろう。これ以上の開発をするためには画期的に大規模な築堤が必要である、という新田開発の最終段階でつくられたのが雁堤だったのであろう。

磯・山を越える

岨《そば》を越える

いくつもの大河を渡る遠江・駿河の旅路では、また険阻な山道、崖道《がけみち》も通過しなければならない。京都から鎌倉に向かうときには、見付、掛川を過ぎて大井川を渡る手前で小夜中山を越え、ついで大井川を渡って藤枝、岡部を過ぎると宇津《うつ》ノ谷《や》峠を越えなければならない。『海道記』は、小夜中山を「左モ深キ谷、右モ深キ谷、一峰ニ長キ路ハ堤ノ上ニ似タリ」、宇津ノ谷峠を「山ヲ愛スル巧《たくみ》ノ削成《けずりな》セル山也」と表現している。

けれどもさらなる難路は海辺にあった。駿河府中（現・静岡市駿河区）、江尻浦《えじりうら》（現・静岡市清水区）を過ぎ、そこより富士川へ向かう途中の海岸である。とりわけ興津から由比（現・庵原《いはら》郡由比町）に至る薩埵《さつた》峠の下の海岸は海に急崖が迫り、現地でも鉄道、道路の橋脚の交錯する交通の難所として知られる。中世においては東海道最大の難所であったといってもいいだろう。この難所通過について記す『海道記』の緊迫した表現を、原文のまま読んでみよう。

岫崎《くきがさき》ト云処《いうところ》ハ、風飄《ひょうひょう》々ト翻リテ砂ヲ返シ、波浪《ろうろう》々ト乱テ人ヲシキル。行客《こうかく》コ、ニタヘ、暫《しばら》クヨセヒク波ノヒマヲ伺ヒテ忩《いそ》ギ通ル。左ハ嶮《さがし》キ岳《おか》ノ下、岩ノ迫《せまり》ヲ凌行《しのぎゆく》。

岫崎というのが、この難所の当時の呼び名だったらしい。険しい崖下を、砂混じりの風に堪え、波が引き、次の波が寄せるまでの間をうかがって進んでいくというのである。もはや道といえるような道ではない。狭い浜を命がけで通り抜けねばならなかったのである。

当然であるが、このような狭い浜は常に通行できるわけではなかった。飛鳥井雅有の『都の別れ』には次のような記述がある。

しほみちて山路をめぐるとて
清見潟《きよみがた》　浦をば波の　せきとめて　山にめくりし　袖ぞしほるゝ

潮が満ち、浜辺は波に堰き止められて通行することができないために、山をめぐるルートをとったというのである。また、三河の八橋を通過した場面より記事の脱落していた『春の深山路』はこの岫崎の場面から再開するが、その冒頭部分には次のようにある。

「日たくれ」たので急いで出発した。浜辺の道は、波が関守のようになって通してくれないので、山道を行った。以前通った道ではなく、あらぬ方の道に入ってしまった。狭い道の片側は崖で、海を見下ろしている。危なかしい木曾路の橋よりもなお心細い。そんな道を越え果て、由比を過ぎ、蜑の塩屋が五つ六つあるところに木陰があった。

「日たくれ」というのは聞き慣れない表現で、従来の解釈も混乱している。その解決はあとにまわすが、潮の状況によっては岫崎の浜辺は通行不可能となり、山にかかる崖道を行かねばならなかったのである。この山道がどのルートであるのかはよくわからないが、『春の深山路』の記述によれば複数のルートがあったようである。万里集九は薩埵峠の地蔵堂を見ているので、興津から大きく山側にまわり、峠を越えて海側の崖道に出てくるルートがあったのはまちがいないようである（『梅花無尽蔵』）。

岫崎通過と潮汐

ここで三たび「潮汐推算」によって、記述された旅の様子を潮汐との関係からより具体的に推定してみよう。まず『海道記』である。岫崎通過は貞応二年四月十四日（『海道記』本文の日付は一日誤っている）、ユリウス暦一二二三年五月十五日である。前夜、作者は手越《てごし》（安倍川西岸）に泊まり、十四日夜は蒲原《かんばら》に泊まっている。手越から岫崎までは約二二キロ、所要時間は休憩を入れて六時間程度であろう。朝四時に手越を出発すれば岫崎到着は午前十時ごろとなる。岫崎の潮位は図5－3のとおりで、まさに干潮のピークにあたっている。難所の距離は四キロ弱、一時間少々で通過できるはずだから、浜辺は十分通過可能だったことであろう。

次に『都の別れ』であるが、雅有の岫崎通過は建治元年八月十日、ユリウス暦一二七五年九月一日である。前夜の宿泊地は記されないが、十日夜は蒲原に泊まっているから、朝は手越か駿河府中から出発したのであろう。ただし、あとで紹介するように、雅有は途中清見潟でしばらく遊んでいるので、岫崎到着は午後になっていたはずである。この日の潮汐は図5－4のとおりで、午後の潮位は一メートルより下がることはない。蒲原に午後六時に着くためには午後三時半ごろには岫崎にかかっていなければならないが、その時間帯はちょうど満潮にあたっている。雅有が「しほみちて山路をめぐる」と記しているのも納得がいく。

図５－３　清水、貞応２年４月14日の潮位

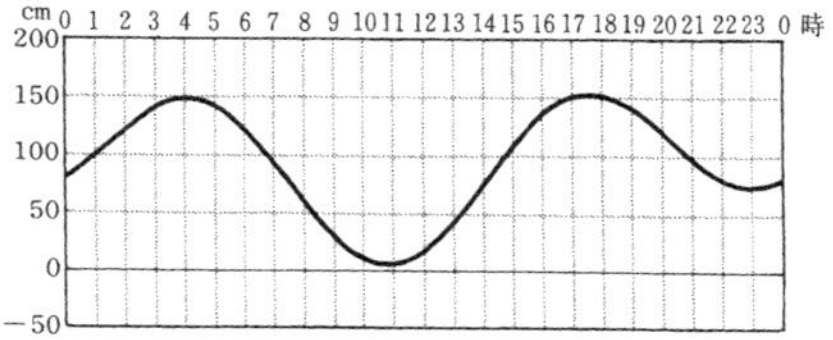

図５－４　清水、建治元年８月10日の潮位

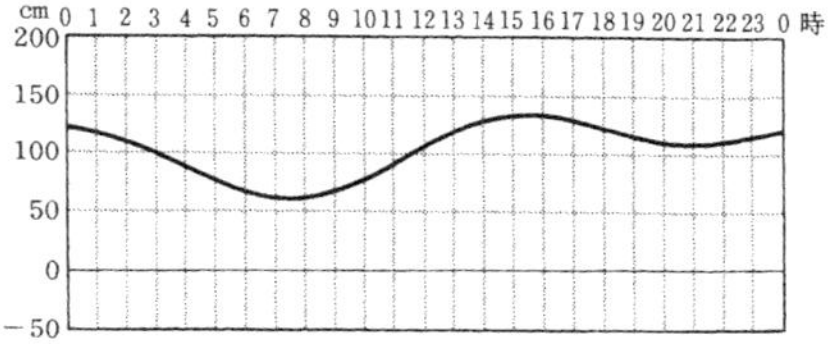

ところが、その五年後、先ほど読んだ『春の深山路』の記事に記された旅のときの潮の状況は少々異なる。『春の深山路』での岫崎通過は弘安三年十一月二十三日、ユリウス暦一二八〇年十二月十六日である。前夜の宿泊地は記されてないが、二十三日夜は蒲原泊だから、やはり手越あたりから出発したものであろう。この日の潮汐は図5－5のとおり、満潮は午前十一時で、午後二時半には潮位一メートルを切り、以後も低下を続けている。雅有が建治元年と同様の時程で進んでいたとすれば、浜

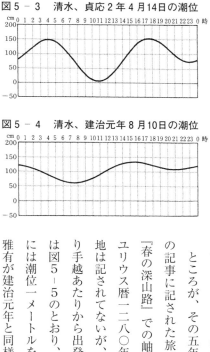

図5－5　清水、弘安3年11月23日の潮位

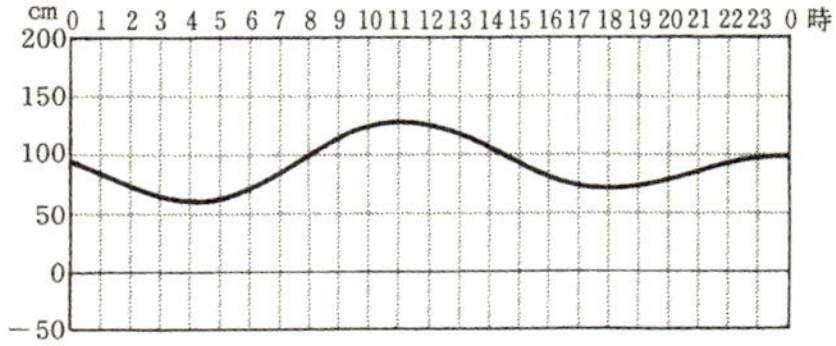

辺を通過することはできたかもしれない。しかしこのとき雅有は山路を進んだことは先に見たとおりである。なぜだろうか。

建治元年の旅と弘安三年の旅との大きな違いは季節である。建治元年の旅が夏の終わりであるのに対し、弘安三年の旅は冬至も間近な季節であり、午後五時にはすっかり暗くなっているはずである。そうなる前に一〇キロほど先の蒲原に到着するためには、午後一時過ぎには清見潟を出発しておく必要があろう。午後一時の潮位は一二〇センチほどである。あと二、三時間待てば浜辺を行くこともできるのだろうが、日没のことを考えれば、そんなことも言っていられない。やむなく山路を歩くことにしたのではないだろうか。そうした状況が判明すれば、「日たくれば」の意味もわかってくるだろう。「日たくればいそぎいでぬ」。おそらくこの旅でも雅有は清見潟でしばらく休んでいたのであろう。しかし日が西に傾いてきた。名残は尽きず、潮もまだ高くて浜辺は行けないが、先のことを考えれば、山路経由であってもすぐに出発するしかない。そんな意味がこの一文にこめられているのではないだろうか。

ついでなので『東関紀行』も見ておこう。仁治三年八月二十三日、ユリウス暦一二四二年九月十九日の部分には次のようにある。

この夜はほとんどまどろむ間さえない仮寝であって、寝覚めるまでもなく暁の空のうちに出発し

図5－6　清水、仁治3年8月23日の潮位

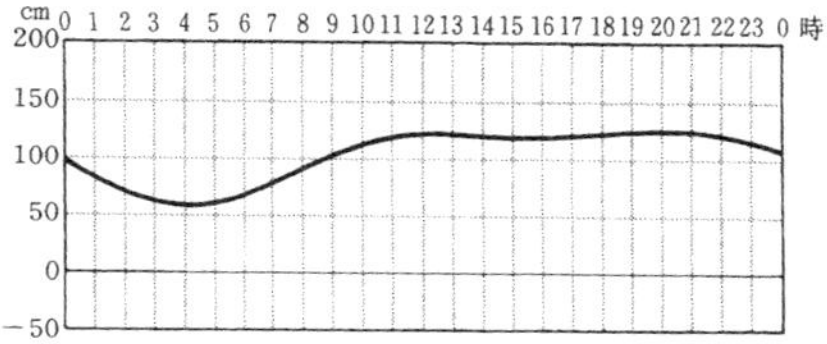

た。岫が崎とかいう荒磯の岩のはざまを行き過ぎたのだが、沖からの風は激しく、波も間断なくうち寄せてくるので、「塩干《しおひ》の伝ひ道」は頼りなく心細い。

作者の前夜の宿泊地は興津だから岫崎のすぐ近くであるが、まともに寝る間もないほどに早起きして潮干の浜辺を進んだのである。この日の潮汐は図5－6のとおりで、干潮は午前四時のみである。午前八時半を過ぎると潮位は一メートルを超え、以後この日はずっと高いままである。潮干といってもこの日の潮位は六〇センチあり、そのうえ浜辺の道は風と波が強くて危なかしい。潮が満ちてくる前に由比に着こうと思えば、出発は早朝であればあるほどいい、というのが『東関紀行』作者の岫崎通過のときの状況であったと思われる。

浜に生きる

雅有は建治元年（一二七五）の旅では清見潟で休息をとっており、弘安三年（一二八〇）の旅でも同様であったと思われる。清見潟とは興津のすぐ西に位置する磯浜であり、岫崎には及ばぬものの、ここも険峻な崖と海にはさまれた難所で、平安時代には清見関《きよみのせき》が置かれていた。『更級日記』には「関屋どもあまたありて、海までくぎぬきしたり」とあって、波打ち際に釘貫（柵）が設けられ、厳しい通行規制がしかれていた様子がうかがえる。「清見が関」「関守《せきもり》」などの語は中世の紀行文や歌にもしばしば現れるが、関所についての具体的な

記述は見あたらず、すでに地名、あるいは故事にかけた歌の中の用語として残っているにすぎなかったと思われる。

しかし、中世の清見関はまったく別の点から有名になっていた。『梅花無尽蔵』には、文明十七年（一四八五）に万里集九が東海道を美濃から江戸まで旅したときに作った漢詩が収録されているが、清見潟では次の詩を作っている。

東遊しばしば危機を踏むと雖《いえど》も、清見関の南は天下に稀《まれ》なり。三保松原《みほのまつばら》は波を隔てて暮れ、今に至るも枝六銖《しゅ》の衣有り。（原漢文）

東海道の旅には危険は多いが、入江の向こうに羽衣《はごろも》伝説の三保の松原を望む清見潟の景色は天下の絶景である、この絶景を見られるのであれば旅中の危険などいかほどのものであろうか、そんな思いを謳ったものであろう。さらに清見潟での楽しみは景色だけではなかった。雅有がここでの時間をどう過ごしたかは『最上の河路』と『都の別れ』に記されている。まず『最上の河路』には次のようにある。

昼飯のために清見が関に立ち寄ろうとしたところ、荒磯の岩間に和布《わかめ》を刈る舟たちが見える。見てみようと思って馬から降り、水際に行った。同行の女たちにも見せようと、輿をおろさせ、蜑《あま》たちを「かづき」をさせた。和布を刈る舟には若い家来たちが乗り移って自分で和布を刈って遊んだ。

また『都の別れ』には次のように記されている。

清見が関では蜑を呼び、「かづき」をさせて、まだ浦を見慣れていない、初めて東国に下る者たちに見せた。「あるじの君」は酒を取り出して勧めてくれた。

『最上の河路』には和布刈りの様子だけではなく、蜑たちに「かづき」、すなわち潜水をさせて同行の女性たちに見物させたことが記されている。季節は真冬、浜名の橋本が雪に埋もれた直後のことである。「かづく」側の辛《つら》さは想像にかたくないが、しかし雅有に命じられるまでもなく、極寒のなかでもそうした労働は日々営まれていたのであろう。『都の別れ』も同様で、雅有は蜑を海に潜らせて、初めて鎌倉に下る同行者に見せている。そして見物場所を提供した浜辺の店では、主である遊女が一行に酒を勧めたというのである。短い一文であるが、ここから清見潟では蜑による海産物の採集が行なわれていたこと、そしてそれが旅人にとっては物珍しく、酒を出してこれを見物させる店が成立していたことがわかる。室町時代の『覧富士記』にも、将軍足利義教が清見潟で「御舟にめされ、海人《あま》のかづきするなど御覧ぜられ」たとの記述がある。江戸時代にも清見潟では海女のアワビ採りが見物されていたという。中世の紀行文に見える蜑が男なのか女なのかはわからないが、鎌倉時代にすでに清見潟が都人の間では潜《かづ》き見物の名所として知られていたことは確かであろう。

この険峻な浜辺で営まれていた生業はそれだけではない。『海道記』には「息津浦《おきつのうら》ヲ過《すぐ》レバ塩竈ノ煙幽《かすか》ニ立テ、海人ノ袖ウチシホレ(ヲ)、辺宅《へんたく》ニハ小魚ヲサラシテ、屋上ニ鱗《うろこ》ヲ葺《ふけ》リ」と、興津あたりでは、製塩や沿岸で獲れた魚の天日干しが行なわれていた様子が描かれている。

興津浦にかぎらず、海浜の松林にたなびく塩焼きの煙に旅情を誘われて詠まれた歌は多いが、それにとどまることなく塩浜のさまをリアルに描写したのは万里集九である。薩埵峠を越えて蒲原に到着した集九は次のような詩を作っている。

潮を斟《く》む醜女、鴉《からす》より黒し。両手爬《か》き残せば、塩は沙《すな》に満つ。遂に辛きを知らず、前業《ぜんごう》の拙《つたな》し。
蜑の煙の埋《うず》む処、浦にわずかに家あり。（『梅花無尽蔵』、原漢文）

真っ黒に日焼けして、塩浜で素手で塩を含んだ砂を掻《か》き集める女性。辛さを訴えることさえもなく、日々それを続けるのである。むごい表現ではあるが、塩田での浜子の過酷な労働は的確に表現されているというべきなのであろう。

最後の難所

記述の順は前後したが、われわれはすでに清見関・岫崎の先、富士川、浮島が原の中世景観も検討している。富士南麓を通過し、伊豆国府の三島を過ぎると、東海道の旅路も残り少なくなる。関東に入る前の最後の難所は箱根越えである。西から越えると、その標高差は七〇〇メートル、登坂距離は一〇キロ以上で、岫崎とならぶ東海道最大の難所であることは昔も今も変わらない。その箱根越えの様子を最も詳しく記している中世紀行文は『春の深山路』である。やや長くなるが、若干の省略をしつつ、その記述を紹介してみよう。

まだ明けやらぬうちに箱根山を登り始めた。日の出のころにまわりを見渡せば、他の山にはまだ光が差していないのに、富士の腰から上には日が当たっている。日が他の山の高嶺の上に出るころには、富士の影が麓《ふもと》に映っている。他の山の頂から流れて行く雲も、富士の腰より下あたりにたなびいている。こうしたことから考えると、どんな高い山も富士の裾に見える柴山と同じくらいなのだろう。比叡山の三、四倍はあろうか。箱根はまだ雪は降っていないが、霜が凍って道はひどく滑り、危ないことこのうえない。かろうじて「あしかわ」という山の中の湖のほとりに着いた。湖は高い山の頂にあり、幅三十町である。山の西の方にある湖で、雨が降っても水は増えず、日が照っても減らない。不思議なことである。また、この山には地獄というものもあり、死者は人に会うといつも故郷への言づてをする、というようなことがよく書かれている。芦の海の湯という温泉もある。なんとも不思議なことが多い。箱根権現は昔役《えんのぎょうじゃ》行者が修行をなさったところだそうで、伊豆箱根二所といって、熊野のように霊験あらたかな神でいらっしゃる。

雅有にとっては見慣れた光景のはずだが、何度見ても驚きがあるのか、富士の高嶺を見ながらの箱根登坂や、箱根山上の様子が詳しく記されている。富士の高さはもちろん、芦ノ湖《あしこ》、地獄、温泉、箱根権現など、現代にも続く名所が書き上げられているのがおもしろい。登坂は苦しくとも、山上での楽しみがあったのか、雅有は日暮れ近くまで箱根にとどまっている。

下りのことについて雅有は何も記さないが、『十六夜日記』は「いと険《さが》しき山を下る。人の足もとゞまりがたし。湯坂《ゆさか》といふなる」としている。現在の国道一号線においても箱根—湯本《ゆもと》間の急坂は有名であるが、阿仏尼の下った湯坂はこの道とも江戸時代の東海道とも異なり、さらに急な坂である。元箱根より芦《あし》ノ湯《ゆ》、鷹巣山《たかのすやま》、浅間山《せんげんやま》を経て湯本に下る尾根の道が現在でも湯坂と呼ばれている。直線距離で四キロ足らずのところであるが、標高差は六五〇メートルを超える。土木技術の制約によるのか、中世には谷川に沿った道よりも尾根づたいの道が使われることが多いが、箱根においてもそうだったのである。湯本に入る手前はことに急な下りとなるが、阿仏尼が驚いているのはこのあたりであろうか。

箱根路での阿仏尼の観察を、もう一つ紹介しておこう。

麓に早川《はやかわ》という河がある。まことに速い。木が多く流れているので、どうしたのかと問うと、「海人の藻塩木《もしおぎ》」を浦へ出すために流しているのだとのことである。

早川は箱根から現在の小田原南郊の海辺へ流れ出る川である。その河口付近の海岸でも塩焼きが行なわれていたのであろうが、燃料として必要な木は上流の箱根山で切り出され、おそらく筏《いかだ》に組んで海岸まで運ばれていたのだろう。塩業に媒介された山中と海辺のつながりを教えてくれる貴重な記述である。

鎌倉へ

駿河から関東に入るコースは箱根越えだけではなかった。三島から大きく北に進行方向をかえて竹《たけ》之下《のした》（現・駿東郡小山町）に至り、足柄峠《あしがら》を越えるコースもあった。雅有、阿仏尼、『東関紀行』の作者らは箱根越えをしているが、『海道記』の作者は足柄越えのコースをとっている。足柄峠も決して緩やかな坂ではないし、かなりの遠回りにもなるが、それでも標高差、登坂距離とも箱根に比べれば半分ほどになる。将軍の上洛のように、麗々しい旅ではこちらが使われることの方が多かったようである。

建武二年（一三三四）の暮、鎌倉で公然と後醍醐政権への叛意を示した足利尊氏に対し、政権側は新田義貞を大将とする追討軍を送り込む。このときの戦闘が箱根の坂と竹之下の二カ所で行なわれたことはよく知られているが、これは関東への入口が箱根越えと足柄越えの二つであったことに対応したものだったのである。

東海道を関東から京都へ進んだ『更級日記』の作者菅原孝標女も足柄越えをしているが、峠の相模側登り口に宿泊した夜、三人の遊女《あそび》と出会っている。年のころはそれぞれ五十、二十、十五ほどだったという。達者な歌謡を披露したあと山中の闇に消えていった三人を記した箇所は、『更級日記』の中でも最も印象深い場面である。

孝標女が遊女と出会った場所が現在のどこにあたるかははっきりしないが、『海道記』作者は峠を相模側に下りたところにある関下宿《せきもと》（現・足柄市関本）で多数の遊女を見ている。「窓ニウタフ君女《くんじょ》ハ客ヲ留《とどめ》テ夫トス。憐《あわれむ》ベシ千年ノ契《ちぎり》ヲ旅宿一夜ノ夢ニ結ビ、生涯ノタノミヲ往還諸人ノ望《のぞみ》ニカク」。一夜のふれあいに生活の糧《かて》を求めるほかない女性たちの身の上に、作者は憐憫の情を催しているのである。

建治元年、弘安三年のいずれの旅でも箱根越えを選んだ雅有は関下は通らなかったが、建治元年の旅の最後の宿泊地となる酒匂《さかわ》（現・小田原市）ではおおぜいの遊女を集め、夜通し管絃、連歌を楽しんでいる。『都の別れ』でも『春の深山路』でも、雅有の描く遊女は、常に音楽をたしなみ、連歌を詠み、酒を楽しんで元気である。身に備わった高い技芸を評価して、中世社会における遊女の地位の高さを強調する言説もあるが、『海道記』の作者のような受け止め方も中世社会自身のうちにあったのである。都にあっては東宮の鞠と古典の師範を勤め、鎌倉からも将軍の師範として帰還を求められるという地位にある雅有と、承久の乱ののち不遇に落ち、世捨て人となっているらしい『海道記』の作者とでは、同じように遊女を見ても感じるところは大きく異なっていたのであろう。

酒匂を過ぎれば鎌倉は目前である。もう難所もなく、江ノ島を望みながら浜辺の道を進めば、半月に及んだ東海道の旅もようやく終点である。由比ヶ浜に到着した『海道記』の作者は、数百艘の船が停泊し、多くの家が軒を連ねている様子を見て、都近くの大津や淀のようだと、その殷賑ぶりに驚いている。しかし『春の深山路』の雅有が見たのは大火によって焼け野原となった鎌倉だった。この年十月二十八日、鎌倉は大火に見舞われ、執権北条時宗《ときむね》邸をはじめ、多くの邸宅、寺社が焼失していたのである。雅有は都を発つ直前にこの情報に接していたが、自身の旧居も焼け落ちた現実を目の当たりにして「あらぬ世の心地」がするとまで記し、心ははやくも都へと向かっていたのである。

翌弘安四年（一二八一）六月、モンゴル軍が北九州沿岸に来襲。雅有がこの報をどこで聞いたかは明らかでないが、鎌倉に向かう前の後深草上皇との約束があり、この年の春ごろには京都に戻ったものと思われる。そして確認されるところでは、これが雅有最後の鎌倉行きであった。弘安十年（一二八七）、雅有が鞠と歌とを指南した熙仁が皇位継承し（伏見天皇）、雅有の本懐が遂げられる。正応四年（一二九一）七月に参議拝任（同年十二月辞）、永仁六年（一二九八）五月に正二位叙位、その三年後の正安三年（一三〇一）正月に六十一歳で没するまでの二十年を、雅有は京都の廷臣として過ごしたのである。

第六章　中世の交通路と宿

宿とは何か

中世の陸上交通路

飛鳥井雅有たちの紀行文を読みながら、中世東海道をとりまく景観について考えてきた。その過程でもいくつかの指摘はしてきたが、この章では、中世の陸上交通のありかたに焦点をしぼって見ていくこととしよう。

すでに見てきたように中世東海道の路面整備の未熟さは否定しがたい。干潮を待って干潟を歩いたり、川そのものを道代わりとして歩いたりする場合すらあったのである。見てきた紀行文の中で橋があったことが明記されているのは杭瀬川だけで、舟で渡ったのも長良川（墨俣川）、木曾川（足近川《あぢかがわ》、及川）、天竜川くらいであり、あとは徒歩での渡渉になる。大河でもいく筋にも分かれた浅い川が多かったから、それで用が足りたともいえるが、全般的に自然の地形に任せている部分が少なくない。

また、ルートが一つに定まっていないということも、中世の交通路の特徴である。すでに駿河から関東に入るルートには箱根越えと足柄越えの二つがあったことを紹介したが、それだけではない。

駿河の中央部、安倍川西岸の手越から江尻まで行く道は一つではなかった。『吾妻鏡』建久元年（一一九〇）の源頼朝鎌倉京都往復記事や、建武二年（一三三五）八月、足利尊氏が北条時行を討つために関東に下ったときの記録（「足利尊氏関東下向宿次日記」）では、駿河府中に宿泊しているが、『海道記』は安倍川を渡ると、「宇度浜《うどのはま》」を過ぎ、久能寺《くのうじ》に立ち寄ったのち、江尻に至っている。これは浜辺を通ったわけであり、駿河府中は通過していない。『東関紀行』や『十六夜日記』などではいずれを通ったか記されていないが、現在、有度《うど》海岸には「古宿《ふるやど》」という地名があるから、浜辺を通ったのは『海道記』の作者だけの例外だったのではないだろう。

また、ルートが変動していく場合もあった。『東関紀行』の作者は、三河の豊川宿（現・愛知県豊川市古宿《ふるじゆく》か）を通過したところ、「この道は、昔は避ける者がいないほどであったのに、このごろは急に渡津《わとうづ》の今道《いまみち》という方に旅人が多くなったので、豊川宿は人家さえよそに移されるようになってしまった」という話を耳にしている。実際、鎌倉時代の旅行記録を比較すると、豊川宿が現れるのは『東関紀行』が最後であり、以後は渡津宿（現・宝飯《ほい》郡小坂井《こざかい》町か）が使われ、さらに十五世紀になると豊川東岸の今橋《いまはし》宿（現・豊橋市）が使われている。『東関紀行』の記述からは、東海道のような幹線交通路でさえもそのルートは固定的ではなく、だれが指示するわけでもなく、並行しながらも徐々に変動していく場合があったことが知られる。すでに紹介した大井川の渡河地点が移動していったのも、同様の経過によるものだったのであろう。

江戸時代においても脇街道の存在があるのだから当然といえば当然であるが、中世においては本街道と脇街道というような関係ではなく、国家の最重要の交通路でさえも、そのルートははっきりと定められたものではなかったのである。そうした複線上、変動性が中世の陸上交通路の大きな特徴である。

中世国家の交通路政策

そうした点をみると、中世においては国家が交通路に対して及ぼした権能は微弱であるように思われる。確かに、発掘調査によってその整備されていた姿が明らかにされつつある古代の官道や、現在も各所で使われている近世の主要街道に比べれば、中世の交通路に対する国家的な整備の遅れは否定しようがないだろう。

しかし、中世国家も交通路の整備に関心を示していなかったわけではない。『東関紀行』の三河の場面には、鎌倉幕府が命じて、茫漠とした草原のなかに道しるべの柳を植えさせたことが記されている。近世の街道沿いに植えられた松や杉の並木に比べればささやかなものではあるけれど、中世の国家が交通路の維持、整備に関心を寄せていたことはうかがえる。

とはいえ、線としての交通路に対する中世国家の関与が弱体であったことは否定できず、力点は点に対するものであったというべきであろう。

鎌倉幕府の交通政策について、今なお不動の位置にある新城常三氏の『鎌倉時代の交通』によれば、鎌倉幕府は成立とほぼ同時に駅路の法を定め、幕府使節の東海道往来にあたっては、沿道の諸荘園から馬、食料、人夫などを徴発できるように令している。実際にこれらを提供したのは御家人であると考えられている。同じころから幕府はたびたび東海道沿道に宿《しゅく》を新設するよう命じている。『吾妻鏡』建久五年（一一九四）十一月八日条によれば、この時点で、宿には早馬が置かれ、大宿では八人、小宿では二人の人夫が常駐することとされていた。本書三四～三五ページの表1を見ればわかるように、十三世紀半ばには室町時代まで続く東海道の宿はほぼ出そろっている。そして弘長元年（一二六一）には宿ごとに二疋《ひき》の馬の常備が命じられている（『吾妻鏡』二月二十五日条）。

つづく室町時代の国家的な交通政策については不明な点が多いが、永和元年（一三七五）八月、大《だい》嘗《じょう》会《え》抜穂使《ぬいぼのつかい》を備中に発遣するにあたって、朝廷は沿道諸国に「駅家雑事《うまやぞうじ》」を命じていること、同年十一月、倭寇《わこう》の禁圧を求める高麗《こうらい》の使者が来日し、山陽道を東上したとき、幕府は、守護を通じて山陽道沿道の地頭御家人たちに「人夫・伝馬《てんま》・雑事」の提供を命じていること（『東寺百合文書』）、応永五年（一三九八）十二月、鎌倉府に下された幕府使節に「兵士の宿送《しゅくおくり》」をつけることが指令されていること（『佐竹文書』）、十五世紀中ごろ、段銭《たんせん》（土地に賦課する税の一種）徴収のために安芸の毛利氏領に入部した幕府の使節の往還に対し、「宿送警固人夫、伝馬」をつけるべきことが毛利氏に命じられていること（『毛利文書』）などをみると、幕府あるいは朝廷の公用のための旅行者に対しては、守護や国人たちの責任で、宿において「雑事」（食事の提供）をすることと、「宿送」を行なうことが義務づけられていたものと思われる。

「宿送」とは宿から次の宿まで、山賊から旅行者を警護するための人員をつけて安全に送り届けることで、警護の人員は「兵士」と呼ばれた（相田二郎『中世の関所』）。宿送の兵士は公用の旅行者に対してだけつけられたのではない。文明五年（一四七三）、応仁の乱を避けて奈良に滞在していた一条《いち》兼良《じょうかねよし》は美濃に旅行した帰り道、近江湖東の武佐《むさ》宿（現・近江八幡市）から水口《みなくち》宿（現・甲賀市）へ向かうにあたり、近江守護代伊庭貞隆《いばさだたか》に「打送《うちおく》り」を要請、この要請を受けて伊庭は「兵士」を出している（『藤河《ふじかわ》の記』）。要請、おそらくは礼銭をともなった要請があれば宿送の兵士は私的な旅行者にもつけられたものと思われる。

中世古文書学の泰斗相田二郎は交通史の分野でも不朽の業績を残しているが、相田は「兵士役」と呼ばれる関銭《せきせん》がしばしば見られることから、護衛を要請して礼銭を支払うことを、「兵士」の側から旅行者に要求する場合もあったことを推測している。護衛の押しつけ。となれば事実上の関銭にほかならない、という相田の指摘は至当であろう。要請を拒否した場合、護衛役となるはずだった「兵士」が山賊に豹変することは、当然あっただろう。連歌師宗長の旅行記『宗長手記』の大永四年（一五二四）四月、鈴鹿山を越える場面の記述には、「所々をくりの人出て、関々とがむるもなし」とあり、護衛料を払っていれば、関では関銭を要求されることなく通過できたという関係がよく示されている。「兵士」、関守、そして山賊は実は同一の集団だったのである。

宿はどこにあったか

このように、中世国家の交通路政策を考えるときには、宿というものが重要なポイントになる。宿については、かつては交通の要衝にいわば自然発生的に出現した集落であるようなイメージで語られることが多かったが、近年の中世史研究においては、幕府や在地領主によって意図的に取り立てられる場合のあったことが注目されるようになってきている（山本隆志「鎌倉時代の宿と馬市・馬喰」、湯浅治久「中世的「宿」の研究視角」）。文治五年（一一八九）に駿河の御家人手越家綱《てごしいえつな》が幕府に申請して建設した東海道丸子《まりこ》宿（現・静岡市駿河区）の事例が具体例としてよく引用されるが、以下では別の角度から、宿の本質について考えてみたい。

この問題を考える前提として、そもそも中世の宿とはどこにあったのかを知っておくことが必要である。鎌倉～室町時代の紀行文や各種記録の旅行記事をみると、東海道における宿泊地はだいたい決まっていたことはすでに述べたが、これらは種々の史料中でも「○○宿」という表現で出てくることが多く、宿であるとみなしていいものである。

そして注目されることに、中世の宿であったと推定される場所には現在でも「宿」、あるいは「上宿」「西宿」「新宿」など「○宿」という形の地名が残されていることが多い。表5（次ページ）は東

表5　東海道の宿と宿地名

	史料上の宿	現存する宿地名
近江	守山	守山市今宿町
	武佐	近江八幡市西宿町
	愛知川	愛知郡愛荘町中宿
	小野	彦根市小野字古宿
	柏原	米原市長久寺字宿村
美濃	赤坂	大垣市赤坂町字宿之町
	笠縫・杭瀬川	大垣市宿地
		大垣市今宿町・三塚町字西宿
	墨俣	大垣市墨俣町上宿・下宿
尾張	足近	羽島市北宿・南宿
	黒田	一宮市木曽川町黒田字北宿
	萱津	海部郡甚目寺町下萱津字宿之口・中萱津字南宿・西今宿・名古屋市中村区東宿町
	熱田	名古屋市熱田区伝馬（旧宿町）
	鳴海	名古屋市緑区鳴海字宿地
	沓掛	豊明市沓掛字宿前
三河	山中	岡崎市本宿
		豊川市八幡字上宿
	豊川	豊川市古宿町・新宿町
	渡津	宝飯郡小坂井町宿
	今橋	豊橋市花井町西宿
遠江		湖西市境宿・白須賀字宿南・宿北
	見付（今之浦）	磐田市見付宿町
	掛川	掛川市中宿
	菊川	島田市菊川字元宿
駿河		島田市横岡新田字新宿
	丸子	静岡市駿河区丸子字元宿
	瀬名河	静岡市駿河区長崎字大北宿
	入江（江尻）	静岡市清水区江尻本宿
	興津	静岡市清水区興津中宿
	由比	庵原郡由比町今宿
	田子	富士市蓼原字片宿・横割字新宿・十兵衛字新宿
伊豆	伊豆国府	三島市三島字新宿
駿河	黄瀬川	沼津市大岡木瀬川字北中宿・南中宿、駿東郡長泉町本宿
		裾野市御宿
	竹之下	駿東郡小山町竹之下字宿
相模		南足柄市駒形新宿
	懐島	平塚市中原上宿・中原下宿

図6－1　宿地名の分布

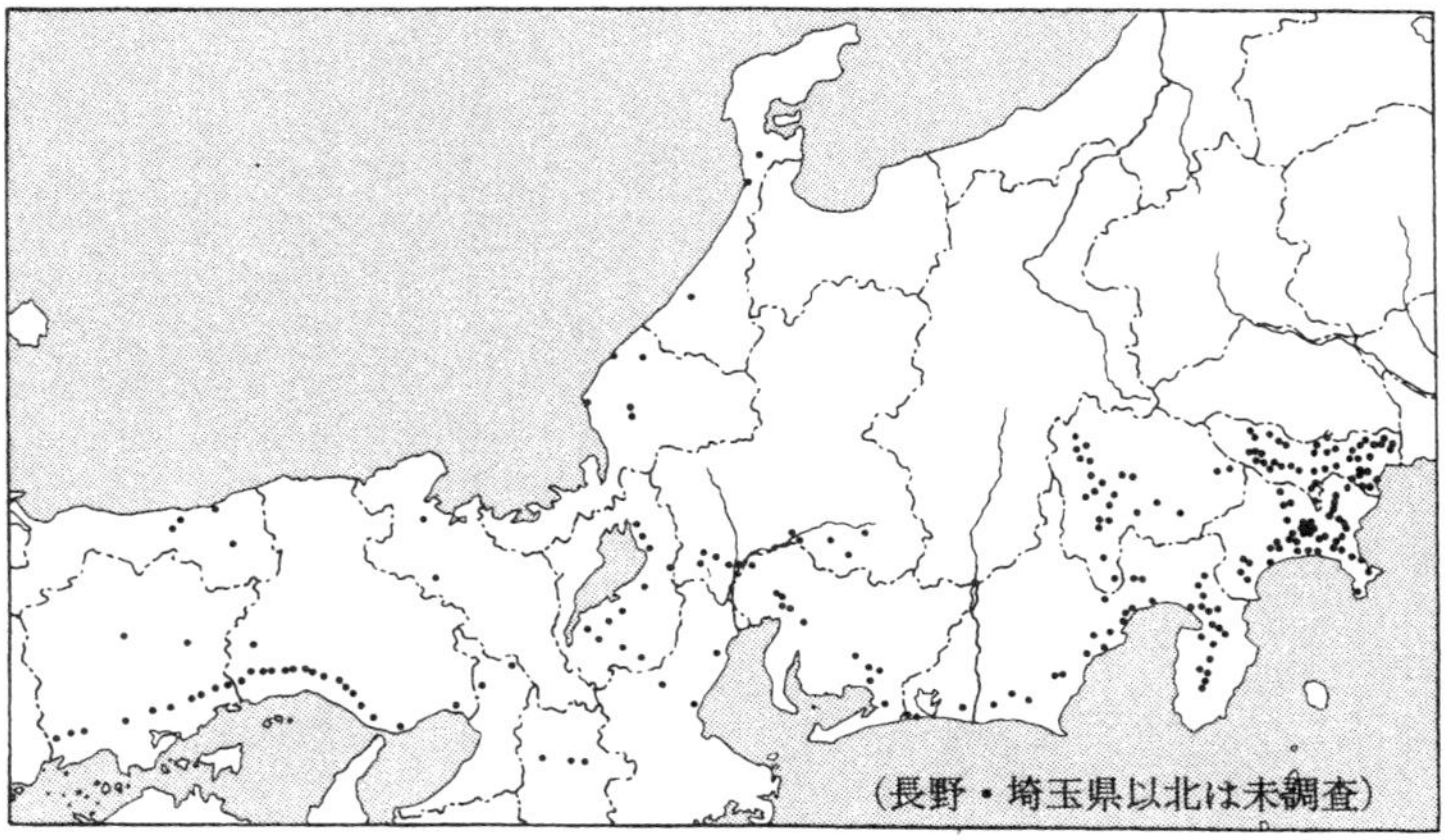

海地方で現在残っている宿地名を収集し、これを中世の史料に登場する東海道の宿と対照させたものである。宿地名の検索は各種の地図、地名辞典や関係自治体史に掲載されている小字一覧によった。

これに畿内、山陽、北陸で収集した宿地名もあわせて地図化したものが図6－1である（「北宿」「南宿」のように対になるものは、一つの点で示している）。史料上の宿周辺や主要交通路周辺だけを調べたのではなく、沿道各国の全域について調査した結果であり、小字以上のレベルでの宿地名はこれ以外に確認できない。駿河東部以東については後述するが、それを除けば、一見してわかるように宿地名は列状にきれいに並んでいる。

表5と図6－1から指摘できるのは、第一には、この地域における宿地名は東海道、山陽道、北陸道、伊勢参宮路に沿ったところにほぼ限定されており、幹線交通路に固有の地名だということである。第二には、現存する

宿地名と中世史料上に登場する宿はかなりの比率で一致している点である。東海道の場合、遠江地域での宿地名の残存がやや悪いが、よく見ると残りの悪い地域は浜名湖南部、天竜川、大井川の周辺である。明応地震による湖口の地形変化や河川の流路変更によって地名が失われたものであろう。第三に、宿地名の所在地を詳しく見ていくと、尾張足近の北宿・南宿、沓掛《くつかけ》の宿、遠江掛川の中宿のように近世東海道から離れているものや、三河渡津の宿、駿河手越の宿、黄瀬川《きせがわ》の本宿のように近世には宿になっていない場所に残っているものが少なくない。また山陽道の場合、播磨西部から備前東部にかけては、中世のルートと近世のルートが大きくずれるか、宿の地名分布列は近世の山陽道とは一致せず、文献史料で確かめられる中世の山陽道と一致している。また宿地名の所在地は発掘されている古代の駅の遺跡とは重ならない。これらのことは宿地名が中世の宿の痕跡であることを示しているだろう。

では、宿地名が中世の宿の痕跡を示しているとみなして宿の分布を概観したとき、宿というものの何が見えてくるだろうか。注目しなければならないのは、図6－1に浮かび上がってくる交通路は中世における人や物の実際の動きを反映したものではない点である。文献史料によって中世の重要な通商路として確認されている京都から琵琶湖西岸を通って若狭湾に至る道も、紀伊半島西側をまわって熊野に至る熊野参詣路もここには見えない。各地の国府や湊町を集約点とする地域流通の道もまったく姿を見せない。ここに浮かぶのは京都と鎌倉を集約点とした政治的な幹線のみである。

ここからうかがえるのは、宿とは単に人や物の動きが活潑な交通路上の要地であれば、どこにでも成立するような性格のものではなかったということである。少なくともこの地域における宿とは、京都と鎌倉を中心とした国家的な幹線上にのみ見られる、きわめて政治的、制度的な性格の濃い存在であるように見える。もちろん交通の要衝に自然発生的に生まれた町場はあるだろう。しかし、それがそのまま「宿」と呼ばれるようになったと考えるには、宿の分布はあまりにも偏っている。また各地の領主たちによって宿の建設が進められていた事実が明らかになってきているが、この偏りは、その事実によってもなお片づかないものであろう。交通の要衝に存在する町場が「宿」となるためには、国家の何らかの作用が働いていたと考えるべきではないだろうか。

では、宿とはいったい何なのだろうか。その使われ方から見てみよう。

いくさと宿

いうまでもなく宿の第一の役割は、将軍をはじめとする国家枢要の人物や、幕府や朝廷にとって必要な情報伝達を担う人物の宿泊場所である。『吾妻鏡』には頼朝の上洛記事をはじめ、藤原頼経、宗尊親王らの東海道旅行の記事が見える。その際に宿泊地や昼の休憩地とされているのはすべて宿として知られる場所である。また幕府が宿に早馬を常備するように努めていたことは、宿が情報伝達の基地として期待されていたことを示している。

しかし、宿の機能はこうした平時の役割にとどまるものではなかった。南北朝の争乱は長期にわたって全国で繰り広げられたため、合戦に関する史料が多数残されているが、それらの中に宿に関する記事が頻繁に見られる。その一端を見てみよう。

建武五年（一三三八）正月、足利尊氏から京都を奪回すべく東海道を西上していた北畠顕家は、尾張、美濃で足利軍との激闘を展開する。木曾川の流路について検討した章でも言及した戦いであるが、迎え撃つ足利軍に加わった山城の御家人松井助宗《まついすけむね》の報告には次のようにある。

奥州の前国司北畠顕家卿が攻め上ってきたので、私は足利方に属し、今年正月二十八日、美濃国の赤坂の北山と西縄手で合戦し、先駆けの軍忠をあげました。（『蠹簡集残編《とかんしゅうざんぺん》』）

赤坂（現・大垣市）は中世東海道と東山道が分岐する地点にあたる宿である。地形は助宗の報告にあるとおり、北に山、西へは東海道が伸びている。北畠軍を迎え撃つ合戦は赤坂宿を取り囲むように行なわれたのである。またこの前後の北畠軍の動きを略述した『建武三年以来記』では次のようになっている。

同（建武）五年同月（正月）廿二日、東方より飛脚来る。陸奥国司顕家勢、すでに尾張国黒田宿に責め入ると云々。

同二月三日、垂井《たるい》宿より勢州に落つ。

同廿七日、美濃国洲俣河を越えるの由、披露せしむと云々。

ここからは尾張北西部（及川の南岸）にある黒田宿や、美濃国府にほど近い垂井宿で両軍の戦闘が行なわれていたことが知られる。またこの史料には明記はされていないが、「洲俣河」の東岸に小熊《おぐま》宿、西岸に墨俣宿があったことはすでに述べたとおりであり、ここでも当然戦闘が起こっていただろう。さらに足利方の鎮西管領（九州探題）一色範氏《いっしきのりうじ》が肥前のある武士に伝えた報告には、戦闘が「下《お》津《り》・赤坂」でも行なわれたことが記されている。あとで詳しく紹介するが、下津もまた尾張にあった宿である。

このようにこの北畠・足利両軍の一連の合戦は、尾張・美濃の宿々を舞台に展開されていたのである。同様のことは東海道だけで起こっていたのではない。

右記の合戦より一年少しさかのぼる。建武三年十月、尊氏によって京都を逐われた新田義貞は北陸道を北に向かい、弟脇屋義助《わきやよしすけ》は越前の鯖並宿《さばなみ》（現・福井県南条郡南越前町）に入り、ここでこの地の武士瓜生《うりゅう》氏から兵粮や酒肴の提供を受けている。その後、義貞は金崎城《かながさきじょう》（現・敦賀市）の合戦に敗れ、瓜生氏にかくまわれることになるが、建武五年二月、脇屋義助はわずかな兵を連れて鯖江《さばえ》宿（現・鯖江市）を占領する。国府（武生《たけふ》、現・越前市）に陣する足利方の細川出羽守は三方より鯖江宿を攻撃するが攻めあぐむ。義助は鯖江宿周囲の村々の家を焼いて狼煙《のろし》をあげたところ、鯖並宿にいた南朝方の武士たちが鯖江宿に集まり、その勢いで国府を奪い取ったという（『太平記』巻十九）。ここから、鯖江宿や鯖並宿が軍勢の駐屯地であったこと、そして合戦においては争奪の的となっていたことが知られよう。

これらはほんの一例である。南北朝の内乱期において、宿が合戦の舞台や軍勢の集合地となっていたことを示す史料は枚挙にいとまがない。このように、宿とは軍事行動をささえる基地でもあったのである。

宿の起源

宿とはそもそも何であり、どのようにして誕生したものなのだろうか。地名を冠した「○○宿」という語は鎌倉時代以前の同時代史料にはほとんど見られない。史料上に「○○宿」という語が急激に増加するのは鎌倉幕府の成立後である。『吾妻鏡』や本書で使った紀行文に多く登場するようになり、南北朝期になると軍事関係をはじめとする種々の文書や日記、軍記などに頻出するようになるのである。

平安時代にさかのぼって「○○宿」という語が登場する最も古い史料は、十世紀の関東を揺るがせた平将門の乱について記した『将門記《しょうもんき》』である。この軍記には「服織之宿《はとり》」「石井之宿《いわい》」「鎌輪之宿《かまわ》」などの宿が見える。「石井之宿」「鎌輪之宿」は、将門が兵器を備え、兵を駐在させて拠点とした軍営であり、「服織之宿」は将門が襲った真壁介《まかべのすけ》の軍営である。

また、十一世紀半ばの奥羽の動乱、前九年合戦を描いた『陸奥話記《むつわき》』には「高梨宿《たかなし》」が登場するが、これも源頼義と戦う安倍貞任《あべのさだとう》の軍営のことをさしている。つまり史料上に見える最古の「宿」は、いずれも軍営として現れるのであり、しかも確認できるのはいずれも東国武士の関与する場面なのである。

都市史研究者の伊藤毅氏は『将門記』『陸奥話記』の記述に注目するとともに、常陸を中心とする東国の宿地名について興味深い指摘をしている。伊藤氏によれば、東国の宿地名は街道沿いだけではなく、街道からはずれた山城の麓に存在するものも多いという。氏は、こうした在地領主の館に付属して立地し家臣たちの集住する、集落論でいうところの麓集落にあたる宿を、交通路に沿った町場としての宿とならぶ「武家地」系の宿として類型化している。

現実の宿には両者が複合した姿のものも多いし、また軍営や館自体が幹線交通路と無関係に設けられるわけではないから、すべての宿を二つの類型に截然《せつぜん》と区別できるわけではないが、東国においては、宿という語が領主館に付属した集落をさす場合があるという指摘は重要であろう。

宿地名の分布状況を概観した図6－1を見ても、相模や武蔵南部に一端が示されているように、確かに、関東における宿地名の分布は駿河から西の地域とは大きく異なっている。そもそも宿地名の数自体が非常に多い。これはこの地域が鎌倉幕府だけでなく、後北条氏や江戸幕府による宿整備の奨励を受けた歴史によるものであろう。宿地名は中世東海道やいわゆる鎌倉往還（上道、中道、下道）など鎌倉時代に鎌倉を中心に整備された交通路、戦国時代に小田原を中心に整備された交通路、江戸時代に江戸を中心に整備された交通路に沿って分布するものが重層的に存在しているものと思われる。そのためきわめて複雑な分布状況となっているが、鎌倉を中心としたものに限ってみても、駿河以西に比べてきわめて密度が高いことは指摘できる。また細かく見ていくと幹線交通路とは関係がないと思われる地点に残るものも認められ、駿河以西の状況とは大きく異なる。先に紹介した伊藤氏の指摘は首肯されよう。

このように宿という語は、①史料上、東国で先行して登場する。②東国では麓集落をさす場合がある。③関東ではことのほか密度高く残り、戦国時代以後誕生したものも含め、東国地域との親和性を感じさせる。これらから宿の起源を大胆に推測すると、次のようになるのではないだろうか。

居住空間をさす用語としての「宿」とは、もともと東国の武士たちの間で使われていた語で、軍営のことをさしていた。鎌倉幕府の成立後、幕府の政策によって、京都—鎌倉間の東海道、対モンゴル緊張期にはそれに加えて京都—博多間の山陽道をはじめとする国家的な重要交通路が整備された（新城『鎌倉時代の交通』）が、幕府の交通路整備は路面そのものの整備、管理までには力が及ばず、重点は馬継ぎや渡渉のための拠点の整備に置かれた。この拠点には将軍をはじめとする公用の旅行者の宿泊場所としての機能はもちろん、早馬の継立場《つぎたてば》としての機能も期待された。さらには史料への実際の現れ方から見れば、幕府の派遣する軍団の宿営地としての機能も期待されたのであろう。そうした機能を果たすべき拠点の呼称として、東国では軍営をさす語として平安時代以来用いられていた「宿」という名称が選ばれたのではないか。それによって「宿」は急速に全国に広まっていったのではないか。

もちろん実際の宿は、渡河地点や交通路の交差地点に設けられていて、市が立つことも多く、流通の拠点としての性格をあわせもっている。社会における宿の役割を理解するためには、そうした面に目を向けなければならないことはいうまでもない。けれども、東国を越えて広がる「宿」とは人や物の動きの活潑化や、それを受け止めた在地の諸勢力による設立努力によってのみ成立するものではなく、鎌倉幕府の軍事政策、情報伝達政策にのっとって創出された、国家的な制度なのだという点を強調しておきたい。

宿の施設

宿の厩と倉

宿泊や情報伝達の基地としての役割を果たすために、宿にはどのような施設が備わっていたのだろうか。当然であるが第一は、幕府法令によって定められている馬と人夫である。馬については山本隆志氏が注目し、金沢《かねざわ》文庫所蔵「武蔵国鶴見絵図」（鎌倉時代）に描かれた鶴見宿周辺の観察から、宿には馬が常備され、博労がいた可能性を指摘している。また時代は室町時代中ごろになるが、長禄三年（一四五九）に京都から伊勢に参詣した東福寺の禅僧太極《たいぎょく》は、帰路、足の疲労に堪えかねて、近江水口宿で馬を賃借し、草津宿で返している。これは私的な旅であり、宿に常備された馬が一般の旅行者にも賃貸されていたことがうかがえる事例である。『春の深山路』には、飛鳥井雅有が馬に乗って旅をしていたことがわかる場面が何カ所かある。この馬がどこで調達されたものかは記述がないが、宿で借用したものだったのではないだろうか。

次に注目しなければならないのは、倉の存在である。室町時代の山陽道での話になるが、次のような事例がある。

応永三十四年（一四二七）九月、播磨守護で幕閣の枢要でもあった赤松義則《あかまつよしのり》が死去、家督はその子満祐《みつすけ》が嗣いだが、満祐は室町幕府四代将軍足利義持の覚えが悪く、守護職の継承は認められなかった。不満をいだいた満祐は、十月二十六日、京都の自邸を焼き払って播磨に下り、赤穂郡の白旗城（現・兵庫県赤穂郡上郡町《かみごおり》）に籠城した。当然、幕府では追討軍の派遣が議せられ、一気に緊張が高まる。そうした政情のなかで、播磨では何が起きていたのか。同国西部にある矢野庄《やののしょう》（現・相生市）という京都東寺領荘園の、この年の会計帳簿には次のような意味の書込みがなされている。

百五十文　十一月二日、守護所のある坂本（現・姫路市）に行き、命じられた兵粮米の免除を申し入れた。しかし、このたびは寺社や公家の荘園の年貢はことごとく兵粮米とすることになったので免除できないとのことだった。そのまま帰ってきたが、坂本までの道中の経費として。

二升八合　白幡《しらはた》（白旗）城より、山里《やまのさと》の倉の兵粮米を運ぶための人夫を懸けられた。その催促使節八人のための食糧として。

三斗　十一月十日、山里の倉の兵粮米を白幡城へ運ぶための人夫六十人を懸けられた。その人夫たちの食糧として。

（『東寺百合文書』）

矢野庄が支出した米銭の使途についての書き込みである。短文であるが、応永三十四年に播磨で何が起きていたか、およその想像はつこう。白旗城に籠城した満祐は、合戦に備えて国中の荘園から、本来は寺社や公家に納められるべき年貢を兵粮米として徴発したのである。米はいったん「山里の倉」に集められ、その後、やはり国内から徴発された人夫によって白旗城に運び込まれたのであろう。満祐が京都を退去してから半月の間にそれだけのことがなされていたのである。播磨現地の緊迫ぶりが推察されるが、ここで注目しておきたいのは、兵粮米の集約場所となった「山里の倉」である。山里（現・上郡町山野里《やまのさと》）は山陽道の宿であり、白旗城への入口にあたる。ここには緊急の兵粮米の蓄積に対応することのできる倉が設けられていたことが、この会計帳簿から知られよう。山里には、貞治二年（一三六三）、享徳三年（一四五四）にも赤松氏の軍営が置かれているから、緊急時だけでなく、ふだんでも一定量の兵粮米は備蓄されていたものと思われる。

同じ山陽道では、ほかにも播磨弘山《ひろやま》宿（現・たつの市）、備中川辺《かわべ》宿（現・岡山県倉敷市）に倉があり、米銭が蓄えられていたことが確認できる。また第四章でふれたように、東海道では遠江引間宿（現・浜松市）に倉があって、金融業を営んでいたことが知られている。宿の立地や規模、また時代にもよるだろうが、しばしば宿が軍団の駐屯地として使われていたことの理由の一つには、この倉の存在があったのではないだろうか。

宿の町並み

宿に何があったか、絵図の力を借りてみよう。中世の宿を描いた数少ない絵図として著名なのは「尾張国富田庄《とだのしょう》絵図」（円覚寺《えんがくじ》蔵）である。この絵図は鎌倉円覚寺領の富田庄の荘域を描いた鎌倉時代の絵図であるが、絵図の右上方角に東海道と萱津宿が描かれている。

拡大図（図6―2、次ページ）を見てみよう。「萱津宿」と書かれた道の両側に六つの区画があり、それぞれの区画の内部に建造物が描かれている。道の西側の区画には、南から「大御堂」「光明寺《こうみょうじ》」「千手寺」「円聖寺」と書かれている。宿の中に多数の寺院が並んでいたことが知られよう。これら寺院はいずれも中央に二階建ての建物が描かれているのに対し、東側の区画に見える建造物はすべて平屋であり、こちら側の区画は旅館ではないかという意見もある。

図6―3（一八四ページ）は萱津地区の現況図で、小字も示している。光明寺は現在もある時宗寺院であるが、萱津を貫く道路からやや奥まった位置にあるところなど、絵図での描かれ方とそっくりである。そのほか現在でも寺院が多いが、さらに小字を見ると「法慶寺」「定投寺」など、絵図には登場しない寺院に関するものもあり、時代による変化は受けつつも、多くの寺院があった場所だったことを推測させる。また「宿之口」という小字もあり、萱津宿のおよその範囲が知られる。中世東海道はこのあたりで東に折れて五条川を渡ったものと思われる。

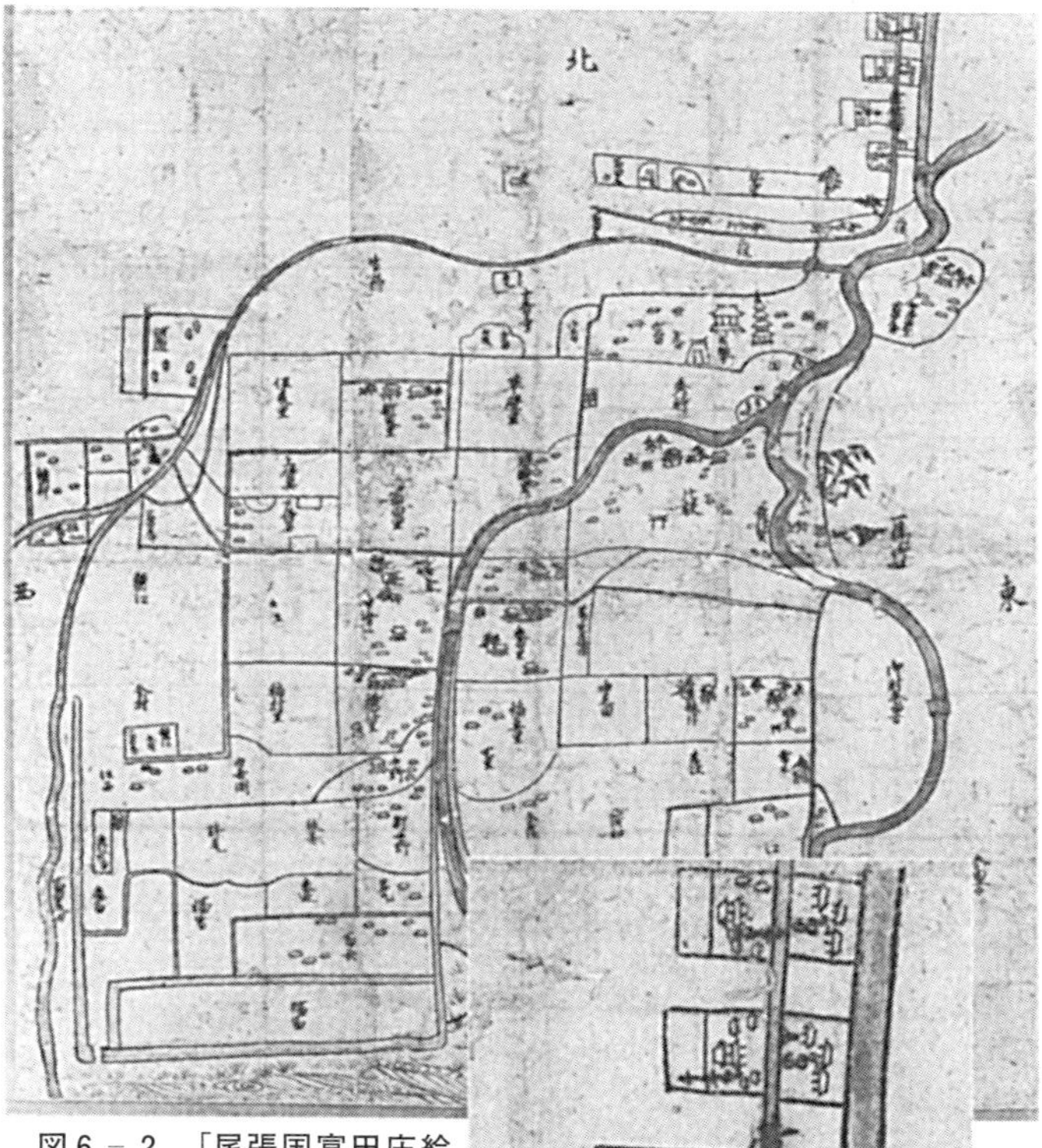

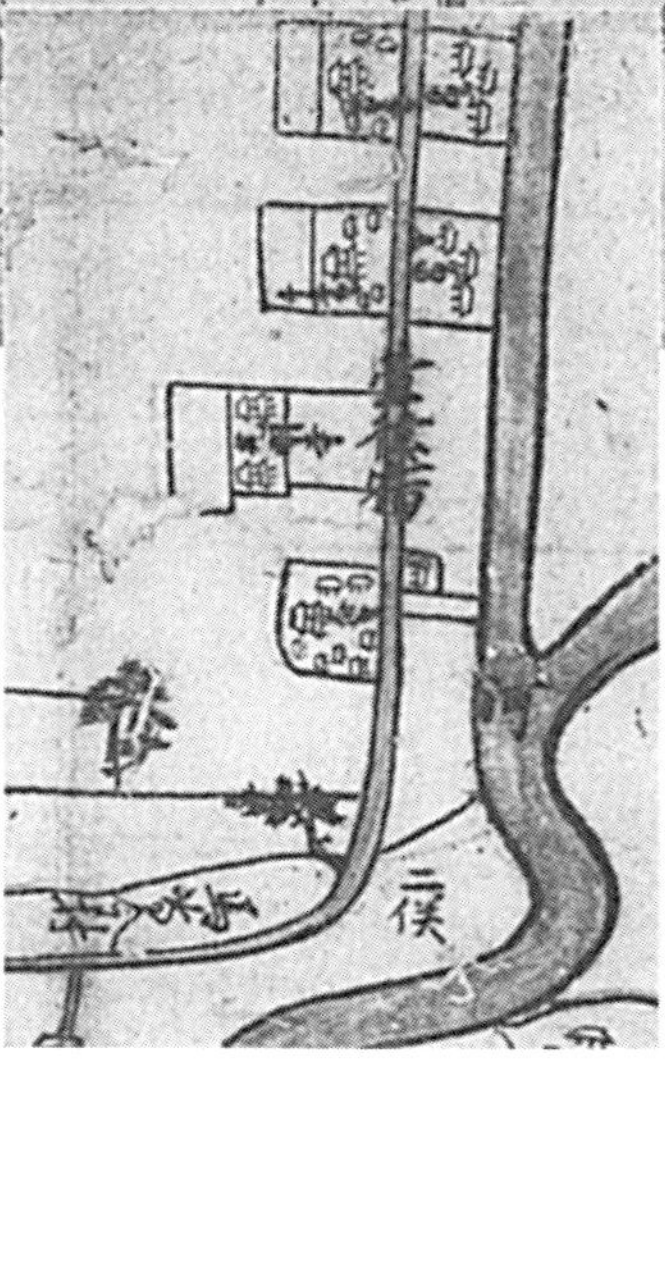

図6－2　「尾張国富田庄絵図」（円覚寺蔵）　右は萱津宿の部分の拡大図で、萱津宿と書かれた文字の左側に光明寺、その上に千手寺、円聖寺と読める。

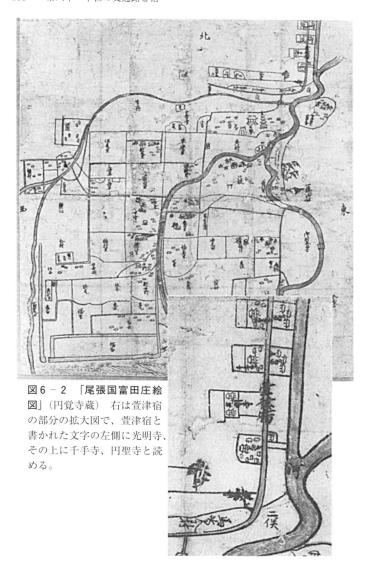

図6－3　萱津の小字

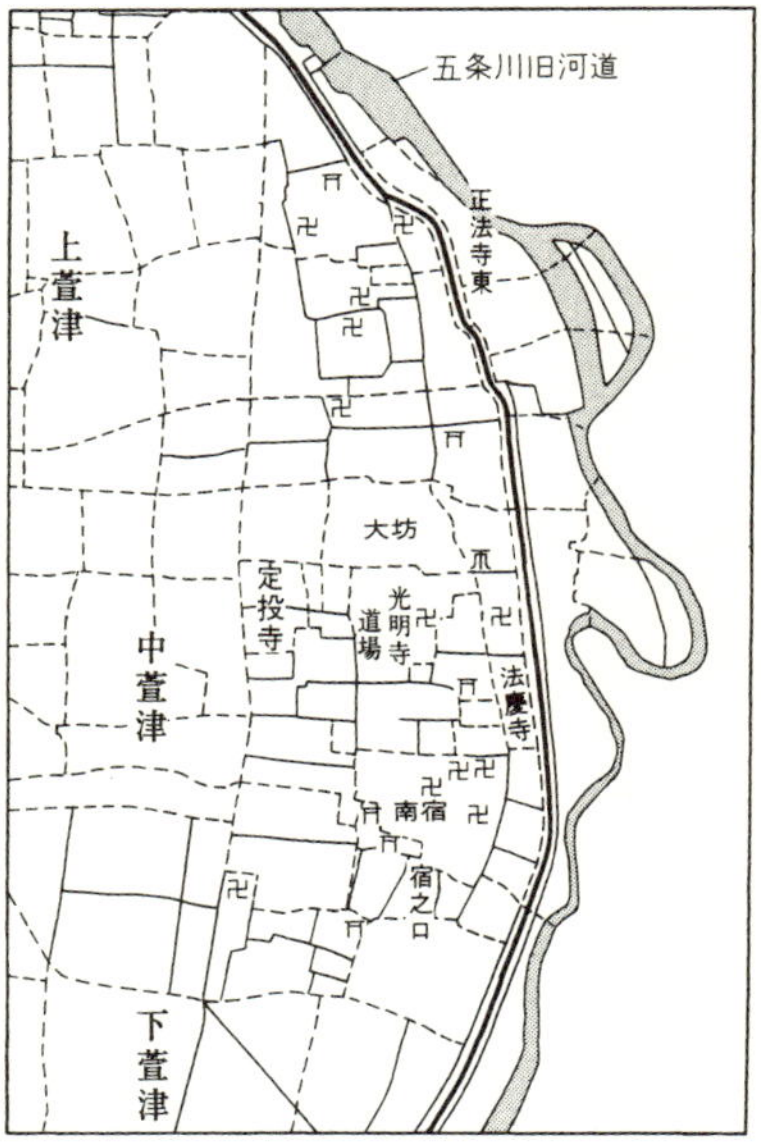

五条川およびそれと並流する新川、庄内川を渡った先にある地名は、「宿跡」「東宿」である。『東関紀行』には「萱津の東宿」を通過する場面があり、ちょうど市が立つ日だということで、人々が大声を響かせている様子や、土産を手に立ち歩いている様子が描かれているが、この場所こそが「萱津の東宿」であろう。三つの川をはさんで、両岸に萱津宿と萱津東宿があったのであろう。

さて萱津の小字図は、中世東海道の宿として賑わったころの萱津を想起させるものである。地域に残された小地名が近世以前にさかのぼる、その土地の使われ方を物語っていることは多く、中世の景観を推定するのに威力を発揮することは多い。そこで、次に萱津宿の北にあった下津《おりづ》宿の小字を見てみよう（図6－4）。

下津宿も『吾妻鏡』をはじめとする多くの中世史料に見える宿であるが、その内部の景観について記した絵図や文献はない。しかし図6－4を見るとおぼろげながら下津宿の様子が浮かんでくる。図

図6－4　下津の小字

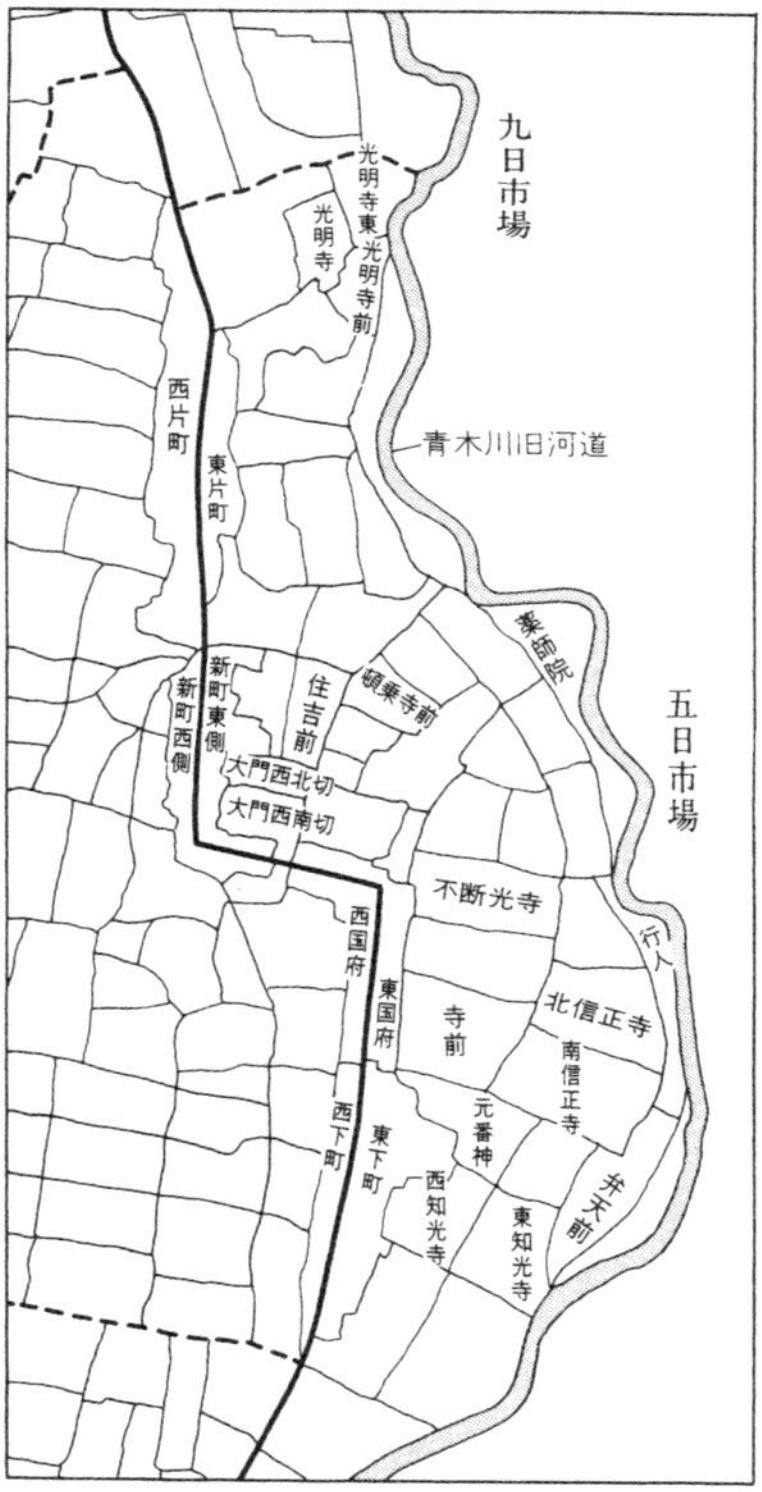

を見てまず目につくのは、二つの屈曲点をもって下津地区を南北に貫く直線的な字界線、およびその両側の字である。直線的な字界線は江戸時代初期に開かれた岐阜街道であり、現在の下津集落はこれに沿って展開している。現地の景観は街道筋のたたずまいを感じさせるものではあるが、周囲の字を断ち切るような形状の字界は、この道筋の新しさを示している。おそらく岐阜街道開設以前にさかのぼるのではないだろう。

この字図の中に中世の残滓を求めようとするとき注目されるのは、岐阜街道沿いの集落の東裏に認められる南北に断続する字界線である。完全に一本につながった線ではないが、その両側の字の名を見ると、北から「光明寺」「頓乗寺前」「薬師院」「不断光寺」「寺前」「信正寺」「行人」「元番神」「知光寺」「弁天前」と寺社にちなんだ地名がやたら多い。これらの字名の地区は、現在、大半が畑となっているが、天保六年（一八三五）の絵図を見てもやはり畑とされている。また現在、岐阜街道に沿った西片町にある頓乗寺は、小字「頓乗寺前」あたりから移ってきたものだとされている。したがって、小字として残る寺社名は、少なくとも江戸中期以前、おそらくは岐阜街道が開かれる以前の下津にあった寺社の痕跡である可能性が高い。

また、寺社由来の小字が並ぶ地区のすぐ東には青木川が流れ、この川をはさんだ対岸には九日市場と五日市場の集落がある。無住《むじゅう》の『沙石集《しゃせきしゅう》』には鎌倉時代の下津で市が開かれていたことが記されているが、多数の寺院が並び、市が開かれる景観は、先に見た萱津宿ときわめてよく似たものである。この青木川沿いの地区が中世の下津宿の故地であったことは、ほぼまちがいないのではないだろうか。

宿の寺

萱津宿、下津宿の例から浮かぶ中世の宿の町並みは寺の立ち並ぶ情景である。なぜ宿には寺が多いのだろうか。宿における寺の機能はどのようなものなのだろうか。これまで述べてきた宿の機能、すなわち権力者の行列の宿泊地や軍勢の駐屯地であったという宿の役割からすれば、寺の大規模な堂舎や広い境内地が行列が軍勢の宿泊場所として活用されただろうことは容易に推察されよう。権力者の旅行において、寺が宿泊場所として利用されていたことは常識に属することかもしれないが、中世の史料によって確認しておこう。

第四章の末尾で使った『為広越後下向日記』は延徳三年（一四九一）三月の細川政元の旅に随行した冷泉為広の旅日記であるが、これによれば政元ら一行は、京都から越後府中に達するまで、途中一五泊しているが、そのうち十一カ所では寺院に宿泊している。旅中の宿泊場所としての寺の重要性はこの史料によるだけでも明らかであろう。そしてさまざまな旅行記録を読み比べていくと、宿泊地となる寺院はある共通性をもっていることに気がつく。

室町幕府の足利義持は年に二度、多い年には三度も伊勢に参詣しており、それに随行した公家たちの紀行文がいくつか残されている。それらによると、義持一行は途次で近江の水口と伊勢の安濃津に宿泊するのを慣例としていた。応永二十五年（一四一八）秋の参詣に随行した歌人子晋明魏《ししんみょうぎ》（耕雲《こううん》、花山院長親《かざんいんながちか》）の旅行記『耕雲紀行』を見ると、往路の記事に次のようにある。

その夜はあの、津につきぬ。念仏の導場にやどる。こゝはこの国のうちの一都会にて、封疆《ほうきょう》もひろく、家のかずもおほくて、いとみどころあり。当国の守護土岐《とき》の世やすとかや、御まうけなどいとなむ。

これによると、耕雲は安濃津では「念仏の導場」に宿泊しているが、そこで守護土岐（世安《よやす》）康政《やすまさ》による饗応が行なわれているところをみると、「念仏の導場」には義持本人も宿泊していたと考えられる。そして復路の記事には次のようにある。

こよひもありしあの、津の導場にやどる。近習伊勢守、ちかき程にとまりて、きたりとぶらふ。

義持一行は帰途も安濃津に一泊しているが、近習の伊勢守（伊勢貞経）がわざわざ「導場」まで挨拶に来ているのは、そこに義持が宿泊していたからであろう。耕雲は義持お気に入りの歌人として「導場」に同宿していたのであろうが、近習たちは別の施設（旅館）に宿泊していたことがわかる。また応永三十一年（一四二四）の義持の伊勢参詣に随行した飛鳥井雅縁《まさより》（雅有の曽孫）の『室町殿伊勢参宮記』の往路の記事にも、「暮ぬればあの、つにつきぬ。まづ御宿坊へまいりて、しばらくありてまかりいづる」とあり、義持が「御宿坊」――おそらく「念仏の導場」と同じであろう――に宿泊していたこと、同記の作者は別の施設に宿泊していたことがわかる。これらの事例から、安濃津の「念仏の道場」が将軍およびその限定された側近たちに専用の宿泊所として使われていたことが推測されよう。

ここに見える「念仏の導場」とは時宗の道場のことであろうが、これに関連して想起されるのは、萱津宿の絵図である。図に見える寺のなかでもひときわ大きく描かれた光明寺もまた時宗寺院である。また下津宿の頓乗寺は、現在は曹洞宗であるが、南北朝時代に開かれた当初は時宗であったという。そして将軍足利義満が富士見物のために東海道を下ったときには、下津宿の頓乗寺に宿泊したという伝承が残されている（『新修稲沢市史　研究編五』）。さらに時代は下るが、永正九年（一五一二）に駿河に下った公家冷泉為広は、遠江の見付宿では長光寺という時宗の道場に宿泊している（『為広駿州下向日記』)。時宗寺院が高級な宿泊施設として用いられていたことが推察されよう。

時宗寺院とともに注目されるのは、律宗寺院である。足利義教の永享四年（一四三二）富士見物のとき、駿河守護今川範政《いまがわのりまさ》は昼の休憩所として広転寺という律院を用意している。これは義満の富士見物のときの例に倣ったものであったという（『満済准后日記《まんさいじゅごうにっき》』)。また文明五年（一四七三）五月、京都の戦乱をのがれて美濃に下った関白一条兼良は、美濃垂井宿では民安寺という律院に宿泊しているが、ここには文和二年（一三五三）にも、南朝軍に京都を逐われて美濃に下ってきた後光厳天皇が宿泊していたという（『藤河の記』)。

時宗というと宗祖一遍《いっぺん》のイメージから遍歴する反体制派との印象があるが、二祖真教《しんきょう》以後は、陣僧（戦死者を弔う僧）としての活動などを通じて、武家とのつながりが強くなっていた。定住性も高まるが、そもそもが諸国を遊行《ゆぎょう》することをその宗教活動の軸としているので、交通路上の各所には拠点となる道場が設けられていたのである。また律宗では、鎌倉中期に叡尊が現れて以来、鎌倉幕府と結びつき、橋や渡し舟など、交通にかかわる施設を維持するための活動を行なっていた。こうした宗派の寺院が宿泊施設として使われたことも納得されよう。さらに調査すべき課題ではあるが、時宗や律宗を中心とした寺院が中世的な本陣としての役割を果たしていたのではないだろうか。

宿の長者

宿の長者

以上で見てきたような宿は、だれによって管理・維持されていたのだろうか。これについては、多くの研究者が宿の長者と呼ばれる者たちの存在に注目している。次に掲げるのは、中世東海道を扱った研究書でしばしば言及される話である。

『平治物語』には、平治の乱（一一五九年）で平清盛に敗れた源義朝が美濃の青墓宿《あおはか》（現・大垣市）まで落ちてきた場面が描かれている。それによれば、青墓宿の長者大炊《おおい》は自身が「遊君」であるだけでなく、いく人もの「遊君共《ども》」を従えており、また女《むすめ》は義朝の妻の一人であったという。そして義朝は大炊の弟玄光《げんこう》の操る小舟で杭瀬川を下って知多半島南端部の内海《うつみ》（現・知多郡南知多町）まで逃れたとされる。『吾妻鏡』建久元年（一一九〇）十月二十九日条では大炊自身が義朝の妻となっていて、若干『平治物語』と食い違う点もあるが、大炊の姉妹は義朝の父為義の「最後の妾」であること、彼女らは内記大夫行遠の女で、兄弟に平太政遠、平三真遠がいたことが記されている。

この事例から、宿の長者とは常に女性であったかのような説明を施している書もまま見られるが、あとで述べるように宿の長者が女性であるとは限らない。むしろこの事例から学ぶべきなのは、大炊の父や兄弟たちが、その名前からして武士的な存在であると想像されることや、河川交通と関わりをもっていたらしいことであろう（高橋修「中世前期の在地領主と「町場」」）。

また、駿河の興津宿には、南北朝時代の初めのころ、「興津宿長者」と呼ばれる興津氏がいたことが知られている。湯之上隆氏によれば、興津氏は、承久の乱では鎌倉御家人として北条氏に従って京都に攻め上り、建治元年（一二七五）の京都六条八幡宮造営では、鎌倉御家人に賦課《ふか》された造営料を負担していた。その所領は興津宿だけでなく駿河、遠江に広く点在し、室町時代には今川氏から所領の安堵を受けていた。戦国時代には今川氏から興津郷や遠江浜野浦の舟にかけられる役負担を減免され、さらに興津近くの交通の難所薩埵山《さつたやま》の関所や、甲斐に通じる関所二カ所をも所領としていた。また、現在ＪＲ興津駅の北には「古御館《ふるみかた》」という地名があり、ここが興津氏の居館跡と考えられている（湯之上『三つの東海道』）。つまり、興津氏は海陸の交通拠点と交通手段を手中におさめた武士だったのである。

こうした宿の長者的な武士たちは、どの宿にもいたであろう。そして相互のネットワークももっていたと考えられている。湯之上氏は、興津氏が藤原氏南家流二階堂氏の系統であることとともに、江尻津を支配した入江氏、岡部宿を支配した岡部氏ら、東海道沿道に所領をもった武士たちも同族であることを明らかにしている。駿河、遠江地域の東海道の宿々の長者たちは血縁によるネットワークで結ばれていたのである。

本章の冒頭で述べたように、中世の陸上交通路にあっては路面の整備は十分ではなく、ルートですら流動的な面があった。交通路の掌握といった場合、宿という交通の拠点を掌握することが何よりも重要になるが、円滑な交通を成り立たせるためには、宿と宿の間の連携が不可欠である。たとえばある宿から別の宿まで宿送がなされたとして、次の宿送に確実に引き継ぐにはどうするのか。また、ある宿で馬が貸し出され、いくつか先の宿で別の馬に乗り換えられたとすると、元の馬はどうやって貸し主に返されるのか。こうした場合、宿と宿の連絡や提携なくして円滑に事を運ぶことはできないだろう。また飛鳥井雅有の『仏道の記』には、雅有が萱津宿に到着した日、顔に見覚えのある「あま」(尼か)が、「墨俣川は大水で渡れないぞ」と走りながら知らせてまわっていたことが記されている。宿泊者たちはこの情報を参考に、先に進むべきか、萱津にしばらくとどまるべきかを判断したのであろう。旅の便宜を図るためには、こうした道路情報を宿から宿へと迅速に伝達するシステムも必要だったであろう。

そのようなことを考えれば、駿河、遠江の宿々が同族関係にある長者たちによって支配されていたことは非常に興味深い。宿の長者たちの交通路掌握は、彼ら相互の人的ネットワークによって実現していたのであろう。国家の交通路政策においてはこの点がポイントになる。湯之上氏が明らかにしたとおり、興津氏は鎌倉幕府の御家人に組み込まれていたし、入江氏や岡部氏も同様であった。幕府は彼らを御家人として編成することによって、東海道交通の掌握を図ったのである。東海地方における御家人制とは宿の長者の編成を意味する、とすら評されるゆえんである（高橋典幸「鎌倉幕府の成立と東海御家人」）。

宿の長者と寺院

先に述べたように中世東海道の宿は多くの寺院が立ち並ぶ場であった。寺院は宿泊場所となることもあれば、軍勢の駐屯地となることもあっただろう。東海道を国家的な幹道たらしめるためには寺院の存在が不可欠であったというべきだろう。ではこうした寺院と宿の長者の関係はどのようになっていたのだろうか。それを直接に示す史料は乏しいが、手がかりはいくつかある。

第一の手がかりは興津宿である。興津宿のすぐ西、清見潟を見下ろす場所にある清見寺《せいけんじ》の創建は七世紀にさかのぼるといわれ、清見関と深い関わりをもっていたと考えられている。しかし平安末期には衰退し、鎌倉中期、京都東福寺の開山として知られる円爾弁円《えんにべんねん》の弟子無伝聖禅《むでんしようぜん》（関聖《かんしよう》上人）によって再興された。このとき檀越《だんおつ》として再興に協力したのが、興津氏の一族の浄見長者だとされる。再興された清見寺は室町時代に再び衰退したが、それを三たび復興させたのは今川義元に重用された太《たい》原崇孚《げんそうふ》である。太原もまた興津氏出身の女性を母としていた。

第二の手がかりは萱津宿である。『一遍上人絵伝』には次のような話が載っている。

弘安六年（一二八三）、時宗の祖一遍は甚目寺《じもくじ》で七日間の断食行法を始めた。結願《けちがん》日が近づき、さすがに衰えが見え始めたところ、萱津宿の徳人《とくにん》（富裕者）の夢に毘沙門天《びしやもんてん》が現れ、一遍への供養（食の提供）を命じた。翌朝、徳人が一遍のもとを訪れて供養を行なっている最中、風に吹かれて内陣の帳《とばり》があき、見ると昨夜の夢に現れた毘沙門天が鎮座していた……。

甚目寺は東海道からややはずれ、宿の寺というわけではないが、宿の富裕者が時宗の徒に援助を与えていたことは確実である。萱津宿の光明寺、下津宿の頓乗寺、見付の長光寺、安濃津の道場などが、宿の長者のような富裕者の助力を得て維持されていたことは十分に推測されるだろう。

第三の手がかりは室町時代の山陽道での事例である。「宿の長者」という用語は南北朝時代を過ぎると史料上にあまり見られなくなるが、その後裔にあたる存在が室町時代になっても健在であったこと、また時宗道場と関係があったことを明示する事例なので紹介しておこう。

播磨西部、矢野庄内に中世山陽道の二木《ふたつぎ》宿があった。この宿で長者としての地位を築いていたのは小河《おがわ》氏である。小河氏は本来は交通・運輸に携わっていた武士であると見られるが、それによってなした財を元手に荘民対象の金融、守護から人夫徴発があった場合の減員交渉や必要人員の雇用、荘園領主に対する年貢の代納など多様な活動を行なっていた。そんな小河氏が永享元年（一四二九）に行なったのが遊行上人（時宗の僧）による勧進の保護であった。勧進とは寺社の堂舎、仏像、鐘などを作ったり修理したりするときに行なわれる寄附集めのことで、中世社会においてはごく一般的に行なわれていた行為である。寄附を行なえば宗教的な功徳を積むことになるので、勧進を求められれば貴賤を問わず、これに応じる者が多かった。二木宿には時宗の道場があり、京都から荘園領主の使が下ってきたときには宿泊所として利用されていたことが確認できるが、おそらくその道場を維持するための費用を調達するためであろう、遊行上人は米銭の寄附を募る活動を始めたのである。「遊行上人の勧進だ」という小河氏からの要請を受けて、矢野庄では米二斗五升を寄附しており、この遊行上人の勧進が小河氏の強い援助によって実施されていたことがわかる（『東寺百合文書』）。

これらの手がかりから、宿の寺が宿の長者たちの援助によって維持されていた様子がうかがえよう。いや、宿の長者自身が大規模な宿泊施設を経営していたのではない点に注目するならば、大規模な宿泊施設を建設し維持するためには、地域社会に対して権力的な影響力を有する宿の長者と、勧進という名によって資金を調達する力のある宗教者の協業関係が必要だった、といった方が事実に近いのではあるまいか。宿の長者と宗教者の協業関係を前提に成り立っていた点に、中世の宿の大きな特徴があるのかもしれない。

大旅館の出現

こうした宿泊施設としての寺が存在する一方で、宿では旅館も営業していた。飛鳥井雅有や阿仏尼、『海道記』や『東関紀行』の作者たちが宿泊したのは通常の旅館であろう。鎌倉時代の旅館がどのくらいの規模で、酒飯以外にどのようなサービスを提供していたのかについてはほとんど知ることはできないが、南北朝時代以後になると、奈良、山陽道、伊勢参詣路などの宿では「○○屋」という屋号をもつ旅館が営業しており、宿泊のほか、昼食の提供、馬の貸し出し、遊女による接客などのサービスが提供されていたことは多くの史料が語るところである（榎原ほか『村の戦争と平和』）。
そして室町中期以後になると、単に交通路上の宿泊施設にとどまらない活動を示す旅館も登場してくる。興福寺大乗院門跡尋尊の日記『大乗院寺社雑事記』の延徳二年（一四九〇）十二月四日条には次のような記事が見える。

数年前、奈良西御門《にしみかど》の住人宇治次郎が運搬中の荷を馬ごと京都—奈良間の宇治で奪われるという事件があった。馬は宇治の宿屋扇屋の馬だったという。この事件に関連して、先月、宇治次郎の主人で、興福寺の衆徒《しゆと》でもある超昇寺《ちようしようじ》は、扇屋を捕らえて宇治次郎ともども拘禁した。すると、先月末、その報復として、京都から奈良に帰る途中の興福寺の僧が宇治で拘禁されてしまった。

荷を奪われたはずの宇治次郎が扇屋とともに拘禁されたのは、宇治次郎と扇屋が結託して荷をかすめ取ったとの嫌疑をかけられたからであろう。宇治次郎は京都と奈良の間の運輸に従事していた馬《ば》借《しやく》であろうが、注目されるのは、馬借の使う馬が宇治の旅館から提供されたものだった点である。旅館とはただ旅行者に宿泊場所や食事を提供するだけの存在ではなく、馬を所有している利点を生かし、馬借を仕切るような活動もしていたのである。

また、室町中期の下級貴族中原康富《なかはらやすとみ》の日記『康富記』の宝徳元年（一四四九）二月二十日条には奈《な》島《しま》宿（現・京都府城陽市）の旅館についての記述がある。奈島宿とは京都と奈良のちょうど中間に位置する宿であるが、ここに魚屋という旅館があった。康富によれば、この魚屋の亭主孫三郎は、「奈島や木津あたりにある大炊寮惣持院《そうじいん》領の年貢米を請け取って、大膳職《だいぜんしき》に渡している人物」だった。京都近郊の土地所有関係は複雑で、一つの所領といってもまとまって存在しているのではなく、あちこちに点在している型の所領が多かったのであるが、魚屋は南山城に点在している、大炊寮という朝廷の役所のもつ所領の年貢をとりまとめていたのである。こうした活動は馬という交通手段や手足となる労働力、近隣の同業者とのネットワークなどを背景にして初めて可能だったであろう。

こうした多角的な活動を展開する旅館は、建造物としても大規模なものを構えていたであろう。時代はさらに下るが、『多聞院日記《たもんいんにっき》』天文十一年（一五四二）十一月十五日条には、十二代将軍足利義晴《よしはる》の代参として春日社に参詣した伊勢貞孝《いせさだたか》が、奈良転害大路《てがいおおじ》の腹巻屋《はらまきや》に三〇〇～四〇〇人をつれて宿泊したとの記事が見える。転害大路は東大寺のすぐ西に接し、京都方面から奈良に入ってきたときの入口にあたる。鎌倉時代以来多くの旅館が立ち並んで転害宿、手掻《てがい》宿などと表記されているが、戦国時代には数百人を収容できる大規模な旅館があったのである。また、天文二十二年（一五五三）、吉野への旅の途上、やはり転害大路あたりに宿泊した公家、三条西公条《さんじょうにしきんえだ》の紀行文『吉野詣記《よしのもうでのき》』には「この宿りたる家、主のよしある人にて、二階を新しくつくり、簾《すだれ》あおやかにかけわたし」と記しているから、二階建ての旅館があったことも知られる。

戦国時代になると、こうした旅館のなかには大名の支配拠点として利用されるものもあった。十六世紀の初めごろ、摂津の西宮宿《にしのみや》（現・兵庫県西宮市）には橘屋という旅館があり、永正元年（一五〇四）

には有馬温泉に向かう途中の尋尊も泊まっているが、この旅館は天文十二年（一五四三）ごろ、この地域を支配する池田氏が領内から段銭を徴収する際の受け取り場所となっていた（『久代《くしろ》村古記録』）。自前の在地支配の拠点をもたない池田氏は旅館を利用して、これを領国支配の拠点に代えていたものと考えられる。

こうした旅館の経営者たちが展開する多様な活動は、単なる宿泊施設のそれを越えるものである。まさに鎌倉時代に宿の長者と呼ばれていた者たちの後裔としての姿であろう。いや、宿の長者の活動をも越え、中世の末近くになると、彼らのなかには宗教者との協業を経ることなく、自分自身の手で大規模な宿泊施設を経営するような者も登場していたのである。旅の歴史における中世の終焉、そして近世の幕開けといえよう。

終章　中世東海道の終焉

戦国時代の東海紀行

『更級日記』の時代以来、東海道は京都より近江、美濃、尾張、三河、遠江、駿河を経、伊豆北部をかすめたのちに相模の鎌倉に至る道であった。鎌倉幕府開設後の比較的早い時期に宿《しゅく》が定められ、若干のルートの変動や宿の興亡をともないつつも、およその経路や宿の位置は安定した状態で十三、十四、十五の三つの世紀が過ぎていった。しかし応仁の乱も終わり、十六世紀に入ると、京都と東国をつなぐルートは多様化の様相を呈するようになる。表6はルートの詳細がわかるものを一覧したものである（用字は史料中の表記を基本としたが、仮名のものは適宜漢字とした）。伊勢湾の周辺部分を地図で示せば図7－1のとおりである（表、図ともに二〇〇～二〇一ページ）。

表6に掲げた旅行記のうち、Hは知名度が落ちるかもしれないが、備前の熱心な法華《ほっけ》信者として知られる松田氏の臣大村家盛《おおむらいえもり》の日蓮霊地巡礼記である。備前から京都までの部分は省略した。そのほかは『群書類従』『日本紀行文集成』などに収録されているし、作者は戦国時代の文化人として著名な人物ばかりであるので個々の紹介は省くが、あらためて並べてみると中世末期の東海道交通を考える

図７－１　戦国時代の東海紀行路

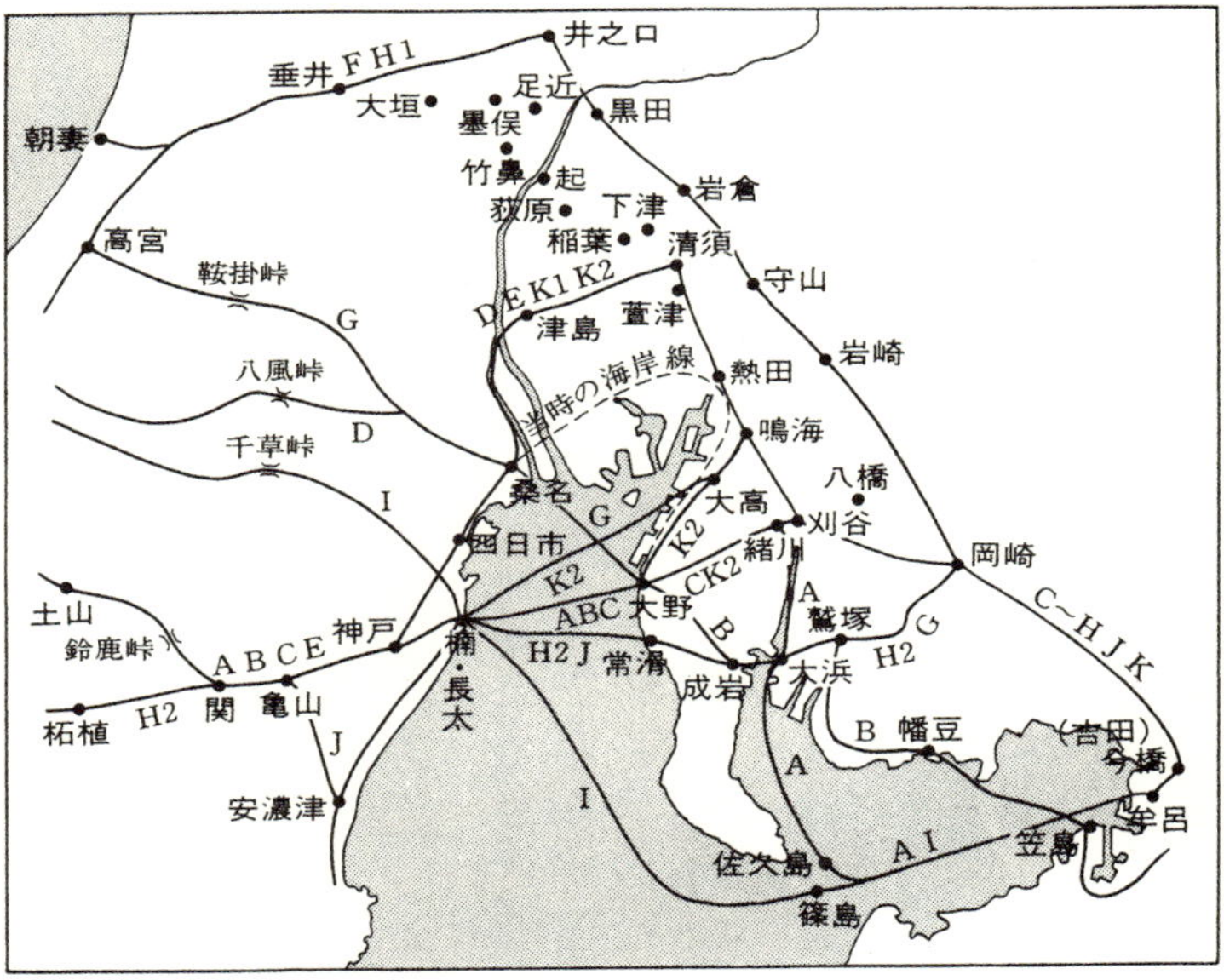

I	弘治２年（1556）９月、山科言継、駿河府中までの旅	『言継卿記』
	【近江】坂本～〔舟〕～志那―石寺―河津畝（甲津畑）―【伊勢】根代（根平）―千草―楠～〔舟〕～【尾張】志々島（篠島）～〔舟〕～【三河】室津（牟呂）―吉田―【遠江】引馬―見付―懸川―菊川―金屋―【駿河】島田―藤枝―宇津之屋―岡部―府中	
J	弘治３年（1557）３～4月、山科言継、京都への帰還	『言継卿記』
	【駿河】府中―藤枝―岡部―【遠江】金屋―菊川―懸川―袋井―見付―池田―引馬―新居―【三河】吉田―五位（御油）―山中―岡崎～〔舟〕～吉良～〔舟〕～鷲塚―大浜～〔舟〕～【尾張】成波―常滑～〔舟〕～【伊勢】長太――身田―阿濃津―山田―窪田―豊久野―亀山―坂下―鈴鹿峠―【近江】土山―守山―志那～〔舟〕～坂本	
K１	永禄10年（1567）２～５月、連歌師里村紹巴、富士見物の旅	『富士見道記』
	【近江】大津―日野―甲賀頓宮―【伊勢】鈴鹿関―亀山―桑名～〔舟〕～【尾張】茨江―清須―小牧―【三河】八橋―岡崎―矢矧―吉田―【遠江】今切―引間―見附―掛川―菊川―金谷―【駿河】宇津山―丸子―府中	
K２	同年６～８月、復路	『富士見道記』
	【駿河】府中―丸子―藤枝―【遠江】掛川―気賀―小伊那佐峠～〔舟〕～浜名―【三河】吉田―岡崎―【尾張】緒川―大野―鳴海―萱津―津島―熱田―大高～〔舟〕～【伊勢】楠―【近江】儀俄―三井寺	

表６　戦国時代の東国旅行路

A	明応８年（1499）５～６月、飛鳥井雅康、富士見物の旅	『富士歴覧記』
	【近江】柏木―山中―【伊勢】関―亀山―【尾張】大野―緒川～〔舟〕～【三河】大浜～〔舟〕～佐久島～〔舟〕～今橋―【遠江】鷲津～〔舟〕～引馬―日坂	
B	永正９年（1512）９月、冷泉為広、富士見物の旅	『為広駿州下向日記』
	【近江】大津―広田―極楽寺―【伊勢】鈴鹿山―亀山―長太～〔舟〕～【尾張】大野―成岩～〔舟〕～【三河】大浜―鷲塚―吉良―幡豆―笠島―【遠江】橋本―引間―見付―懸川―菊川―【駿河】島田―藤枝―府中	
C	大永４年（1524）４～６月、連歌師宗長、駿河への旅	『宗長手記』
	【近江】大津―観音寺―【伊勢】坂の下―亀山～〔舟〕～【尾張】大野―【三河】刈谷―土羅―今橋―【遠江】吉美―引馬―懸川―【駿河】藤枝―府中―清見関	
D	大永６年（1526）２～４月、宗長、駿河丸子の自庵より上洛の旅	『宗長手記』
	【駿河】丸子―宇津山―【遠江】金谷―菊川―懸川―見付―浜松―【三河】今橋―猪名―刈谷―【尾張】熱田―清須―津島―【伊勢】桑名―梅戸―八峯（八風）峠―【近江】高野―大津	
E	大永７年（1527）３月、宗長、京都より丸子へ帰還の旅	『宗長手記』
	【近江】矢島―水口―【伊勢】鈴鹿山―亀山―神戸―桑名―【尾張】津島―清須―熱田―笠寺―【三河】岡崎―今橋―【遠江】引間―見付―懸川―【駿河】藤枝―宇津山―丸子	
F	天文２年（1533）10～12月、仁和寺尊海、駿河への旅	『あづまの道の記』
	【近江】坂本～〔舟〕～島―朝妻浦―醒ヶ井―【美濃】垂井―井ノ口―【尾張】やな―守山―【三河】岡崎―今橋―【遠江】引間―懸川―菊川―【駿河】岡部―府中―清見関	
G	天文13年（1544）９月～14年３月、連歌師宗牧、東国旅行	『東国紀行』
	【近江】瀬田―観音寺―高宮―【伊勢】白瀬―大泉―桑名～〔舟〕～【尾張】津島―那古野―熱田―津島～〔舟〕～【伊勢】桑名～〔舟〕～【尾張】大野―なな～〔舟〕～【三河】大浜―鷲塚―岡崎―深溝―西郡―【遠江】鷲津―引間―掛川―日坂―【駿河】島田―藤枝―岡辺―丸子―府中―江尻―清見関―蒲原～〔舟〕～吉原―【伊豆】三島―熱海―【相模】小田原―鎌倉―【武蔵】神奈川―江戸	
H１	天文22年（1553）４月、大村家盛、比企・池上・身延参詣の旅　往路	『大村文書』
	【近江】坂本―鏡―醒ヶ井―【美濃】垂井―井ノ口―【尾張】岩倉―森山―岩崎―【三河】岡崎―山中―吉田―【遠江】白須賀―今切―引馬―懸川―金屋―【駿河】島田―藤枝―府中―清見関―興津―蒲原―吉原～〔舟〕～沼津―【伊豆】三島―北条―伊東―網代～〔舟〕～【相模】小田原―江ノ島―比企―【武蔵】神奈川―池上	
H２	同　復路	『大村文書』
	【武蔵】池上―神奈川―【相模】座間―小田原―箱根―【伊豆】三島―【駿河】沼津―吉原～〔舟〕～内房―【甲斐】南部―身延―【駿河】宍原―清見関―府中―宇津谷―【遠江】懸川―見付―引馬―白須賀―【三河】吉田―山中―岡崎―油崎～〔舟〕～大浜～〔舟〕～【尾張】成岩―常滑～〔舟〕～【伊勢】長太―【伊賀】柘植（以下欠）	

うえで興味を引かれる事実が多い。

第一に、三河の今橋（吉田、現・豊橋市）以東は比較的安定したルートとなっているが、京都から今橋に至るルートは多様であり、中世東海道のルートをたどったものは一つもない。FとH1は美濃廻りのルートをとっているが、垂井より井《い》ノ口《くち》（現・岐阜市）、守山（現・名古屋市守山区）を経て岡崎に至る部分は、中世東海道からは大きく東にはずれたものとなっている。特にFの場合は、琵琶湖西岸の坂本より舟で島（現・近江八幡市大島）まで一挙に渡ったうえに、湖岸づたいに朝妻浦《あさづまうら》（現・米原市）まで進んでおり、これもまた中世東海道とはまったく異なる経路である。

第二に、伊勢廻りのルートも一様ではない。ルートがとりわけ多様となるのは、鈴鹿山脈を越える方法と、伊勢から尾張に入っていく方法である。それぞれについて見てみよう。

鈴鹿山脈を越える方法を見ると、A、B、C、E、J、Kは鈴鹿峠を越える、いわゆる鈴鹿越えであるが、Dは八風《はっぷう》越え、Iは千草《ちくさ》越えとなっている。八風越えも千草越えも近江から伊勢湾に抜ける通商路としては十五世紀にもよく使われていた道であるが、二つの道中には宿はなく、東国に向かう武士や貴族の旅路としては使われていなかった道である。Gは鞍掛《くらかけ》峠を越えて伊勢最北部から桑名に下る珍しいルート、H2は山脈を迂回した柘植《つげ》廻りのルートである。

伊勢から尾張に入る方法は大きく分けると二つになる。一つは、伊勢の楠《くす》（現・四日市市）、あるいは隣の長太《なご》（現・鈴鹿市）から伊勢湾を渡って知多半島に至るルートである（A、B、C、H2、I、

J、K2)。もう一つは、桑名から木曾川を遡上して尾張の津島に至り、清須付近で中世東海道に合流するルートである(D、E、K1)。前者の場合、知多半島西側の港としては大野(現・常滑市)、常滑の二つが登場し、また半島に上陸したあとについても、半島を横断し、三河湾を渡って三河に達する方法や、半島を北上して東海道に合流する方法があり、さらにはIのように、半島南端をかすめて直接に吉田近くに上陸する方法もあった。また、東海道に合流するといっても、鳴海から先は刈谷を通過しており、細かにみれば中世東海道からはずれている。ただ、いずれの場合においても、伊勢と尾張を結ぶ方法として、近世東海道の公式ルートである桑名—熱田間を渡海した事例が皆無である点には注意しておきたい。

このほか、湊町の大野、成岩《ならわ》(現・半田市)、大浜(現・碧南《へきなん》市)、伊勢路の亀山が比較的安定した交通拠点として機能していること、今橋から吉田への呼称変化がはっきりしていること、箱根・足柄を避けて網代(現・熱海市)より小田原まで渡海する方法(H1)が見られることなど、興味は尽きないが、ともあれ、どれとして同一のものはなく、東国への旅路が多様化している様子が見てとれよう。というよりも、中世国家の幹道としての東海道はもはや崩壊していたというべきであろう。

美濃争乱と中世東海道の崩壊

では、なぜ十六世紀になると東国に通じる旅路は多様化し、中世東海道は崩壊してしまったのだろうか。一つには伊勢湾や三河湾における舟運《しゆううん》が、この水域を制していた佐治《さじ》氏、水野氏らによる保護と相互の連携のもと、旅行者のための交通手段としてうまく機能していたということがあろう（綿貫友子『中世東国の太平洋海運』）。また室町時代、身分を問わず京都で流行するようになった伊勢参詣によって、鈴鹿峠を越える道が整備されたという事情もあったかもしれない。

しかし紀行文を読むと、この時代に使われたのは必ずしも鈴鹿峠とは限らず、しかも宗長など、大永六年（一五二六）の旅では馬も通えぬ八風峠で「老の足、一あしもす、まず」、かといって人に負われたら今度は「胸いたみ、息もたえ」という状況で、結局は二、三十人もの輿かきを雇って、ようやく越えることができたのである（『宗長手記』）。それほどの苦労をしてまでも、十六世紀の東国旅行は伊勢廻りのルートとなっていたというのは、積極的にこのルートが選択されたというよりも、何らかの理由によって選択せざるをえなかった結果であると考えるべきであろう。

多様なルートを地図上で見れば、ネックが美濃ないし北近江に存在したことは明らかであろう。十六世紀前半のこの地域はどのような状況になっていたか。複雑な状況であるが、ごく簡単に見ておこう（『岐阜県史』通史編、勝俣鎮夫「美濃斎藤氏の盛衰」）。

文明十二年（一四八〇）、守護土岐成頼《ときしげより》に代わって美濃をよく制していた守護代斎藤妙椿《みょうちん》が死去すると、妙椿の子利国《としくに》（妙純）と、兄の子利藤《としふじ》の間での抗争が生じる（文明美濃の乱）。

この抗争が利国の勝利でおさまると、今度は利国とその宿老石丸利光《いしまるとしみつ》の間での抗争が始まり、美濃国内の武士たちは両派に分かれて対立することとなった。この対立は美濃国内だけではおさまらず、北近江の浅井氏、越前の朝倉氏、尾張の織田氏が利国、南近江の六角氏、伊勢の北畠氏が利光を助けたために、周辺諸国までもが巻き込まれたのである。明応五年（一四九六）、利光が敗死し（城田寺《きだいじ》合戦）、落ち着くかに見えたのも束の間、余勢をかって北近江の京極氏とともに六角氏を攻撃した利国は、かえって土一揆勢の攻撃を受けるところとなり、自害に追い込まれてしまった。

一連の戦乱によって土岐氏、斎藤氏ともに衰え、しばらくは利国の子利隆《としたか》（妙全）、斎藤利良らによる不安定な合議制が続けられたが、永正十五年（一五一七）ごろになると、守護土岐政房《まさふさ》・二郎を擁した利良と他の斎藤一族との間に対立が生じ、朝倉氏も巻き込んでの合戦が起こっている。また大永五年（一五二五）には斎藤氏の家宰長井長弘《ながいながひろ》によって斎藤利隆の追放がなされた。長弘は近江における京極・浅井氏と六角氏の抗争に介入して六角氏と提携したため、美濃西部では京極らの北近江勢と美濃勢の戦闘が展開されることになった。

天文二年（一五三三）、長弘が死去、実権はその臣長井規秀《のりひで》、すなわち斎藤道三《どうさん》に移ることとなる。同五年ごろ、道三は土岐二郎を追放して頼芸《よりなり》を守護とさせたが、朝倉氏、織田氏の支援を受けた二郎派の抵抗は激しかった。同十六年（一五四七）、二郎が没し、織田氏との和睦が成立したことでようやく安定状態を迎える。しかし、それもあまり長くは続かず、同二十三年（一五五四）には道三は引退、弘治二年（一五五六）には嫡子義竜《よしたつ》の攻撃を受けて敗死という経過をたどるのである。

このように十六世紀前半の美濃では、近隣諸国の勢力ともからんだ内訌と下克上が繰り返されたのである。在地の武士をも巻き込んで北近江と美濃で戦乱が繰り広げられるなか、宿と宿の連携が失われていっただろうことは容易に推察される。この時期の東国に向かう旅人が、こうした混乱状況にある美濃を避けたのは当然であろう。この時代に美濃廻りで東国に向かったことを確認できる数少ない事例二つ（FとH1）が、いずれも斎藤道三の覇権のもとで美濃の政情が小康状態を得た時期のものであることも、東海道交通に対する社会の信頼度が、通過される地域の政治的安定度と不可分の関係にあったことを示すものであろう。

近世東海道の成立

東海道が国家の官道として復活するのは、慶長六年（一六〇一）のことである。この年正月、徳川家康は東海道の宿々に伝馬定《てんさまだめ》と伝馬朱印状を発して、宿ごとに馬三六疋を置き、隣宿までの馬継ぎに責任をもつべきことを命じたのである。このときの伝馬定・伝馬朱印状は写しを含め、かなり確認できる（表7）が、尾張の熱田宮、伊勢の桑名、四日市、関地蔵《せきのじぞう》、近江の土山、水口の各宿に与えられたものも残されている。しかも桑名宛の伝馬定には「上口者《は》四日市、下ハ宮へ船路之事」と明記されているので、このときに定められた東海道が、熱田から桑名に渡り、鈴鹿峠を越えるルートであったことは確実で、ここに五十三次として知られる近世東海道の基本的な形がほぼ固まったのである。

近世東海道が伊勢廻りのルートと定められたのは、戦国時代の京都から東国への旅で多く使われたルートを踏襲したものであるという見方も可能である。しかし、永禄十年（一五六七）の織田信長に

表7　慶長6年伝馬朱印状・伝馬定

○は有、－は無

国	宿	出典	朱印状	定
武蔵	神奈川	朝野旧聞裒藁	○	—
	程ヶ谷	軽部本陣文書	○	○
伊豆	三島	矢田部文書	○	—
駿河	沼津	沼津駅家文書（『駿』96）	—	○
	吉原	矢部家文書	○	—
	蒲原	草ヶ谷文書	○	—
	由比	由比文書	○	○
	江尻	寺尾家文書（『駿』84）	○	○
	駿府	望月家文書（『駿』80）	○	○
	藤枝	青島家文書（『駿』72上）	○	○
遠江	金屋	河村家文書（『静』４）	○	○
	日坂	日坂村問屋文書（『静』４）	○	○
	懸川	沢野家文書（『静』４）	○	○
	見付	成瀬忠重文書・朝野旧聞裒藁	○	○
	浜松	杉浦家文書（『静』５）	○	○
	舞阪	堀江家文書（『静』５）	○	○
三河	吉田	豊橋市美術博物館所蔵文書	○	—
	御油	豊川市御油連区所蔵文書	○	○
	藤川	岡崎市史四掲載写真・朝野旧聞裒藁	○	○
	岡崎	座近録附込	—	○
	知鯉鮒	池鮒鯉宿御用向諸用向覚書帳	○	○
尾張	鳴海	鳴海町役場旧蔵文書	○	—
	熱田宮	張州雑志抄	○	—
伊勢	桑名	物流博物館所蔵文書	○	○
	四日市	清水本陣文書	○	○
	関地蔵	川北文書	○	○
近江	土山	土山町有文書	○	○
	水口	水口町歴史民俗資料館所蔵文書	—	○

『駿』は『駿河志料』、『静』は『静岡県史料』

よる美濃併呑以後、美濃廻りのルートが復活していた事実も見落としてはならない（谷口克広『織田信長合戦全録』）。信長自身のたびたびの上洛の旅路はもちろん、天正十二年（一五八四）、小牧《こまき》・長久《ながく》手《て》の戦いのおりに羽柴秀吉が尾張に出陣したルートも美濃廻りであった。また天正十四年五月、徳川家康のもとに嫁いだ秀吉の妹朝日姫は大垣を通過しているから（『一柳家文書』）、このときにもまちがいなく美濃廻りのルートが用いられていた。慶長六年の時点では、決して伊勢廻りが唯一の選択肢だったわけではない。むしろ大規模な行列や軍団の移動を考えたとき、急峻な鈴鹿越えをともなう伊勢廻りよりも、美濃廻りの方がはるかに通行は容易だったであろう。事実、東海道が伊勢廻りと定められたのちでも、大名の旅行で美濃廻り（美濃路）が採られることもあったし（池田綱政『丁未《ていび》旅行記』）、参勤交代が行なわれるようになったのちでさえ、広島藩、鹿児島藩をはじめ、美濃路を使う大名は少なくなかった。また朝鮮通信使や琉球使節の江戸への旅路は、江戸時代を通じて美濃路が使われた。

＊近世の美濃路は名古屋―清須（現・清須市）―稲葉（現・稲沢市）―萩原（現・一宮市）―起《おこし》（現・尾西市）―竹鼻（現・羽島市）―大垣と続くので、中世の美濃廻りの東海道とは異なる。

それにもかかわらず、なぜ慶長六年、伊勢廻りが近世東海道の公式ルートとして選ばれたのだろうか。二つのルートを比べたとき、伊勢廻りのメリットの一つは、冬季に雪に閉ざされるリスクの低さである。美濃・近江国境の関ヶ原・米原付近が雪深い土地であることはよく知られている。伝馬定と伝馬朱印状の出されたのが正月であることをふまえれば、そんなことも考慮されたかもしれない。

もう一つの季節を問わないメリットは、京都―熱田間の所要日数が伊勢廻りの方が若干短い点にある。中世の旅行記を見ると、京都を出て美濃廻りで熱田に到着するためには、最低でも近江南部、近江中部、美濃国内、尾張北部で各一泊することが必要で、熱田に到着するのは五日目となる。それに対し、近世の旅行記録を見ると、伊勢廻りならば、近江南部、伊勢北部で各一泊し、三日目には桑名から渡海して熱田に到着することができるようである。せいぜい二日の差ではあるが、情報伝達という観点から見れば重大な差となることもあるだろう。

伝馬・渡海

そうした観点から考えたとき注目すべきなのは、伊勢廻りルートが定められたのが関ヶ原の戦いの翌年だという点であるように思う。家康が諸宿に与えた伝馬定と伝馬朱印状は次ページの図7－2のとおりであるが、伝馬朱印状には「この御朱印なくして伝馬出すべからざるものなり」という、伝馬利用についての独占的、排他的な文言が含まれている。伝馬に関する命令書は戦国大名も多く発給しているが、多くは受給者の伝馬利用を許可する、あるいは人馬の提供を命じる内容である。慶長六年（一六〇一）の伝馬朱印状のような排他的な文言を含んだ伝馬手形は武田氏や上杉氏も発給してはいるが散発的である。また家康自身がこれ以前に令した伝馬関係の文書を点検してみても、天正十八年（一五九〇）八月、江戸入城直後に小田原宿に令したものを除き、こうした文言を含んでいるものは見られない。したがって慶長六年にこうした文言を含んだ朱印状が各宿に出されている徹底性は見逃

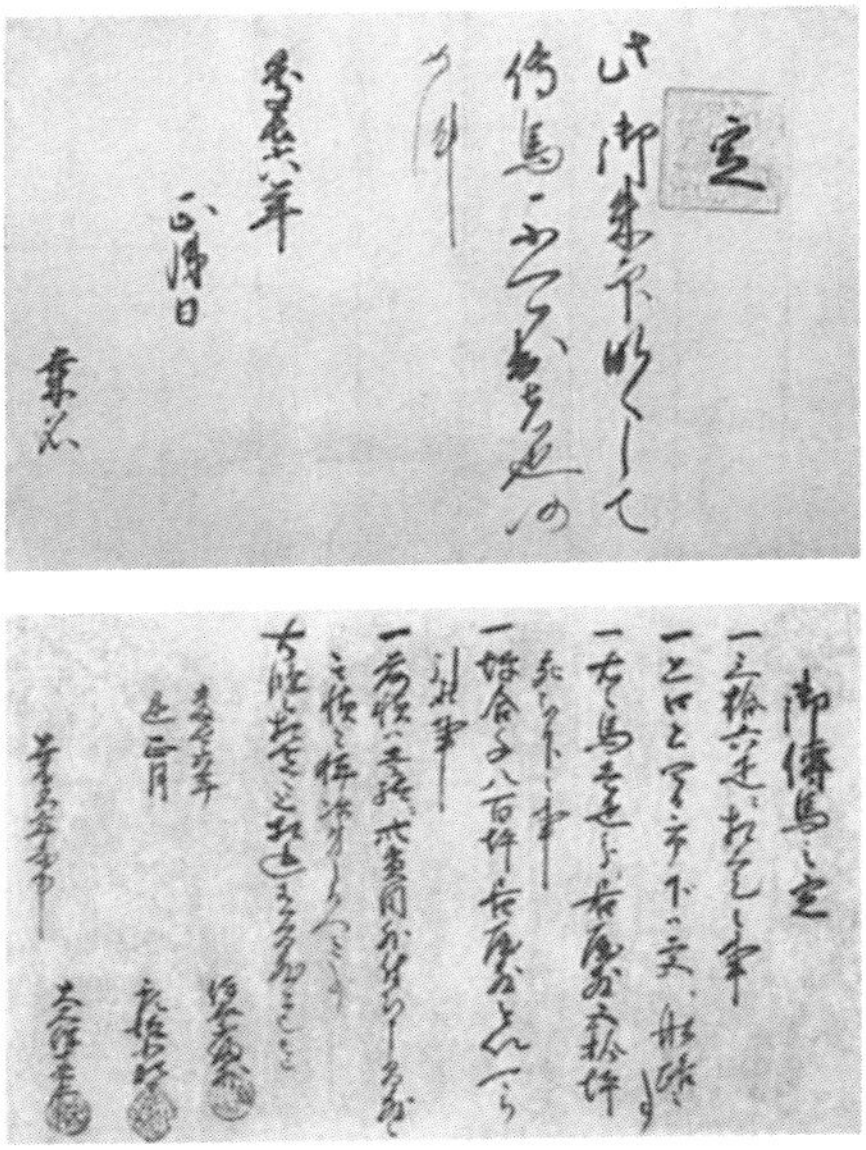

図7－2　伝馬朱印状（上）**と伝馬定**（ともに物流博物館蔵）　いずれも桑名宿に宛てられたもの。伝馬朱印状には「此御朱印なくして伝馬不可出者也、仍如件、」と書かれている。伝馬定には、馬36疋を配備すべきこと、西は四日市、東は熱田宮までの運輸・伝達に責任をもつべきこと、馬１疋につき50坪、計1800坪の屋敷地を与えること、積荷の重量は馬１疋につき30貫目（約113kg）を限度とすべきことが定められている。左下、三人の連署者は家康の奉行たちで、先頭は伊奈忠次である。

してはならないだろう。つまり、この年の宿整備は、伝馬を独占する強い意志を含んだものであると理解すべきであろう。

関ヶ原の戦いで勝利したといっても豊臣氏が滅びたわけではなく、なお政治的緊張の続くなか、家康が江戸と京都の間に迅速な情報伝達システムを確立することの重要性を感じていただろうことは容易に想像される。そのために注目されたのが、一日でも早く江戸と京都を結ぶことのできる伊勢廻りのルートだったのではないだろうか。

ただ注意が必要なのは、家康が定めた伊勢廻りのルートは、十五世紀末以来使われてきたルートを単純に踏襲したものではない点である。すでにふれたように、十六世紀前半の旅行記録のどれを見ても、桑名から熱田に渡海した事例は見あたらない。この時代に伊勢から尾張に至る方法は、桑名から木曾川を遡上して津島から尾張に入るか、または楠《くす》、長太《なご》から知多半島中部に渡るかのいずれかである（表6、図7－1）。実は、熱田沖の海は浅く、干潮になると鳴海潟から続く藤前《ふじまえ》、鍋田《なべた》などの干潟が現れて、必ずしも船の航行に適した海とはいえないのである。江戸時代の東海道五十三次では「七里の渡し」として知られる渡海路であるが、五十三次においても、干潮時には沖に遠回りして十里をかけて渡らねばならなかったという。また船も大船、小船、艀《はしけ》をそろえておかねばならなかったという。

しかも桑名―熱田を渡海するルートが京都―江戸を結ぶ最短ルートというわけでもない。単純に距離的なことをいえば、楠か長太から知多半島に渡り、そのまま東進して岡崎に向かった方が効率的であろう。しかしそれでは織豊権力の発祥の地にして、濃尾地方の政治的中心地、当時は家康の子松平忠吉《ただよし》が入封していた清須は、情報伝達のルートから大きくはずれてしまう。陸上での距離的、時間的ロスが少ないことに加えて、清須とも接触できるルート。その両方の条件を満たすルートとして、鈴鹿越えののち桑名―熱田間を渡海する方法が、関ヶ原合戦の翌年、にわかに脚光を浴びるようになったのではないだろうか。それでもなお、熱田から清須までは距離があるように思えるが、九年後、尾張藩の本拠が熱田に隣接する名古屋に遷《うつ》されたことによって、この問題も解決されたであろう。

急峻な鈴鹿越えと浅い熱田沖という二つの難所を含んだ伊勢廻りルートであるが、あえてその難所を冒してでも、江戸—清須—京都の間により迅速な情報伝達路を築くことを家康は求めたのではないか。それが中世東海道とは異なる近世東海道のルートを決定させた要因なのではないだろうか。

鳴海の水辺

話ははからずも鳴海潟にもどってきた。中世と近世の交差するこの時代、飛鳥井雅有や阿仏尼たちが潮干を待った鳴海潟はどのような風景になっていたのだろうか。本書を閉じる前に、それを見ておきたい。

戦国時代の京都から東国への旅は伊勢廻りがほとんどなので、鳴海を通過する場面を記した文献は多くはない。『宗長手記』大永六年（一五二六）三月記はその数少ない記録である。三河方面から熱田宮までやってきた宗長は、「汐の満干、鳴海、星崎、松の木の間木の間、伊勢海見渡され、こゝの眺望、たが言の葉も足るまじくなむ」と記し、「ほととぎす　まつの葉こしの　遠干潟」という歌を詠んでいる。あまり具体的な風景描写ではないが、鳴海の干潟はまだ存在していたようである。けれども数日後に及川（木曾川）と墨俣川（長良川）の合流点にかかる三町余の橋を見た宗長は、その橋のことを「熱田の長橋より猶《なお》遠かるべし」と表現している。ここから熱田に「長橋」が架けられていたことがわかる。鳴海潟の陸化が進み、熱田付近では、満潮でも水を湛《たた》えた入江は橋を渡せるほどに細っていたことを意味しているのであろう。

次に永禄十年（一五六七）八月、富士見物を終えて京都に帰る連歌師里村紹巴《さとむらじようは》の旅記録を見てみよう（『富士見道記《ふじみどうき》』）。この月十日、これは織田信長が美濃斎藤氏の本拠稲葉山城（現・岐阜市）を落とす直前であるが、「鳴海潟近き所」で連歌会を催した紹巴は、酒の興に乗って舟遊びを楽しんでいる。翌日は「山崎」の庵での連歌会に招かれ、夜に入って「塩瀬をたど」ったのち「讃歎橋」に上がって熱田に達している。山崎とは現在の名古屋市南区呼続《よびつぎ》町あたり、現在も山崎川や山崎橋にその名が残されている。このあたりは雅有の時代には干潟のまっただ中だったはずであるが、紹巴の時代にはすでに村や庵のある陸地となっていたのである。それでも「塩瀬をたどる」という表現がなされているのは注目される。「潮汐推算」によればこの日（ユリウス暦九月十三日）の潮位は図7－3のとおりで、午後七時すぎに潮位一五〇センチを切り、九時半ごろに干潮を迎えている。「塩瀬をたどる」とは、潮が引き、干潟の中に残された澪筋《みおすじ》に沿って歩んだことをいっているのであろう。逆にいえば、山崎と熱田の間には、この時代にも満潮時になれば水を湛える入江が存在していたことになる。縮小しながらも辛うじて鳴海潟は残り、潮干を待って通過することがまだ行なわれていたのである。なお「讃歎橋」とは江戸時代に「裁断橋《さいだんばし》」と表記され、熱田宮下の精進川に架か

図7－3　名古屋港、永禄10年8月11日の潮位

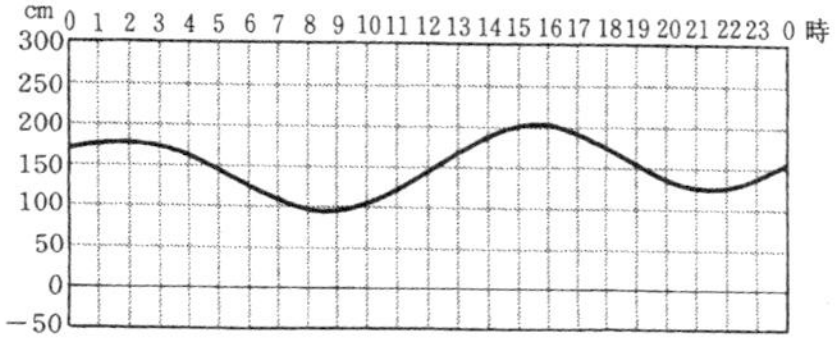

っていた橋である。

時は移り、ちょうど百年ののち、寛文七年（一六六七）の五月二十一日、江戸より国元に帰る途中の備前岡山藩主池田綱政が鳴海を通っている。そのときの情景を綱政は『丁未旅行記』に次のように記している。

鳴海の浦遠くながめやれば、風うららかに海原青く、過にし方の恋しきにと言ひし昔人の故事まで思ひ出でられて、

都路の　はや末ちかく　鳴海がた　幾重の波に　跡をへだてて

とは詠《よみ》けれども、此《この》海をば渡らで熱田に行く。田面《たづら》に人多く見ゆるは田草とる也けり。照わたる日をだに陰なければ、汗もしとどに濡れて暇なき業とも哀れに覚えける。

綱政の目にも鳴海の海は見えたのであろう。しかしそれは遠くに眺めただけであって、海を渡ることはなかったのである。「潮汐推算」によればこの日の午後は引き潮であるから、海が遠いのはそのせいもあるのだろうが、しかし綱政の描写に干潟は登場せず、かわって大勢の農民が汗を流しながら草取りをしている田園が描かれているのである。紹巴の時代から百年、この間に干潟は田に変じていたものと思われる。

さらに三十年下る。元禄八年（一六九五）四月十九日、京都から富士見物に出かけた二条派の歌人梅月堂宣阿《ばいげつどうせんあ》（香川景継《かがわかげつぐ》）が鳴海を通過している。

山崎をすぎて鳴海にかかるに、むかしの干潟と言ひしは、みな塘《つつみ》つきわたされて、東海に塵《ちり》を揚ぐる世となりぬ。

思へ人　世はかくぞ　なるみ潟　見る目変はれる　小田の若苗　（『富士一覧記』）

紹巴の時代から綱政の時代までの百年間に生じた変化の理由が明かされている。干潟は周囲を堤に囲まれ、干拓されたのである。宣阿の見た鳴海には干潟は影さえもなく、初夏の新田の中、人馬のあとに砂塵の舞い上がる乾いた東海道が続いていたのである。

あとがき

本書は、日本中世の陸上交通の特徴や国家のそれへの関わりなどについてまとめてみたいとの気持ちからとりかかったものである。しかし、関係する研究文献を読み進めるうちに、地形という、どの時代を理解するのであれ、前提中の前提であるはずの事実についての認識が論者、書籍によってまちまちであることに気がついた。ある分野においては確実な知見として尊重されている研究が、関心が少し異なる分野においてはまったく認知されていないことが少なからずあった。さらに文献史料を確認しながら点検していくと、史料と明らかに齟齬することや史料的根拠の不明なことが常識として流布しているケースもあった。

そこで当初の予定を少々変え、同一の地域の地形や風景の歴史について、歴史学、考古学、文学、地理学、地震学、地質学などの分野で指摘されている諸事実を、紀行文を読むという主旋律に乗せて合奏させることはできないか、あわせて中世陸上交通の特質についてもなにがしかの提起を行なえないか、と考えてできあがったのが本書である。著者としては楽しく作ることができたが、あれこれと欲張りすぎて、一冊の書としては散漫になったのではないかと恐れている。

地形や風景の歴史というと人間の力を超えた自然の歴史のように聞こえるかもしれないが、風景のなかには自然の与える条件のもとで精一杯に糧《かて》を求める人々や、地形の改変に挑む人々の営みがあったことは本書で述べたとおりである。必ずしも多くの紙数を割いたわけではないが、そうした営みについても史料の許す限りで想像をふくらませてみた。ノスタルジーに陥らないように気をつけたつもりではあるが、歌人たちの紀行文に導かれているせいもあって、文章が甘くなったところはあるかもしれない。

本書では地震や潮汐の調査データをいく度も用いた。近年の歴史学では、自然現象や環境変化が人間変化に及ぼした影響に着目する研究が増えている。もともと著者はこうしたことにさほど興味をもっていたわけではないが、ふとしたきっかけで数年前に地震学の石橋克彦氏を代表とする歴史地震の研究会に参加させていただくことになった。そこで、時間や場所の特定を含め、一つ一つの自然現象について細部まで厳密に確定していく自然科学者たちの研究姿勢に強い刺戟《しげき》を受けた。またこの研究会での活動、なかんずく、石橋氏に同行して訪問したイタリア・ミラノの国立地球物理・火山研究所で、歴史地震学者パオラ・アルビーニ氏の一連の研究に接したことを通じて、自然災害についての歴史記述なるものが、伝承や引用を重ねていくにつれて誇大化していく傾向にあることを知った。本書の中で、洪水や地震が地形・風景に及ぼした影響を考慮しつつも、それに抑制的な視線を向けたのはそのためである。そうした意味で、この研究会への参加がなければ本書は成り立ちえなかっただろう。

本文中で一部批判を試みることになったが、矢田俊文氏、都司嘉宣氏にはこの研究会で数々の刺戟を受けたことを感謝したい。また本書の中で行なった和暦の西暦換算はすべて、この研究会において情報分野を担っている前島美紀氏作成のソフトウェア「換暦」を用いたものであることも紹介しておきたい。

本書の中核部分は二〇〇五年度、当時出講していた東洋大学文学部で講義した内容から成っている。話の落としどころをつかまえられぬまま一人ではしゃぐ著者につきあってくれた学生諸氏には感謝したい。また、中公新書に執筆することをお誘いくださった中央公論新社の木村史彦氏、担当編集者としてさまざまなアドバイスをしていただいた吉田大作氏、ならびに多量の地図作成や丁寧な校正にあたってくださった方々に厚く御礼申し上げたい。

二〇〇八年三月

榎原雅治

富士南麓の海岸にて

参考文献

テキスト、全般

塙保己一編『群書類従　紀行部』続群書類従完成会
岸上質軒校訂『日本紀行文集成』三・四、日本図書センター、二〇〇一年（博文館、一九〇〇年刊の復刊）
佐々木信綱校注『飛鳥井雅有日記』古典文庫、一九四九年
福田秀一・岩佐美代子・川添昭二・大曾根章介・久保田淳・鶴崎裕雄校注『中世日記紀行集』〈新日本古典文学大系〉岩波書店、一九九〇年
水川喜夫『飛鳥井雅有日記全釈』風間書房、一九八五年
渡辺静子『中世日記文学序説』新典社、一九八九年
濱口博章『飛鳥井雅有日記注釈』桜楓社、一九九〇年
濱口博章『飛鳥井雅有『春のみやまぢ』注釈』桜楓社、一九九三年
長崎健・外村南都子・岩佐美代子・稲田利徳・伊藤敬校注訳『中世日記紀行集』〈新編日本古典文学全集〉小学館、一九九四年
藤田一尊・青木経雄・芝波田好弘・渡辺静子『中世日記紀行文学全評釈集成』三、勉誠出版、二〇〇三年
玉村竹二編『五山文学新集』六「梅花無尽蔵」、東京大学出版会、一九七二年
冷泉家時雨亭文庫編『為広下向記』〈冷泉家時雨亭叢書〉、朝日新聞社、二〇〇一年

愛知県教育委員会文化財課編『愛知県歴史の道調査報告書　東海道』愛知県教育委員会、一九八九年
静岡県教育委員会文化課編『東海道――静岡県歴史の道』静岡県教育委員会、一九九四年
静岡県『静岡県史　資料編　中世』一～四、静岡県、一九八九～九六年
静岡県『静岡県史　通史編　中世』静岡県、一九九七年
新城常三『鎌倉時代の交通』吉川弘文館、一九六七年
児玉幸多編『日本交通史』吉川弘文館、一九九二年
湯之上隆『三つの東海道』静岡新聞社、二〇〇〇年
本多隆成・酒井一編『東海道と伊勢湾』〈街道の日本史〉、吉川弘文館、二〇〇四年
田渕句美子『十六夜日記』〈物語の舞台を歩く〉、山川出版社、二〇〇五年

序章

新修名古屋市史編集委員会『新修名古屋市史』二、名古屋市、一九九八年

第一章

松原正子「飛鳥井雅有の研究」『立教大学日本文学』一四、一九六五年
高橋博志「鎌倉時代の奥大道と町跡」藤原良章・飯村均編『中世の宿と町』高志書院、二〇〇七年
小山市教育委員会編『外城遺跡』Ⅲ〈小山市文化財調査報告書六八〉、小山市教育委員会、二〇〇六年
毛呂山町歴史民俗資料館編『鎌倉街道の世界』毛呂山町歴史民俗資料館、二〇〇四年
兵庫県教育委員会編『歴史の道調査報告書　第二集』山陽道（西国街道）、一九九二年

第二章

岐阜地方気象台編『岐阜県災異誌』岐阜地方気象台、一九六五年
岐阜県編『岐阜県治水史』岐阜県、一九五三年
愛知県史編さん委員会編『愛知県史　資料編』一一織豊一、愛知県、二〇〇三年
愛知県史編さん委員会編『愛知県史　資料編』一二織豊二、愛知県、二〇〇七年
安藤萬壽男「天正十四年以前の木曾川中流部の流路」『愛知大学綜合郷土研究所紀要』四〇、愛知大学、一九九五年
羽島市史編纂委員会『羽島市史』一、羽島市、一九六四年
扶桑町史編集委員会『扶桑町史』扶桑町、一九九八年
村松郁栄「濃尾地震激震域の震度分布および地殻変動」『岐阜大学学芸学部研究報告　自然科学』三―一、一九六三年
飯田汲事『天正大地震誌』名古屋大学出版会、一九八七年
桑原徹「濃尾盆地と傾動地塊運動」『第四紀研究』七、一九六八年
地質調査所「三重県・桑名断層及び四日市断層の活動履歴調査」『地震予知連絡会会報』六一、国土地理院、一九九九年
地質調査所「養老断層の完新世活動履歴――一五八六年天正地震・七四五年天平地震震源断層の地質学的証拠」『地震予知連絡会会報』六三、国土地理院、二〇〇〇年
寒川旭「遺跡で検出された地震痕跡による古地震研究の成果」『活断層・古地震研究報告』一、二〇〇一年
寒川旭『地震の日本史』〈中公新書〉、中央公論新社、二〇〇七年

安藤萬壽男『輪中――その形成と推移』大明堂、一九八八年
安藤萬壽男「百輪中旧記と古高須輪中の成立期」『岐阜史学』七二、一九八〇年

第三章

新居町『新居町史』一　通史編上、新居町、一九八九年
『新居町史』四　考古・古代中世資料、新居町、一九八六年
『浜松市史　史料編』四、浜松市役所、一九六一年
都司嘉宣「歴史資料から見た東海沖地震・津波」『月刊海洋科学』一一一、一九七九年
都司嘉宣「明応地震・津波の史料状況について」『月刊海洋科学』一二九、一九八〇年
静岡県編『静岡県史　別編』二　自然災害編、静岡県、一九九六年
矢田俊文「明応地震と太平洋海運」『民衆史研究』五五、一九九八年
矢田俊文「戦禍・災害と人々の生活」有光友学編『戦国の地域国家』〈日本の時代史〉、吉川弘文館、二〇〇三年
加茂豊策『濱名の渡りと鎌倉への道』加茂豊策、二〇〇一年
池谷仙之「浜名湖」『URBAN KUBOTA』三二、(株)クボタ、一九九三年

第四章

大山喬平「十五世紀における遠州蒲御厨地域の在地構造」有光友学編『今川氏の研究』〈戦国大名論集〉、吉川弘文館、一九八四年
網野善彦・石井進編『中世の都市と墳墓』日本エディタースクール出版部、一九八八年

園田稔・茂木栄・宇野正人・島田潔『見付天神裸まつり――海と山との交歓』國學院大學日本文化研究所、一九九一年
磐田市史編さん委員会『磐田市史　通史編』上、磐田市、一九九三年
磐田市史編さん委員会『磐田市史　通史編』中、磐田市、一九九一年
浅羽町史編さん委員会『浅羽町史　通史編』浅羽町、二〇〇〇年
静岡県埋蔵文化財調査研究所編『元島遺跡』一　遺物・考察編一　中世、一九九九年
福田町史編さん委員会『福田町の歴史』福田町、二〇〇二年
富士市史編纂委員会『吉原市史』上、富士市、一九七二年
高橋一樹「中世日本海沿岸地域の潟湖と荘園制支配」『日本海域歴史大系三　中世篇』清文堂出版、二〇〇五年
高橋一樹「失われた内海世界を史料にさぐる」『歴博』一三六、特集「内海の世界」、二〇〇六年
二〇〇五～〇七年度科学研究費補助金基盤研究B研究成果報告書『港湾をともなう守護所・戦国城下町の総合的研究』（研究代表者仁木宏）
印牧邦雄『三国町史』三国町、一九六四年

第五章

濱田敦『朝鮮資料による日本語研究』岩波書店、一九七〇年
奥村三雄「古代の音韻」『講座国語史』二、大修館書店、一九七二年
黒田日出男『日本中世開発史の研究』第一部第三章、校倉書房、一九八四年

富士市史編纂委員会『富士市史』上、富士市、一九六九年

第六章

相田二郎『中世の関所』畝傍書房、一九四三年、復刊、吉川弘文館、一九八三年
藤原良章・村井章介編『中世のみちと物流』山川出版社、一九九九年
湯浅治久「中世的「宿」の研究視角」佐藤和彦編『中世の内乱と社会』東京堂出版、二〇〇七年
山本隆志「鎌倉時代の宿と馬市・馬喰」『筑波大学歴史・人類学系　年報日本史叢』一九九九年
伊藤毅「「宿」の二類型」五味文彦・吉田伸之編『都市と商人・芸能民』山川出版社、一九九三年
新修稲沢市史編纂会『新修稲沢市史　本文編』上、新修稲沢市史編纂会事務局、一九九〇年
新修稲沢市史編纂会『新修稲沢市史　研究編』五、新修稲沢市史編纂会事務局、一九八三年
今井雅晴『時宗成立史の研究』吉川弘文館、一九八一年
高橋修「中世前期の在地領主と「町場」」『歴史学研究』七六八、二〇〇二年
高橋典幸「鎌倉幕府の成立と東海御家人」小野正敏・藤沢良祐編『中世の伊豆・駿河・遠江』高志書院、二〇〇五年
坂田聡・榎原雅治・稲葉継陽『村の戦争と平和』〈日本の中世一二〉、中央公論新社、二〇〇二年

終章

綿貫友子『中世東国の太平洋海運』東京大学出版会、一九九八年
岐阜県史編纂委員会『岐阜県史　通史編』中世、岐阜県、一九六九年
勝俣鎮夫「美濃斎藤氏の盛衰」『中部大名の研究』〈戦国大名論集〉、吉川弘文館、一九八三年

児玉幸多『近世宿駅制度の研究』吉川弘文館、一九五七年
谷口克広『織田信長合戦全録』〈中公新書〉、中央公論新社、二〇〇二年
中村孝也『徳川家康文書の研究』日本学術振興会、一九五八～七一年

補　論

本書は二〇〇八年に中公新書の一冊として上梓したものを復刊したものである。旧版には、刊行後に自分で気づいたり、読者から指摘を受けたりした誤りもあったが、それを訂正する機会がないまま絶版となっており、執筆者として心苦しく思っていた。このたび、吉川弘文館のご高配により、その機会をいただけたことを感謝したい。

旧版の執筆をきっかけに、それまでもっぱら畿内以西の荘園・村落史料を研究対象としていた私は、ようやく紀行文や地理、考古資料に手を伸ばそうという気持ちや、災害史への関心をもつことができるようになった。その意味で、私の研究の転換点となった書である。刊行後、面識のなかった文学、考古学、海洋学などの研究者から感想や意見をいただくことができたこと、東海をはじめとする各地での市民講座も経験し、あわせて周辺地域を案内していただく機会にも恵まれたことも楽しい思い出である。それらの経験の中で、旧著で記したことの中に正すべき点があることにも気づかされた。

文字校正の範囲ですむものは本文中で修正したが、修正のためには本文を大きく改める必要のある箇所や、論旨の補強のために史料を補充した箇所については、この場で示しておくこととしたい。

図Ａ　竹鼻城を囲む堤跡
国土地理院撮影1947年撮影

第二章「乱流地帯をゆく」のなかで示した図２－２「竹鼻城故地周辺」において、天正十二年、羽柴秀吉が不破源六の守る竹鼻城を水攻めにするために築いた堤の位置を、旧著では、足近川と木曽川の合流点付近から南下させ、現在の岐阜羽島駅の北方で東に折れて逆川に至るように推定したが、安藤萬壽男氏「天正十四年以前の木曽川中流部の流路」（『愛知大学綜合郷土研究所紀要』四〇、一九九五年）掲載の図２「秀吉による一夜堤」、および国土地理院空中写真（図Ａ、一九四七年撮影）によって、五五ページのように改めた。この空中写真では、的場の竹鼻城の北、西、南を囲む土塁状の高まりをはっきりと見て取ることができる。また足近川のかなりの川幅をもった流路痕跡も認めることができる。そして、足近川は土塁状の高まりの切れ目と接している。これをみれば、秀吉が堤の中に足近川の水を呼び込むことによって、竹鼻城を水没させようともくろんでいたことは明

らかであろう。史料にいう「両国境之大河」＝「木曽川」が現在の足近川のことだったことはまちがいないところであろう。

なお、木曽川・長良川の過去の流路については、最近刊行された『愛知県史　通史編　中世二』で詳しく検討されている。私が言及しなかった東海道の渡河地点より下流部の流路についても検討されているので、参考にされたい。また、天正地震の震源断層としては、現在は、養老断層に近辺の断層帯の一部を加えたものが最有力と考えられている（松浦律子「天正地震の震源特定：史料情報の詳細検討による最新成果」『活断層研究』三五、二〇一一年）。

第二章では、もう一カ所訂正しておきたい。美濃の杭瀬川の景観に関する記述のところで、現在の杭瀬川は「尭孝が記したような「はるばるとみわたされたる」ような長橋が架けられていたという景観からはほど遠い」と記した。これは「長橋」が杭瀬川に架かる橋であるとの認識で書いたものであるが、これは尭孝とともに永享四年の足利義教の富士遊覧旅行に参加した飛鳥井雅世の『富士紀行』中の和歌を見落としたものであった。同書には「なか橋と申所を過侍るに、あたりの田のもゝ遠く見わたされて」に続けて次の和歌が載っている。

秋ふかき田面に続くなが橋はほなみをかけて渡すとそみる

この歌によれば、長橋は田の上に架けられたものだったと理解すべきであろう。場所は杭瀬川を渡ったのち、結（現在の揖斐川の河畔）に至るまで間で、現在の大垣市の中心部あたりであたる。大垣は現在も豊富な地下水の湧く町として知られるが、長橋はそうした湿地帯を通過するための工夫だったのであろう。もっとも、長橋といっても湿地を一跨ぎするような橋が架けられていたとは考え難く、木道のようなものだったのではあるまいか。旧版の記述は訂正したい。なお、この点は大垣市教育委員会の講座に招かれた折に、主催者の一人より指摘を受けたことによって気づいたものである。

第三章「湖畔にて」の図3－2では、明応地震以前と以後の浜名湖南部の湖形の推定図を示したが、この図に誤りのあることを複数の読者よりご指摘いただいた。まず地震以前の橋本宿の場所を浜名橋の両側に想定した点であるが、加茂豊策氏より砂州上に町並の存在を想定することは困難ではないかとの指摘をいただいた。旧版執筆時より、浜名橋の北詰に当たる地区が現在「橋本」と呼ばれていることは知っていたが、『東関紀行』に橋本の情景として「南には海潮あり、漁舟うかぶ、北には湖水あり、人家岸につらなれる」とある記述、および『済北集』の「遠州橋下」と題された詩に「左に海、右に湖、同一の碧。長虹合わせ飲む両波瀾」とある記述を、旧版執筆時には、遠州灘と浜名湖の間の砂州上で見た光景と考えた。そのため、橋本の南側に遠州灘、北側に浜名湖があって、砂州上にも橋本宿が広がっていたと推定した。しかし『東関紀行』のこの記述は、浜名橋北詰にある橋本宿に立って、北に広がる浜名湖と、南の砂州越しに遠州灘を眺めた情景を描いたものとして理解することも可能であろう。また旧版では『済北集』の「長虹」を文字通り虹と考えて、虹が海と湖にまたがってかかった様子を想定していたのであるが、ここでの「長虹」は橋のことと解釈し、湖と海の水が橋の下で入り混じっている様子を語ったものとすべきであろう（虹を懸けた可能性はある）。そうすると、この詩は浜名橋のたもとでの情景を描いたものとなり、あえて砂州上に町並を想定する必要はないと考え直し、推定図を修正した。また旧版では、「海と河をへだてる」（飛鳥井雅経）砂州を、浜名川河口の西岸部に想定した。これは旧版本文で記したように、大井川や天竜川の河口部の砂州の形を参考にしたものであるが、その後、海洋工学の佐藤慎司氏に問い合わせ、浜名湖付近での沿岸流は東から西に流れているので、河口東岸に想定すべきであるとご教示いただいたため、そのように修正した。

さて、第三章の最大の趣旨は、明応地震によって浜名湖南部が沈下したとの説に対する批判である。旧版の刊行後、矢田俊文氏の論文が発表され、天平十二年（七四〇）の「遠江国浜名郡輸租帳」によって推定される奈良時代の浜名郡新居郷の口分田総額は一一二八町にのぼることから、当時は鷲津東方から現在の今切にかけての低地が水田として広く利用されていたのではないかとの原秀三郎氏の研究、および、浜名湖湖底遺跡が縄文中期から鎌倉時代まで存在していることを根拠として、新居付近の沈下は明応地震によるものではないかとされている（矢田「東日本大震災と前近代史研究」『歴史学研究』八八四、二〇一一年）。

矢田氏の論文は直接私の旧版に言及されているわけではなく、また旧版ですでに述べたこととも重複するが、再度私の考えを述べておきたい。本書一〇二〜一〇三ページに記したように、一九八五・

八六年に実施された浜名湖湖底のボーリング調査による珪藻のシスト分析によって、二八〇〇～一〇〇〇年前には、海水面が低下し、湖口部は陸化、浜名湖は完全に淡水化したこと、および一〇〇〇年前から再度海面が上昇し、湖内に海水が進入するようになったことが明らかになっている。天平の輸租帳に記された口分田の状況は、まさにこの海水面低下期にあたるわけで、この状況がそのまま一五世紀まで続くわけではない。また湖底遺跡から発掘された鎌倉期の遺物とは地引網か定置網に使った陶器であり、鎌倉期の遺跡の存在はこの地が水面下であったことの証拠となる。シスト分析による海面上昇の推定とも一致している。このことは旧版ですでに記したところである（本書九七ページ）が、先に述べた『済北集』の「長虹合わせ飲む両波瀾」の「長虹」を橋のことと解釈すれば、この一節は浜名橋あたりで湖と海が直に接している様子を描写していることになる。したがって遠州灘から浜名湖まで三キロメートルほども隔たり、その間を川が繋いでいるというような景観は想定できないだろう。

以上より、明応地震以前によって浜名湖南部が沈下したと考えるべき理由は見当たらず、旧版での主張を改める必要はないと考える。

第三章については、もう一点、補足しておきたい。

明応地震による浜名湖南部の沈下があったかどうかを検証するために、現在の浜名湖と遠州灘の潮汐の時間差と、『海道記』に見える浜名川の海水遡上の記述の対照を試みたくだりである（本書九八～一〇〇ページ）。

遠州灘と弁天島付近の時間差については、旧版執筆時には適切な数値を知らなかったため、インターネット検索で得た釣り情報をもとに三〇～四〇分程度ではないかと仮定した。その後、水域保全学の岡本研氏より、松田義弘氏著『浜名湖水のふしぎ』（静岡新聞社、一九九九年）の存在を教わり、浜名湖内各地点における潮位の減衰と時間差について言及されていることを知った。同書に掲載された図表を見ると、舞阪では遠州灘の潮汐に対して、満潮時には一〇分～二〇分程度、干潮時には三〇～六〇分程度遅れ、弁天島では舞阪の潮汐に対して、さらに二〇分程度遅れると読みとることができる。したがって遠州灘と弁天島との時間差は満潮時には三〇～四〇分程度、干潮時には五〇分から八〇分程度であることになる。『海道記』の海水遡上の記述は、満潮から低下を始めた場面での記述なので、結果的には、遠州灘と弁天島の潮汐の時間差についての旧版の仮定で誤りではなかったことになる。

第四章「平野の風景」では、遠州平野と浮島ヶ原には、中世末期まで広い内水面（潟湖）が存在していたことを述べたが、旧版刊行の三年後、太平洋・東日本大地震が発生した。近世以前の日本の海岸風景を史料によって推定していた私にとって、津波に襲われた沿岸平野の水没した映像は大きな衝撃だった。頭の中で推測していた景観が突然現実となって目の前に現れたように思われたためである。

図B　中世末期の中遠平野の水域推定図
原野谷川と太田川は江戸初期、合流して南流するように改修された
榎原「中世東海地方の海岸平野の形成と人々」より転載

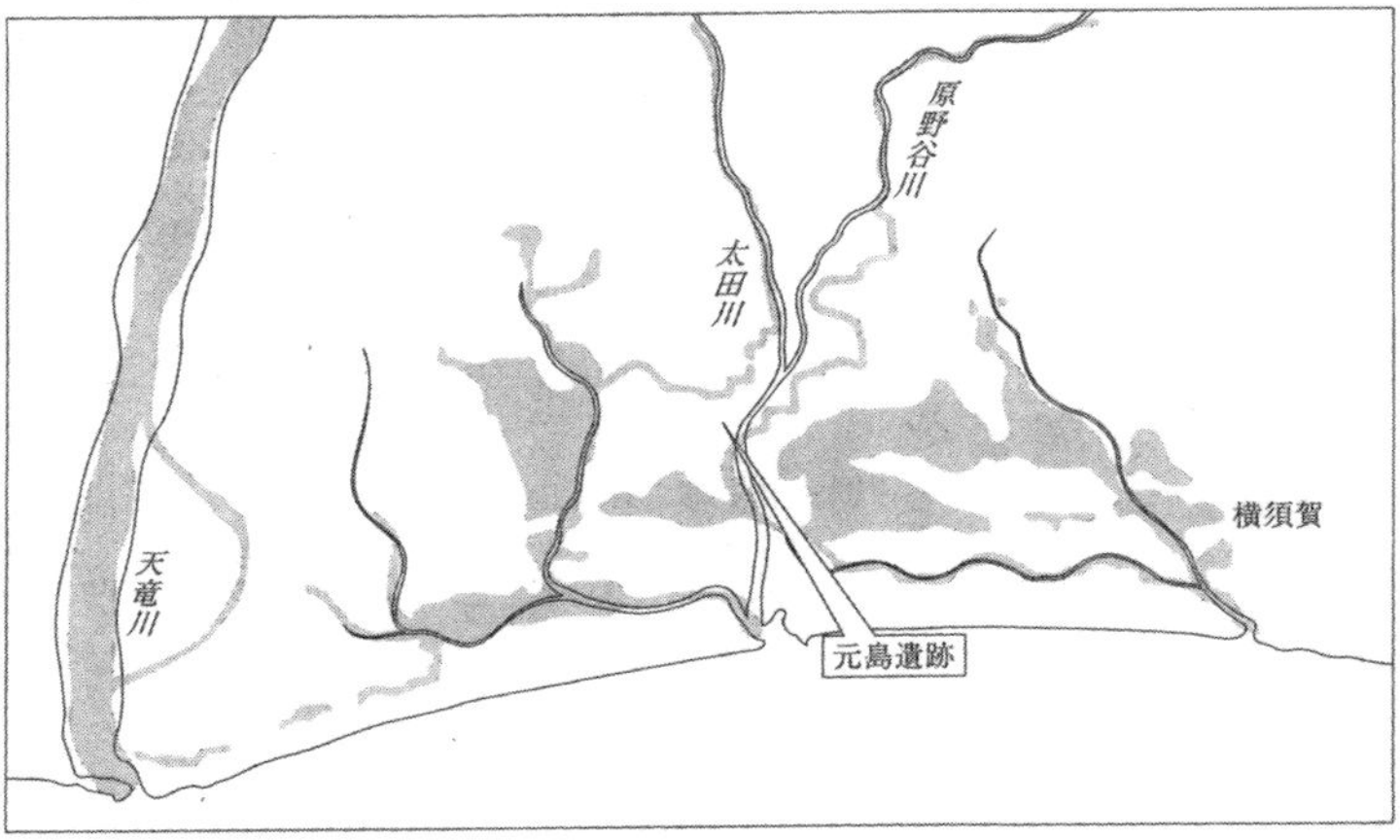

旧版で取り上げた二つの地域における内水面が、人の手が加わる前にはどのような形態であり、近世から現代に至るまでの間に、どのような事情によってその形態を変容させてきたのか、それによって人間は何を得、何を失ったのかを考えることは、その後の私の一つの研究テーマとなった。その作業を進める中で、中世末期の遠州平野の内水面の形態については、旧版で示した江戸初期の状況とはかなり異なる状況を推定するに至った。また中世末まで保たれていた内水面が、近世初頭以後、開発とそれに起因する災害の連鎖の中で、加速度的に縮小、消滅していったことを知ることができた。その結果、中世末期の遠州平野の内水面については、現在は図Bのように推定している。旧版で示した江戸初期の状況とは大きく異なることになるが、推定の根拠を述べると長大になるた

め、ここでは省略した。詳しくは「古文書で読む自然と人間のかかわり」(『SEEDer』二〇一五―一二、大明堂、二〇一五年)、「中世東海地方の海岸平野の形成と人々」(『環境の日本史3　中世の環境と開発・生業』、吉川弘文館、二〇一三年)、「連鎖する開発と災害」(『歴史評論』八一八、二〇一八年)で述べているので、参照いただきたい。

本書の原本は、二〇〇八年に中央公論新社より刊行されました。

著者略歴
一九五七年　岡山県に生まれる
一九八二年　東京大学大学院人文科学研究科修士課程修了
現　在　東京大学史料編纂所教授　博士（文学）

〔主要編著書〕
『室町幕府と地方の社会』（岩波新書、岩波書店、二〇一六年）、『日本の時代史11　一揆の時代』（編著、吉川弘文館、二〇〇三年）、『日本中世地域社会の構造』（校倉書房、二〇〇〇年）

読みなおす日本史

中世の東海道をゆく
京から鎌倉へ、旅路の風景

二〇一九年（平成三十一）二月一日　第一刷発行

著　者　榎《え》原《ばら》雅《まさ》治《はる》
発行者　吉川道郎
発行所　株式会社　吉川弘文館
郵便番号一一三—〇〇三三
東京都文京区本郷七丁目二番八号
電話〇三—三八一三—九一五一〈代表〉
振替口座〇〇一〇〇—五—二四四
http://www.yoshikawa-k.co.jp/
組版＝株式会社キャップス
印刷＝藤原印刷株式会社
製本＝ナショナル製本協同組合
装幀＝渡邊雄哉

ISBN978-4-642-07101-7

読みなおす日本史

刊行のことば

現代社会では、膨大な数の新刊図書が日々書店に並んでいます。昨今の電子書籍を含めますと、一人の読者が書名すら目にすることができないほどとなっています。ましてや、数年以前に刊行された本は書店の店頭に並ぶことも少なく、良書でありながらめぐり会うことのできない例は、日常的なことになっています。

人文書、とりわけ小社が専門とする歴史書におきましても、広く学界共通の財産として参照されるべきものとなっているにもかかわらず、その多くが現在では市場に出回らず入手、講読に時間と手間がかかるようになってしまっています。歴史の面白さを伝える図書を、読者の手元に届けることができないことは、歴史書出版の一翼を担う小社としても遺憾とするところです。

そこで、良書の発掘を通して、読者と図書をめぐる豊かな関係に寄与すべく、シリーズ「読みなおす日本史」を刊行いたします。本シリーズは、既刊の日本史関係書のなかから、研究の進展に今も寄与し続けているとともに、現在も広く読者に訴える力を有している良書を精選し順次定期的に刊行するものです。これらの知の文化遺産が、ゆるぎない視点からことの本質を説き続ける、確かな水先案内として迎えられることを切に願ってやみません。

二〇一二年四月

吉川弘文館

読みなおす
日本史

地理から見た信長・秀吉・家康の戦略　足利健亮著　二二〇〇円

神々の系譜 日本神話の謎　松前　健著　二四〇〇円

古代日本と北の海みち　新野直吉著　二二〇〇円

白鳥になった皇子 古事記　直木孝次郎著　二二〇〇円

島国の原像　水野正好著　二四〇〇円

入道殿下の物語 大鏡　益田　宗著　二二〇〇円

中世京都と祇園祭 疫病と都市の生活　脇田晴子著　二二〇〇円

吉野の霧 太平記　桜井好朗著　二二〇〇円

日本海海戦の真実　野村　實著　二二〇〇円

古代の恋愛生活 万葉集の恋歌を読む　古橋信孝著　二四〇〇円

木曽義仲　下出積與著　二二〇〇円

足利義政と東山文化　河合正治著　二二〇〇円

僧兵盛衰記　渡辺守順著　二二〇〇円

朝倉氏と戦国村一乗谷　松原信之著　二二〇〇円

本居宣長 近世国学の成立　芳賀　登著　二二〇〇円

江戸の蔵書家たち　岡村敬二著　二四〇〇円

古地図からみた古代日本 土地制度と景観　金田章裕著　二二〇〇円

「うつわ」を食らう 日本人と食事の文化　神崎宣武著　二二〇〇円

角倉素庵　林屋辰三郎著　二二〇〇円

江戸の親子 父親が子どもを育てた時代　太田素子著　二二〇〇円

埋もれた江戸 東大の地下の大名屋敷　藤本　強著　二五〇〇円

真田松代藩の財政改革 『日暮硯』と恩田杢　笠谷和比古著　二二〇〇円

吉川弘文館
（価格は税別）

読みなおす日本史

日本の奇僧・快僧　今井雅晴著　二二〇〇円
平家物語の女たち 大力・尼・白拍子　細川涼一著　二二〇〇円
戦争と放送　竹山昭子著　二四〇〇円
「通商国家」日本の情報戦略 領事報告を読む　角山　榮著　二二〇〇円
日本の参謀本部　大江志乃夫著　二二〇〇円
宝塚戦略 小林一三の生活文化論　津金澤聰廣著　二二〇〇円
観音・地蔵・不動　速水　侑著　二二〇〇円
飢餓と戦争の戦国を行く　藤木久志著　二二〇〇円
陸奥伊達一族　高橋富雄著　二二〇〇円
日本人の名前の歴史　奥富敬之著　二四〇〇円
お家相続 大名家の苦闘　大森映子著　二二〇〇円
はんこと日本人　門田誠一著　二二〇〇円
城と城下 近江戦国誌　小島道裕著　二四〇〇円
江戸城御庭番 徳川将軍の耳と目　深井雅海著　二二〇〇円
戦国時代の終焉 「北条の夢」と秀吉の天下統一　齋藤慎一著　二二〇〇円
中世の東海道をゆく 京から鎌倉へ、旅路の風景　榎原雅治著　二二〇〇円
日本人のひるめし　酒井伸雄著　（続　刊）
隼人の古代史　中村明蔵著　（続　刊）
蝦夷の古代史　工藤雅樹著　（続　刊）
日本における書籍蒐蔵の歴史　川瀬一馬著　（続　刊）

吉川弘文館
（価格は税別）